미중 전략경쟁시대
한국의 대외전략 51문답

미중 전략경쟁시대
한국의 대외전략 51문답

김재관·문익준·박상남·신종호·최필수

차이나하우스

추천글

국제질서의 변화는 오랫동안 한반도 정세에 영향을 미친 중요한 요인이었다. 특히 최근 미중 전략경쟁의 심화와 러시아-우크라이나 전쟁은 동북아 및 한반도 정세의 불안정과 불확실성을 키우고 있다는 점에서 정책당국자들에게도 많은 고민을 안겨주고 있다.

특히 한반도 문제는 다양한 대내외적 변수가 얽혀있고 복잡한 현안(issue)을 포괄하고 있다는 점에서 단기적·대증(對症)적 해법으로는 해결하기가 쉽지 않다. 결국 한반도의 평화·통일은 남북 양측 국민들의 공감과 지지를 기반으로 당국자 간 대화와 협상을 통해 추진해야 함과 동시에, 국제적 지지와 협력을 통해 일관성있게 지속적으로 추진해야 하는 장기 과제라고 할 수 있다.

이 책은 최근 국제질서의 대전환이라는 추세 속에서 한국이 대외전략을 어떻게 수립하고 추진해야 하는지를 51개 질문과 대답을 통해 접근하고 있다. 5명의 저자들이 제시하고 있는 매우 실용적인 정책방안들은 매우 시의적절하고, 한국의 대외전략 수립 및 추진 과정에서 소중한 참고자료가 될 것이다.

미중 전략경쟁으로 대표되는 국제질서의 변화가 한반도에 부정적 영향을 미친 것이 사실이지만, 역사적으로 우리는 남북 협력을 통해 미중관계를 협력적 추세로 만들었던 경험을 갖고 있다. 이 책의 저자들은 남북관계를 단순히 미중 전략경쟁의 종속변수로만 보지 않고, 신흥선진국 한국의 전략적 자율성 확대 필요성을 강조하고 이를 실현하기 위한 정책방안을 제시하고 있다.

아무쪼록 이 책이 미중 전략경쟁시대를 맞이하여 기로에 서 있는 한국 대외전략의 추진방향에 관심이 있는 독자들의 궁금증을 해결함과 동시에 정책당국자들에게도 유용한 시사점을 줄 것으로 확신한다. 향후에도 추가적인 논의와 토론을 통해 한국의 대외전략에 대한 창의적 해법을 제시해 줄 것을 희망한다.

2022년 5월
이인영(前 통일부장관)

추천글

이 책은 미국과 중국의 전략경쟁이 심화되고 새로운 다극질서로 재편되고 있는 국제정세 속에서 한국이 나아가야 할 대외전략에 대해서 51개의 질문을 던지고 있다. 쉽게 풀어쓴 질문과 대답은 새로운 신흥선진국으로서의 한국이 가져야 하는 외교철학과 원칙, 외교안보분야와 경제통상분야의 핵심 쟁점으로 구성되어 있다.

오늘날 국제질서는 급속도로 변화되고 있는 가운데, '경제안보'가 국가의 주요 과제로 떠오르고 있다. 특히 미국은 경제안보 전략의 주요 대상을 중국으로 설정하면서 '미국혁신경쟁법 (USICA)'이 미국 상원을 통과하였다. 미·중 기술패권, 글로벌 공급망 재편 등으로 인해서 공급망과 첨단기술 정책이 국가안보와 직결되게 되었다. 과거의 대외전략이 외교, 안보, 경제라는 각각 다른 틀에서 진행되었다면, 현재는 3가지가 융합되어서 새로운 개념들을 제시하고 있다. 즉 외교안보, 경제안보가 중요해지면서 외교, 안보, 경제가 서로 영향을 미치고 있다.

이 책은 새로운 국제질서 속에서 먼저 신흥 선진국이 추구해야 할 외교철학과 기본원칙을 제시하면서 한국이 견지해 온 가치를 유지하고 글로벌 보편성을 추구한다. 제시된 외교 철학에 기초하여 외교안보와 경제안보의 구체적인 전략들을 제시하고 있다. 핵심 쟁점들을 질문 형식으로 물어보면서 독자들의 호기심을 자극하고 이에 대한 명확한 해답을 제공한다.

한국의 미래에 대한 깊은 고민에서 시작하여 장기적인 대외전략 원칙과 방향을 보여주고 있다. 단기적인 성과에 집착한 보여주기식 전략이 아닌, 우리의 나아가야 할 길을 보여줄 수 있는 장기적이며 근본적인 전략을 제시하고 있다.

저자들의 다양한 이론, 경험, 치열한 토론을 통해서 도출한 결과물은 본 책으로 일단락되었지만, 우리 사회에 던지는 진지한 논의는 이제 시작일 뿐이다. 앞으로 선진국 한국이 추구해야 할 대외전략에 대한 저자들의 안목과 지혜가 이 책속에 숨겨져 있다.

2022년 5월
이재영(前 대외경제정책연구원장)

머리말

국제정치경제질서의 대변화 추세와 함께 동아시아·한반도 정세의 불안정 및 불확실성도 갈수록 심화되고 있다. 국제질서의 구조적 차원에서는 미중 전략경쟁의 심화 및 장기화 가능성과 함께 러시아-우크라이나 전쟁에 따른 국제질서의 재편 가능성도 제기되고 있다. 동아시아 및 인도·태평양 지역 차원에서는 개별 국가들이 국익에 기반한 각자도생의 대외전략을 추진하고 있고, 이 과정에서 역내 국가 간 주권이나 안보등 전통적 안보 이슈뿐만 아니라 경제안보나 미래기술 등 비전통적 안보 이슈를 둘러싼 갈등이 여전히 해결되지 않고 있다. 한반도 차원에서도 북미 협상이 더디게 진행되면서 '한반도의 완전한 비핵화'는 여전히 불투명하고 남북관계는 경색국면이 장기화되고 있다. 한국은 57년만에 '신흥선진국'으로 도약하고 국제적 위상과 영향력을 확대하고 있지만, 북한은 미중 전략경쟁 심화와 역내 정세의 불안정을 오히려 자신들의 '생존전략' 차원에서 전략적으로 활용하려는 시도를 하고 있다.

국제정치경제질서와 동아시아·한반도 정세의 대전환 추세 속에서 '신흥선진국' 한국의 대외전략은 어떤 철학과 원칙에 기반하여 어떻게 수립되고 추진되어야 하는가? 이 책은 이러한 궁금

중을 해결하기 위해 총 51개의 핵심 쟁점을 선정하고, 이와 관련된 구체적인 상황인식과 분석을 토대로 실질적 대응방향을 제시하였다. 주요 내용은 총 4개의 장(章)으로 구성되었다.

I장은 미중 전략경쟁시대 도래에 따른 국제질서 변화 가능성을 다룬다. 여기에는 미중 전략경쟁의 특징과 장기화 추세, 미국 주도 자유주의 국제질서 전망 및 중국의 대미 장기전 태세, 미중 전략경쟁과 '신냉전'의 양립 가능성, 러시아-우크라이나 전쟁 이후 새로운 다극질서 재편 가능성 등을 포함한다. 이 부분은 김재관 교수와 신종호 선임연구위원이 집필을 담당하였다.

II장은 '신흥선진국' 한국의 외교철학과 기본원칙은 무엇이 되어야 하는지를 제시했다. 저자들은 기존과 다른 자유주의적 국제주의 노선과 함께 진보적인 외교철학과 노선을 견지할 필요성을 제기한다. 즉, 국제질서의 불안정 및 불확실성이 커질수록 한국은 '공정(公正)·공존(共存)·공영(共榮)'에 기반한 '다원주의적 글로벌 민주주의'라는 외교철학에 기반하여 외교목표를 설정할 필요가 있다는 것이다. 특히 그동안 한국이 견지해 온 이념과 가치 및 정체성(identity)을 유지하면서도 글로벌 보편성을 가진 '다원주의적 국제주의'(pluralist internationalism)를 적극적으로 받아들여야 한다는 점을 강조한다. 저자들은 이러한 외교철학의 기반 위에서 한국외교의 5대 원칙-자유주의적 국제주의 견지, 투명성·개방성·포용성에 기반한 상호존중과 호혜협력, 공정·공영 원칙 견지, 한반도 평화와 안정 우선, 공정·공존·공영 및 합의 기반의 평화통일 촉진-을 제시하고, 한국외교의 다각화 필요성과 함께 '전략적 자율성'을 견지할 것을 강조한다. 이 부분은 김재관 교수, 박상남 교수, 신종호 선임연구위원이 집필을 담당하였다.

Ⅲ장은 한국의 대외전략 방향을 외교안보 분야를 중심으로 살펴본다. 이와 관련하여 저자들은 미중 전략경쟁의 심화과정에서 나타날 수 있는 한국의 외교적 딜레마를 극복하기 위해서는 철저하게 국익의 관점에서 미국과 중국을 대상으로 사안별로 '선택적 협력'을 할 필요가 있다는 점을 주장한다. 이는 곧 미중 전략경쟁이 갈수록 장기화·구조화 추세를 보이고 있다는 판단에 기인한 것으로써, 두 강대국에 대한 저자세 외교가 아니라 우리의 국익과 삼공(공정, 공영, (평화)공존)노선에 기반하여 당당한 '신흥선진국 외교'를 모색해야 한다는 점을 강조하는 것이다. 또한 미중 간 국제질서 주도권을 둘러싼 전략경쟁이 장기화되고 있는 추세에서 대한민국의 가치와 정체성 차원에서 자유주의적 국제주의 노선을 견지하기 위한 노력이 필요하다는 점을 강조한다. 또한 저자들은 미국과 중국이 한국에게 원하는 외교안보 핵심 쟁점에 대한 분석을 통해 우리의 대미·대중 정책의 방향을 제시하고 있으며, '한반도의 평화와 안정'을 유지하기 위한 주변국과의 협력 방안 및 북한 '변화' 촉진 방안 등을 제시하고 있다. 이 부분은 김재관 교수와 신종호 선임연구위원 그리고 박상남 교수가 집필을 담당하였다.

Ⅳ장은 한국의 대외전략 방향을 경제통상 분야를 중심으로 살펴본다. 이와 관련하여 저자들은 한국경제의 양대 핵심 축이라고 할 수 있는 미국과 중국 어느 한쪽을 버리는 선택은 마지막까지 지양해야 하고, 특히 안보 이슈가 경제 리스크로 전이되는 것을 막아야 한다는 점을 강조한다. 향후 5~10년 내에 우리가 미국과 중국 어느 한 편에만 치우친 대외경제정책을 구사할 수 없다는 점에서, 현재 우리가 직면하고 있는 선택지를 하나하나

검토하고 그것에 적용가능한 원칙을 도출하는 귀납적 방식을 통해 정책과제를 발굴해야 한다는 것이다. 이를 위해 저자들은 경제통상 분야에서 우리의 국익을 확보하기 위한 다섯 가지 원칙을 제시한다. 첫째, 미국과 중국의 요구가 우리에게만 집중되는 것이 아니라 전 세계가 직면한 과제라는 점을 직시함으로써 한국이 경제통상 분야에서의 다자주의를 견지하고 이를 주도해야 한다. 둘째, 미중 전략경쟁 과정에서 나타난 정치적 레토릭(修辭)과 실제 경제적 현실과는 괴리가 발생할 수 있다는 점을 감안할 때, 우리의 경제통상적 대응이 현상보다 앞서가서는 안된다. 셋째, 미국과 중국이 경쟁하고 갈등하는 거대 이슈를 쪼개서 사안별로 접근해야 한다. 넷째, 미중 전략경쟁 속에서 한국은 비배타성을 견지함으로써 포용적·개방적 통상국가를 지향해야 한다. 다섯째, 미중 경쟁과 갈등의 여파를 경험하고 있는 우리와 비슷한 처지에 있는 유럽연합(EU) 등과의 자주적 연대가 필요하다. 이 부분은 최필수 교수와 문익준 교수가 집필을 담당하였다.

이 책은 저자들이 그동안 연구한 결과물의 일부이자 지난 1년여 시간 동안 진지하게 논의하고 치열한 토론을 통해 얻은 결과물이다. 저자들의 소중한 의견과 생각을 독자들과 함께 공유할 수 있도록 책으로 만들어 주신 차이나하우스 이건웅 대표님께 감사드린다. 이러한 진지한 논의와 치열한 토론은 앞으로도 계속되고 확대될 것이다.

2022년 5월
집필진 일동

차 례

추천글 1 · 4

추천글 2 · 6

머리말 · 8

I. 미중 전략경쟁과 국제질서 변화 · 15

01. 미중 전략경쟁 시대는 도래했는가?/16

02. 바이든 행정부가 추진하는 미중 전략경쟁의 분야별 핵심은 무엇인가?/21

03. 미국이 생각하는 중국과의 '전략적 협력' 분야는 무엇인가?/27

04. 국제질서의 다극화는 진행되고 있는가?/32

05. 미중 전략경쟁-신냉전-다극화 추세를 어떻게 볼 것인가?/38

06. 우크라이나 사태는 신냉전으로 이어질 것인가?/45

II. 신흥선진국 한국의 외교철학과 정책방향 · 51

07. 한국의 외교철학은 무엇이 되어야 하나?/52

08. 한국외교의 핵심가치와 기본원칙은 무엇이어야 하나?/58

09. 한국외교의 지평 확대를 위한 다각화는 어떻게 이루어져야 하나?/62

10. 미중 전략경쟁 시대 한국인의 글로벌 인식은 균형감을 갖췄는가?/66

11. ‘편가르기식’ 바이든 외교는 과연 바람직한가?/74

12. 미국의 자유주의 패권외교는 얼마나 지속가능한가?/78

13. ‘양초다강’ 시대에 한국은 전략적 자율성을 견지할 수 있나?/85

Ⅲ. 외교안보분야 핵심쟁점 · 89

14. 바이든 행정부의 대외전략 및 동아시아정책의 핵심은 무엇인가?/90

15. 바이든 행정부는 동맹국 한국에게 무엇을 요구하는가?/95

16. 한미동맹의 핵심 사안은 무엇이며 어떻게 대응해야 하나?/100

17. 한미동맹의 구체적인 세부 쟁점들에 대해 어떻게 접근할 것인가?/104

18. 대만문제를 둘러싼 미중 갈등에 한국은 어떻게 대응해야 하나?/111

19. 홍콩문제를 둘러싼 미중 갈등에 한국은 어떻게 대응해야 하나?/115

20. 남중국해를 둘러싼 미중 갈등에 한국은 어떻게 대응해야 하나?/120

21. 신장위구르를 둘러싼 미중 갈등에 한국은 어떻게 대응해야 하나?/124

22. 한미동맹과 한중관계를 동시에 발전시킬 수 있는 방안은 무엇인가?/127

23. 한중 사회문화 갈등은 왜 발생하며 해결책은 무엇인가?/130

24. 바이든 행정부의 대북정책 입장은 무엇인가?/134

25. 북한 비핵화의 선결 요건은 무엇이어야 하는가?/142

26. 북한 비핵화 및 북미협상에 대한 중국의 입장은 무엇인가?/146

27. 중국은 왜 북한 핵보유는 반대하면서 대북제재에는 소극적인가?/151

28. 한국외교에서 중국이 갖는 지정학적·지경학적 의미는 무엇인가?/157

29. 한국 신정부 출범 이후 한중 협력은 어떻게 이루어져야 하는가?/160

30. 신북방·신남방정책을 지속적으로 추진해야 하나?/166

31. 중국의 일대일로 구상과 전략적 연계를 위해 무엇을 할 수 있는가?/174

32. 대북제재 하에서 추진할 수 있는 남북협력 사업은 무엇인가?/177

33. 미중 전략경쟁이 심화되면 북중관계는 어떻게 전개될 것인가?/181

34. 한중 협력을 통해 북한의 '변화'를 촉진할 수 있는 방안은 무엇인가?/185

35. 한반도 평화를 위한 한미, 한중 협력 방안은 무엇인가?/188

36. '강대국 정치'에 대응하기 위한 주변국 협력 방안은 무엇인가?/193

37. 러시아의 국제적 위상에 대한 한국의 외교적 대응전략은 무엇인가?/195

38. 한러 경제협력의 필요성과 우리의 전략적 목표는 무엇인가?/201

IV. 경제통상분야 핵심쟁점 · 205

39. 향후 5년 대외경제부문의 주요 이슈는 무엇인가?/206

40. 트럼프의 대중국 무역통상 공격은 효과적이고 정당했나?/211

41. 화웨이 통신장비 배제는 근거가 있으며 가능한가?/215

42. 미중 디커플링은 어떻게 진행되고 우리는 어떻게 대응할 것인가?/219

43. 중국의 일대일로와 서방의 인프라 건설 전략에 어떻게 대응하나?/224

44. 미중 기술 표준 경쟁에 어떻게 대응해야 하나?/228

45. 무섭게 성장하는 중국의 산업경쟁력은 어느 수준까지 도달했나?/232

46. 최근 WTO 개혁의 이슈는 무엇이고 우리는 어떻게 대응해야 하나?/236

47. EU의 대미·대중 입장은 무엇인가?/240

48. 국제적 압박 속에 추진되는 탄소중립을 어떻게 무사히 실현할 것인가?/244

49. RCEP과 IPEF 구도에서 우리는 CPTPP에 가입해야 하나?/248

50. 한국의 대중 의존도는 너무 높은가?/254

51. 중국의 디지털 화폐 도입에 대해 우리는 어떻게 해야 하나?/259

참고문헌 · 262

I. 미중 전략경쟁과 국제질서 변화

1. 미중 전략경쟁 시대는 도래했는가?

신종호(통일연구원 선임연구위원)

현존 국제질서를 주도하는 미중관계를 가장 잘 표현하고 있는 개념은 '전략경쟁(strategic competition)'이다. 미중관계를 전략경쟁으로 보는 이유는 양국이 자국의 사활적이익(vital interests) 혹은 핵심이익(core interests)을 둘러싸고 치열하게 경쟁하고 있기 때문이다. 반면, 미중이 군사력 사용을 불사하는 전면적인 패권경쟁(hegemonic competition) 수준에 이르기까지는 여전히 많은 시간이 필요해 보인다.

한국 입장에서 미중관계에 대한 성격 규정은 매우 중요하다. 미중관계를 어떻게 인식하느냐에 따라 대외전략의 우선순위와 정책 목표가 달라지기 때문이다. 따라서 미국이 미중 전략경쟁을 주도하는 의도는 무엇이고 중국은 어떻게 대응하고 있는지를 살펴보는 것은 매우 중요하다.[1)]

미중 전략경쟁의 양상

미중 전략경쟁은 대체로 2001년 '9·11테러'와 2008년 미국발 글로벌 금융위기를 거치면서 시작되었다. 특히 2008년 이후 양국의 국력 격차가 축소되면서 미국은 '중국의 경제적 부상'을 위협으로 인식하기 시작했고, 중국 역시 미국의 견제와 압

---

1) 아래 미중 전략경쟁 관련 내용은 신종호 외, 『미중 전략경쟁과 한국의 대응: 역사적 사례와 시사점』 (서울: 통일연구원, 2021) 참조.

박에 대해 우려와 의구심을 보이기 시작했다. 이처럼 양국의 국력 격차로 인해 미중 전략경쟁이 시작되었다는 점에서, 어느 한 나라가 상대방을 힘(power)으로 압도하기 어려운 상황이 되었다. 따라서 과거 냉전시기의 미소관계와 달리, 최근 미중 전략경쟁의 양상은 사안(issue)별 협력과 대립을 반복하고 있고, 영향을 미치는 요인도 이전보다 훨씬 더 다양하고 복합적이다.

2017년 트럼프 행정부 출범 이후 본격화된 미중 전략경쟁은 대체로 미국이 주도하고 중국이 대응하는 방식으로 전개되고 있다. 트럼프 행정부에서 발간한 중국 관련 대부분의 보고서에서는 중국을 미국의 경제·안보·가치 등에 도전하는 위협으로 명시하였고,2) 바이든 행정부 외교안보팀의 일원인 커트 캠벨과 제이크 설리반은 2019년에 이미 미중관계를 전략경쟁 관점에서 접근한 바 있다.3) 트럼프 행정부 시기 미중은 2018년 무역·통상 분쟁을 거쳐 2019년에는 5G 등 미래 기술을 둘러싸고 갈등했고, 2020년에는 코로나19를 둘러싼 책임론 공방을 벌이기도 했다.

2021년 바이든 행정부 출범 이후에도 미중 전략경쟁은 지속되고 있고, 미국의 사활적 이익(경제, 안보, 가치, 민주주의 등)이나 중국의 핵심 이익(체제, 발전, 안보 등) 등 거의 모든 분야로 확대

---

2) 2017년 12월 미 백악관의 '국가안보전략' 보고서, 2019년 7월 미 국방부의 '인도·태평양전략' 보고서, 2020년 5월 미 백악관의 '대중국전략' 보고서 등이 대표적이다. The White House, "National Security Strategy of the United States of America," December 18, 2017; The U.S. Department of Defense, "Indo-Pacific Strategy Report: Preparedness, Partnerships, and Promoting a Networked Region," June 1, 2019; The White House, "United States Strategic Approach to the People's Republic of China," May 20, 2020.

3) Kurt M. Campbell & Jake Sullivan, "Competition Without Catastrophe: How America Can Both Challenge and Coexist With China," *Foreign Affairs*, September/October, 2019.

되었다. 2021년 3월 미 백악관이 발간한 「국가안보전략 잠정지침」은 중국을 '국제체제에 지속적으로 도전할 잠재력을 갖춘 유일한 경쟁자'로 규정했고,[4] 미 상원은 2021년 6월 「2021 미국 혁신·경쟁 법안」을 통과시킴으로써 향후 미국이 과학기술과 국가안보 등 다양한 분야에서 중국과의 혁신 및 경쟁을 주도하겠다는 점을 강조했다.[5] 또한 미국은 2021년 12월 100여 개 국가가 참여한 '글로벌 민주주의 정상회담(Global Summit for Democracy)'을 개최하여 인권과 민주주의를 무기로 중국과 러시아 등 권위주의 체제에 공동 대응하겠다는 점을 강조했다.

바이든 행정부가 중국과의 전략경쟁을 강조하는 이유는 미국의 국제적 위상 제고와 글로벌 리더십 회복이라는 대외전략 목표를 달성하기 위한 것이며,[6] 이를 위한 수단으로 다자주의, 동맹의 재구축 그리고 국제규범 준수를 강조하고 있다. 최근 미국이 추진하고 있는 일련의 정책적 조치들-인도·태평양전략과 쿼드(QUAD) 및 쿼드 플러스, 호주·영국·미국 3국 안보협의체(AUKUS), 인도·태평양경제프레임워크(IPEF) 등-은 대부분 중국 견제를 목표로 하고 있다. 이처럼 바이든 행정부 입장에서 중국과의 전략경쟁은 매우 중요하며 반드시 승리해야 하는 것이다. 따라서 미국의 대중국 견제와 압박은 더욱 정교하고 구체적으로 전개될 것이며 장기화할 것이다.

---

4) The White House, "Interim National Security Strategic Guidance," March 3, 2021.
5) 「S.1260 - United States Innovation and Competition Act of 2021(117th Congress, 2021-2022)」.
6) The White House, "Remarks by President Biden on America's Place in the World," February 4, 2021.

미중 갈등의 장기화 추세와 중국의 대응

바이든 행정부 출범 이후에도 미중 전략경쟁은 지속되고 있지만, 양국 모두 당분간 코로나19 극복과 경제 활성화 등 국내문제 해결에 집중해야 하는 상황이라는 점에서, 향후 상당 기간 직접적인 군사적 충돌보다는 상대방 핵심이익을 겨냥하는 방식으로 장기화할 가능성이 크다.

미중 전략경쟁의 장기화 가능성은 2021년 11월 바이든-시진핑 간 첫 번째 화상 정상회담에서 잘 드러났다. 바이든 대통령은 미중관계에서 나타날 수 있는 전략적 리스크(strategic risks)를 '관리(manage)'하는 것이 중요하다고 강조했고,[7] 양국은 군사적 긴장 완화를 위한 고위급 소통 채널을 개설하기로 합의했다.

하지만 미중 화상 정상회담 직후 미국은 중국의 인권 상황을 문제삼아 2022년 베이징 동계올림픽과 장애인올림픽에 대한 소위 '외교적 보이콧'을 발표했다.[8] 이는 곧 미국과 중국이 당분간 양국관계를 전략적으로 관리하기 위한 노력을 유지하겠지만, 양국 간 경쟁과 갈등의 폭과 깊이는 확대될 가능성이 커졌다는 점을 의미한다. 그리고 2022년 러시아-우크라이나 전쟁과 관련된 후속 대응 과정에서 미국은 유럽연합(EU) 국가들과의 협력을 통해 중국 견제를 위한 다양한 노력을 지속하고 있다.

중국은 그동안 미국의 대중국 견제와 압박에 대해 전면적인 대항이나 충돌은 회피하고자 노력하면서도 자국의 핵심이익에

---

7) The White House, "Background Press Call by Senior Administration Officials on President Biden's Virtual Meeting with President Xi of the People's Republic of China," November 16, 2021.

8) The White House, "Press Briefing by Press Secretary Jen Psaki," December 6, 2021.

대해서는 단호한 태도를 보여왔다. 실제로 시진핑 지도부는 2018년 미중 통상분쟁 과정에서 미국에 대한 전면적인 대결은 피하면서 자국 핵심이익에 대해서는 원칙적이고 강경하게 대응할 것을 천명했다. 또한, 중국은 2021년 바이든 행정부 출범 이후에도 미국의 대중국 견제와 압박이 지속될 것으로 인식함으로써, 자국의 역내 영향력을 유지·확대하기 위한 대미 '장기전(持久戰)' 태세에 돌입했다.[9] 특히 중국은 코로나19 극복과 경제 회복 및 미중 전략경쟁에 대비하려는 조치들을 마련하고 있다. 즉, 대내적으로는 '제14차 5개년 규획(2021~2025년)'에 내수를 강조하는 '국내·국제 쌍순환' 전략을 추진하고,[10] 대외적으로는 '역내 포괄적 경제동반자협정(RCEP)' 체결 및 '일대일로(一帶一路) 국제협력'을 주도하고자 한다.

이처럼 미중 전략경쟁의 심화 및 장기화 가능성이 커지면서, 한국외교의 전략적 고민은 더 커졌다. 2022년 5월 바이든 대통령의 방한 과정에서도 나타났듯이, 미국은 인도·태평양전략과 쿼드 및 쿼드 플러스를 활성화하고 IPEF를 출범하는 등 대중국 견제라는 전략적 목표를 명확히 밝혔고 한국도 이에 전면적으로 호응했으나, 중국의 강력한 반발에 직면했기 때문이다. 미중 전략경쟁이 초래할 '강대국 리스크'에 대처할 전략 수립이 시급해졌다.

---

9) 신종호, "2021년 양회(兩會)를 통해 본 중국의 대미 장기전 태세와 함의," 『KINU Online Series』, CO 21-10, 2021.3.17.; 乐玉成, "人民日报人民要论：牢牢把握中美关系发展的正确方向," 『人民日报』, 2020.9.7.

10) "中国共产党第十九届中央委员会第五次全体会议公报," 『新华网』, 2020.10.29.

2. 바이든 행정부가 추진하는 미중 전략경쟁의 분야별 핵심은 무엇인가?

김재관(전남대학교 정치외교학과 교수)

2022년 2월 미국 백악관이 발간한 '인도·태평양전략' 보고서에서는 바이든 행정부가 대외정책을 추진하는 과정에서 중국과의 전략경쟁에서 확고히 우위를 점하겠다는 강력한 의지를 담고 있다.11) 이를 통해서 볼 때, 바이든 행정부가 추진하고 있는 미중 전략경쟁은 크게 세 가지 분야·군사안보, 정치외교, 경제기술-를 중심으로 전개될 것이다.

군사안보 분야 | 군사안보 분야에서는 크게 두 가지를 중심으로 전개될 것이다. 첫째, 인도·태평양 지역에서 중국의 영향력 확대를 억지시키기 위해 미국이 현재의 군사력 수준을 유지하면서, 동시에 미군의 다방면의 능력을 현대화시키는 것이다. 즉, 역내에서 중국을 견제하기 위해 미국은 동맹 및 파트너십 국가들과의 복합적 네트워크를 통해 '인도·태평양전략'을 추진하는데 중점에 두고 있다.

둘째, 미국은 양자 동맹뿐만 아니라 다자동맹으로 확장시켜 전력을 극대화시키는 일종의 '전력 승수'(Force Multiplier) 효과를 활용·추진할 것으로 보인다. '전력승수'의 대표적 사례로는

---

11) The White House, "Indo-Pacific Strategy of the United States," February 2022.

4개국(미국·일본·인도·호주) 안보협의체(QUAD), 3개국(호주·영국·미국) 안보협의체(AUKUS), 그리고 한미일 삼각 안보협력을 들 수 있다.

특히 미국은 악화된 한일관계 개선을 통한 한미일 삼각협력에 역점을 두고 전력승수 효과를 누리려 하고 있고, 확장억지력(extended deterrence)을 추진하고자 한다. 호주, 일본, 한국, 필리핀, 태국과 같은 동맹국들은 물론이고, 인도와의 전략적 안보 파트너십도 강화하겠다는 구상을 하고 있다. 동시에 대만해협의 안정과 평화를 위해 대만의 자위력을 높일 수 있도록 지원하는 것도 포함된다. 남중국해 영유권 분쟁에도 개입할 수 있도록 동남아 유관 국가들은 물론이고 아세안 국가들과도 관계를 강화하고자 하고 있다. 이에 중국은 이를 막기 위해 안간힘을 쏟고 있다. 무엇보다 미국과 중국이 동시에 한국을 상대로 구애 전략을 펼치고 있는 형국이다.

정치외교 분야

정치외교 분야에서 미국의 역점 사안은 크게 5가지이다. 첫째, 4개국 안보협의체인 QUAD를 온전하게 작동시키는 것이다. 2021년 3월 12일에 열린 QUAD 비대면 정상회담에서 결정된 5개 항의 합의 정신-즉, 인도·태평양 지역 안보 증진, 법치와 민주적 가치 수호, 코로나19의 경제·보건상 타격에 대응, 국제표준 및 미래의 혁신적 기술에 대한 협력 촉진, 북한의 완전한 비핵화 전념 등-을 보면, 북한 비핵화를 빼면 모두 중국을 겨냥한 합의문이다.

합의문 내용 외에도 특히 QUAD의 일원이지만 미국이 동맹국이 아닌 인도의 전략적 가치를 매우 중시하고 있다. 그동안 전통적으로 전략적 실용주의 노선이라고 할 수 있는 '다방향 외교'(multi-vector diplomacy) 노선을 견지해 온 인도가 QUAD에 대해 최종적으로 정치적 및 전략적인 유보적 태도를 포기하여 온전히 QUAD 일원으로 전념하도록 유도하는 것이 미국에게 무엇보다 중요하다. 2022년 2월에 백악관이 발간한 '인도·태평양전략' 보고서는 인도의 전략적 가치를 크게 부각하고 있다.

미국 주도의 QUAD에 대항하기 위한 중국의 전략적 카드는 중국-러시아-이란-파키스탄과의 관계 강화가 중요한 바, 중국판 QUAD 라고 할 수 있다. 중국 입장에서는 북한 역시 QUAD에 대항할 수 있는 또 하나의 카드라고 할 수 있다. 또한 이번 러시아의 우크라이나 침공을 규탄하는 유엔총회 결의에서 기권표를 던진 인도를 주목할 필요가 있다. 중국이 향후 러시아·인도·중국을 유라시아에서의 '전략적 삼각협력관계'(RIC)로 묶어냄으로써 미국의 인도·태평양전략에 맞설 수 있다는 점에서, 미국 입장에서 보면 이번 우크라이나 사태를 계기로 인도·태평양전략에 차질이 발생했다고 할 수 있다. 동시에 이번 러시아-우크라이나 전쟁을 계기로 북한이 핵무장을 한층 더 정당화될 수 있는 명분을 축적했다는 점에서, 북한 비핵화를 통한 북미관계 정상화의 길역시 멀어지게 되었다. 이러한 상황에서 북중러 삼각협력도 더 강화될 수 있는 계기가 조성되고 있다.

둘째, 미국은 한국으로 하여금 전략적으로 중국 쪽으로 경사(傾斜)되지 않도록 하기 위해서 한일관계의 정상화를 촉진시키고자 노력하고 있다. 이러한 점에서, 2022년 2월 미 백악관이 발간한 '인도·태평양전략' 보고서에서 한미일 삼각협력을 조속히 실현할 것을 강조했다는 점을 눈여겨봐야 할 것이다.

셋째, 미국은 동남아 국가들과 무역·투자·개발·외교·안보 관계를 우선시해야 한다고 보고 있다. 특히 미국은 동맹국인 필리핀과 태국과의 관계를 중시하고 있으며, 동남아 국가들이 중국 쪽으로 경사되는 것을 막기 위해서라도 미국의 관여정책은 우선되어야 할 것으로 보고 있다. 무엇보다 중국의 남중국해 영유권 침해에 따른 역내 관련 국가들(필리핀, 베트남, 말레이시아, 브루나이 등)의 대중국 불만과 위협감이 고조되고 있기 때문에, 미국은 이른바 '항행의 자유' 작전과 '국제법' 준수를 내걸고 남중국해 영유권 분쟁에 역내 국가들과 더불어 관여할 것임을 거듭 천명하고 있다. 남중국해 및 동중국해 영역에서 최근 AUKUS의 협력은 중국에게 큰 위협이 아닐 수 없다.

넷째, 미국은 글로벌 정치 거버넌스의 초석인 유엔과 기타 다자 및 국제기구들을 활성화하는 것을 강조하고 있다.

다섯째, 미국은 중국 공산당의 국제적인 정치적 정당성뿐만 아니라 신장위구르 인권탄압과 같은 중국 국내 인권 유린 행위에 맞서기 위해 다자주의 협력 및 인권 관련 제도 기구들을 강화할 것으로 보인다. 다시 말해 자유민주주의 국가들과 더불어 자유민주주의 '가치동맹'을 한층 더 강화함으로써 중국을 압박하려고 한다. 미국은 이번 우크라이나 전쟁을 통해 러시아를 악마화하면서 이를 돕고 있는 중국을 연계시켜 국제적으로 규탄함으로써, 전략적으로 민주주의·인권 문제를 매개로 해서 미국의 글로벌 리더십을 회복하고자 한다.

구체적으로 바이든 대통령은 자유 세계 진영의 범민주주의 국제적 연대, 가령 '글로벌 민주주의 정상회의'(Global Summit for

Democracy)라는 레짐 건설을 임기 첫해에 하겠다고 했기 때문에, 이런 조직을 통해 중국과 러시아를 압박할 가능성이 높다. 요컨대 민주주의 가치 동맹 대 중·러 권위주의 세력 간 진영 대결로 이끌어 감으로써, 미국 주도의 '소프트 파워' 전쟁에서 중국을 고립화시키면서 미국의 글로벌 리더십을 회복하고자 할 것으로 보인다.

경제기술 분야 | 경제기술 분야에서 미국은 크게 다음 9가지에 집중할 것이다. 첫째, 글로벌 기축 통화로서 달러의 지위를 보호·유지하는 것이다. 둘째, 미중 기술패권 경쟁에서 우위를 유지하기 위해 중국의 기업 인수 합병으로부터 미국과 동맹국의 핵심 첨단 신기술을 보호하는 것이다. 셋째, 중국과의 장기적인 전략경쟁에서 우위를 점하기 위해 5억 명의 시장을 가진 미국·멕시코·캐나다(USMCA 무역협정)을 최대한 통합시키는 것이다. 넷째, '인도·태평양 경제프레임워크'(IPEF)를 추진한다. 다섯째, EU와 범대서양 무역·투자동반자관계를 협상하고 여기에 가입한다. 여섯째, 무역 투자 자유화, 국가보조, 덤핑, 지적재산권 보호 등과 관련된 부분에서 다자무역 분쟁해결 메카니즘을 통해 미국의 우호국 내지 동맹국들로 하여금 중국에게 국제규범을 준수하도록 강제한다. 일곱째, 글로벌 보호무역주의로 표류하는 것을 방치하지 않고 세계무역기구(WTO)와 그 분쟁해결 기제, 그리고 온전한 국제무역규범을 개혁하고 회복한다.

여덟째, 중국의 '일대일로 구상'(BRI)에 대응할 수 있는 신뢰할 만한 대안으로써 투명한 글로벌 거버넌스 표준을 갖춘 세계은행(World Bank)을 활용하게끔 유도한다. 부상하는 경제권에 국가 인프라 시설 개발 기금을 제공할 수 있는 효과적인 수단들로서 세계은행과 지역개발은행 등에서 미국의 동맹국들과 더불어 광범위한 투자를 이끌어냄으로써 중국의 '일대일로 구상'에 공동으로 대처한다. 2021년 5월 한미 정상회담이 끝나자마자 커트 캠벨 백악관 국가안보회의(NSC) 인도 태평양 조정관은 스탠포드대학에서 열린 한 학술회의에서 중국의 일대일로 구상'을 견제하기 위해 가을 Quad 정상회의 의제로 '인프라'를 새로 포함시키겠다고 했다. 이 자리에서 주목할 점은 쿼드 추가 국가로 한국을 언급한 점이다.

아홉째, 미국 상원이 바이든 행정부의 대중국 견제 전략의 일환으로 초당적 협력 차원에서 2021년 6월 혁신경쟁법(USICA) 제정함으로써 중국과의 전략경쟁에서 확고한 우위를 점하려는 전방위적 '혁신경쟁'을 준비하고 있는 점이다. 동 법안들은 과학기술, 무역, 국가안보, 산업경쟁력의 제고, 대중국 견제 등 전방위적 차원에서 미국이 혁신경쟁을 주도하여 미중 간 전략경쟁에서 승리하겠다는 포괄적이고 야심찬 패키지 법안이다. 향후 '혁신경쟁법'이 최종 통과된 후 이 법안과 관련하여 한국은 구체적인 사안별 분석 검토와 전략적 대응을 모색할 필요가 있다.

3. 미국이 생각하는 중국과의 '전략적 협력' 분야는 무엇인가?

김재관(전남대학교 정치외교학과 교수)

미국은 군사안보, 정치외교, 경제분야에서 중국과의 전략경쟁을 치열하게 전개하면서 동아시아 갈등 현안인 인권·홍콩·신장위구르 탄압·티베트·남중국해·대만 문제 등에서 깊은 우려와 이견을 보이고 있다. 하지만 전략경쟁과 더불어 전략적 협력도 모색하고 있다. 양국의 공통 문제이면서 동시에 인류가 직면하고 있는 글로벌 이슈들인 기후변화 지구 온난화 문제, 코로나19 대응, 핵 비확산 등 문제의 경우 양국의 협력이 절대적으로 필요하다. 아울러 미국의 경우 경제회복을 위해서도 중국과의 협력이 필수적이다. 양국은 대결이나 결별·탈동조화 보다는 깊은 상호의존 관계 속에서 상호이익과 공동번영을 모색하면서 미래 지향적인 발전적 관계를 만들어 나가는 것이 바람직하다. 미중 간 전략적 협력의 분야나 이슈로 거론할 수 있는 것으로는 아래와 같다.

기후변화 협력 전략적 협력 가운데 가장 먼저 시동을 걸고 역점을 두고 있는 것은 기후변화 협력이다. 중국과 미국은 세계 최대 이산화탄소 배출국이라는 점에서 공동의 책임이 있고 이들의 협력이 다른 어떤 국가들보다 일차적으로 중요하다. 그래서 미국은 미·중 양자 및 미·중·인도 삼자 차원에서 G20이나 UN 틀 내 기후변화 협약을 준수하기 위한 공동협력을 추진하고 있다. 존 케리 대통령 기후변화 특사가 방중하여 기후변화 협력을 협의했고, 이어 바이든 대통령 주재 하에 40여 개국과 기후변화 정상회담을 개최하여 특히 주요 국가들(미·중·인·러 등)의 이산화탄소 배출 감축 관련 개선된 목표안을 내도록 촉구하고 있다.12)

핵무기통제협정에 관한 논의

미국은 중국과 핵무기통제협정에 관해 논의함으로써, 중국으로 하여금 글로벌 무기통제체제에 들어오게 해서 처음으로 양국이 새로운 핵무기경쟁을 예방하는 방향으로 협력하고자 시도 중이다. 즉, 중국을 미·중·러 삼각 군비통제 협상에 나오게 유도하는 것이다. 이미 미국과 러시아가 2002년에 ABM(탄도탄요격유도탄) 조약에서 탈퇴했고, 미국과 러시아(구소련) 간에 1987년에 맺었던 중거리 핵전력(INF) 협정도 미국이 2019년에 탈퇴했다. 따라서 2010년에 체결된 전략무기감축 협정인 '신전략무기감축협정'(New START)이 양국 사이에 마지막 남은 협정이었으나, 이 역시 2021년 2월 5일에 10년 유효기간이 만료되면서, 미중러 삼국 간에 치열한 핵무기 경쟁이 추진될 것으로 우려되어 왔다. 하지만 바이든 대통령과 푸틴 대통령이 전격적으로 2021년 1월 26일에 New START를 5년 추가 연장협정에 서명함에 따라 세계는 일단 안도의 한숨을 쉬게 되었다. New START는 미러 양국이 실전 배치 핵탄두의 수를

---

12) "기후회의서 새 감축목표 내놓은 바이든…기존계획 고수한 시진핑," 『연합뉴스』, 2021.4.23.

1,550개 이하로, 이를 운반할 수 있는 대륙간탄도미사일(ICBM)·잠수함발사탄도미사일(SLBM)·전략폭격기 등의 운반체를 700기 이하로 감축하는 것을 골자로 한다.

미 국무부가 SIPRI 자료를 인용하여 밝힌 미러 실전 배치 핵탄두 수는 2020년 3월 기준 각각 1,373기, 1,326기로 비슷한 수준이며, New START 기준을 따르고 있다고 보인다. 하지만 New START 규제 밖에 있는 핵탄두 수를 포함하면 미국과 러시아는 각각 5,800개, 6,375개(2020년 1월 기준)를 보유하고 있고, 중국 역시 320기의 핵탄두를 보유하고 있다고 한다. 미 국방부는 10년 내 중국의 핵탄두 규모가 2배로 확대될 것이라고 전망했다.[13]

이처럼 미·중·러 사이에 여전히 핵무기 경쟁의 불씨는 남아 있다. 핵전력 협정에서 비교적 자유로웠던 중국이 장거리 외에도 중단거리 핵전력을 크게 증강시켜 온 점은 미국의 우려 사항이다. 따라서 미국은 중국과의 핵무기 경쟁을 예방하기 위해 핵무기 통제협정을 맺기 위한 협력이 절실히 요구된다. 하지만 이번 우크라이나 전쟁으로 말미암아 미러 관계가 악화되면서 New START 연장 협정도 불확실해지고 있다. 2022년 4월 22일 러시아가 히로시마 원폭 2000배급의 차세대 RS-28 '사르맛' ICBM(프랑스나 텍사스 주를 한번에 완전 파괴할 수준)을 시험 발사(실전 배치 예정 2022년 후반)함으로써 전 세계를 핵전쟁의 공포에 떨게 했다.[14] 미중러 삼각관계가 요동치면서 핵무기 통제 협정도 흔들리고 있다.

---

13) 조은정, "신전략무기감축협정(New START) 연장 합의의 의의와 제언," 국가안보전략연구원(INSS), 『이슈브리프』, 제242호. 2021.2.5.
14) "러 히로시마 원폭 2000배 ICBM 선 보여주며 휴전협상 압박," 『중앙일보』, 2022.4.22.

북한의
실질적이며
완전한 비핵화
관련 협력

북한의 실질적이고 완전한 비핵화 관련 협력이다. 이 협력을 둘러싸고 미중 입장차가 분명 존재하지만 협력의 가능성이 전혀 없는 것은 아니다. 바이든 집권으로 트럼프 시기의 'top-down'식 일괄 신속처리 해법은 힘들게 되어 최소한 1~2년 내에 북미 교착 상태의 급진전은 어려울 것으로 보인다. 바이든 정부는 'bottom-up'식 대북정책과 비핵화 원칙주의 및 투명한 사찰 등을 견지할 것으로 보이기 때문에 북미 교섭은 난항이 예상되고 단기간에 성과를 내기는 힘들 것으로 보인다. 오바마 행정부 시기 외교 관련 주요 직책을 맡았던 앤서니 블링컨이 국무장관, 제이크 설리반이 국가안보보좌관, 커트 캠벨이 신설된 인도·태평양 정책 조정관 등의 직책을 맡아 인도·태평양 지역 및 한반도 문제 등을 처리하고 있다. 이들은 원칙적으로 북한의 완전한 비핵화와 북한 인권문제 개선을 대북 정책의 핵심 전제 조건으로 내걸고 있다. 이를 위해 2021년 3월 12일 쿼드 정상회담과 3월 중순 미일 외교국방 2+2 회담에서 북한의 완전한 비핵화를 핵심 사안으로 합의해 북한, 중국 그리고 한국 측에게 압박했다.

미국이 인권 및 가치 중심의 원칙적인 대북 접근법은 한국의 유연한 실리주의적 접근법과 대조를 이루면서 한미 간의 이견이 표출되고 있다. 하지만 2021년 4월 말에 마무리된 미국의 '대북 정책검토'(North Korea Policy Review)에 따르면, 한미 간 대북 접근법에서 이견이 좁혀졌으며, 미국이 전향적으로 '한반도 비핵화'란 표현을 쓰면서 대북 위협이 아니라 해결을 위해 유연한 대북접근법을 단계적으로 추진할 것이며, '조율된 실용적 접근법'(calibrated practical approach)을 취할 것이라는 보도도 있었다. 만약 북한이 이에 호응하지 않을 경우, 오바마 정부 시기의 '전략적 인내'정책과 유사한 대북 정책인 '전략적 인내 Two'가 재현되지 않을까하는 우려도 없지 않다. 이런 노력에도 불구하고 설상가상으로 2022년 2월 24일 러시아의 우크라이나 침공으로 북한 비핵화 협상과 진전은 더욱 어렵게 되었다.

전략적 협력의 전망	이밖에도 미중 간 전략적 협력이 가능한 분야로는 다음을 꼽을 수 있다.15) 즉, 사이버 전쟁 및 정찰과 관련하여 양자협정을 논의하는 것, 인공지능(AI) 통제

형 자율무기체계에 대한 미래의 제한에 관한 규약을 논의하는 것, 우주공간의 평화적 사용에 관한 양자협정을 논의하는 것, 이란과 아프가니스탄 안정화를 위한 미중 공조, 미래 글로벌 위기들과 경제침체를 예방하기 위한 글로벌 거시 경제 및 금융안정과 관련하여 G20 내에서 협력, 태양광 등 신재생에너지 연구-개발을 위한 글로벌 연구프로젝트 추진, 포스트-코로나 보건·백신 개발 협력 등이 있다.

---

15) Anonymous, "THE LONGER TELEGRAM: TOWARD A NEW AMERICAN CHINA STRATEGY," *Atlantic Council: The Scowcroft Center for Strategy and Security*, 2021. p.75.

4. 국제질서의 다극화는 진행되고 있는가?

신종호(통일연구원 선임연구위원)

국제체제
극(polar)의 변천

국제체제에 존재하는 강대국의 수에 따라 양극(bi-polar), 단극(uni-polar), 다극(multi polar) 체제로 구분할 수 있다. 역사적으로 보면, 20세기 초 유럽은 영국·프랑스·러시아·독일·오스트리아 등 다수의 강대국이 공동지배하는 '다극체제'였고, 제2차 세계대전 이후 냉전(Cold War)시기는 미국과 소련이라는 두 강대국이 경쟁하고 갈등하는 양극체제였으며, 냉전 종식 이후 탈냉전 초기는 미국이라는 초(超)강대국과 다수의 강대국(중국, 러시아, 유럽연합, 일본 등)이 존재하는 '1초 다강'의 미국 단극(혹은 일극)체제라고 할 수 있다.16)

그리고 2001년 9·11테러와 2008년 미국발 글로벌 금융위기, 2017년 트럼피즘의 등장과 브렉시트(BREXIT) 등을 거치면서 국제체제는 양초(미국, 중국) 다강(러시아, 유럽연합, 인도, 일본 등) 체제가 시작되었다. 물론 미국의 국력이 여전히 다른 강대국들을 압도하고 있고, 중국을 미국과 같은 초강대국 반열에 두기 어렵다는 점을 들어 현재를 '미국의 패권 조정과 미중 경쟁체제'로 명명해야 한다는 주장도 있다.17) 또한, 2008년 글로벌 금융위기 이후 미국패권의 상대적 하락(decline)과 2017년 트럼피즘의

---

16) 국제체제 극의 변화와 강대국관계에 대해서는 신종호 외, 『강대국 정치와 관련국의 대응』(서울: 통일연구원, 2020), pp. 59~122 참조.
17) 전재성, 『동북아 국제정치이론』 (서울: 한울, 2020), p.43.

여파로 인해 미국의 글로벌 리더십이 하락했다는 점을 들어 무극(nonpolarity) 체제 혹은 다극체제로 보는 견해도 있다.[18]

이처럼 국제체제의 변화에 대한 다양한 시각에도 불구하고 공통점은 존재한다. 즉, 미국이 초강대국 지위를 유지하고는 있지만 힘(power)의 상대적 하락은 분명해 보인다는 점, 중국의 부상이 현실화되었지만 미국을 능가하기에는 여전히 많은 시간이 소요될 것이라는 점, 미국이 단극(혹은 일극)으로 군림했던 순간은 지났지만 그렇다고 미중이 새로운 양극을 형성한 것은 아니라는 점, 그리고 코로나19와 러시아의 우크라이나 전쟁 수행 등으로 대표되는 다양하고 돌발적인 전통적·비전통적 안보위협이 국제체제를 점차 다극화 방향으로 이끌 것이라는 점 등이다.

미국 주도 자유주의 질서의 쇠퇴(?)

제1차 세계대전 이후 월슨이 주창하고 냉전시기에 형성된 미국 주도의 자유주의 국제질서(liberal international order)가 탈냉전시기를 거치면서 갈수록 쇠퇴하고 있다는 평가가 지배적이다. 대표적인 현실주의 정치학자인 미어샤이머 뿐만 아니라 자유주의 국제정치학자인 아이켄베리에 이르기까지, 많은 전문가들은 미국 주도의 자유주의 국제질서가 쇠퇴하고 있고 최근들어 그 속도가 빨라지고 있다는 것에 대부분 동의한다.[19] 그 이유는 자유주의

18) Richard N. Haass, "The Age of Nonpolarity," *Council on Foreign Relations*, April 16, 2008.
19) John J. Mearsheimer, "Bound to Fail: The Rise and Fall of the Liberal International Order," *International Security*, Vol. 43, No. 4(2019), pp. 7-50; John G. Ikenberry, *A World Safe for Democracy: Liberal Internationalism*

국제질서의 핵심인 자유주의와 민주주의 및 인권 등이 대내외적 요인들-민족주의, 초세계화(hyperglobalization), 중국의 부상 등-로 인해 위기에 빠져 있기 때문이라는 것이다.

2020년 세계적인 차원의 코로나19 팬데믹은 이미 병들어 가고 있던 자유주의 국제질서에 더 큰 타격을 주었다.[20] 코로나19라는 감염병이 갖고 있는 초국경적 특성은 국가행위자 차원의 개별적인 대응보다는 지역 및 글로벌 협력 체계의 필요성이 더욱 필요하다는 점을 보여주었다. 하지만 '미국 우선(America-First)'을 강조했던 트럼프 행정부는 대중국 견제와 압박에 집중하느라 코로나19와 관련된 국제적 연대와 협력에는 소극적이었다. 중국 역시 자국의 코로나19 초기 방역 성공 경험을 강조하면서 오히려 미국을 비롯한 서구의 자유주의 국제질서 시스템의 문제점을 지적하는 행태를 보였다.[21] 이처럼 코로나19를 둘러싼 미중 두 강대국의 책임론 공방과 갈등 속에서, 세계 각국 역시 자국의 주권 및 민족주의 등을 강조하는 국가중심주의(State-centrism)적 경향성을 보임으로써, 미국 주도의 자유주의 국제질서는 갈 곳을 잃고 표류하고 있다.

2021년 출범한 미국 바이든 행정부는 갈수록 힘을 잃고 있던 자유주의 국제질서를 회복하기 위해 '글로벌 리더십 회복'을 대외정책의 기조로 설정했고, 그 수단으로 다자주의와 동맹 재구

---

and the Crises of Global Order (Imprint: Yale University Press, 2020).

20) Carla Norrlof, "Covid-19 and the liberal international order: Exposing instabilities and weaknesses in an open international system," *Finnish Institute of International Affairs,* April 17, 2020.

21) Christopher W. Bishop, "China, the coronavirus, and the liberal international order," *Open Global Rights*, April 24, 2020.

축을 강조하고 있다. 그리고 미국은 이미 글로벌·동아시아 차원에서 다양한 형태의 정책적 조치를 취하고 있다. 미국의 동맹국들을 규합하기 위해 전임 트럼프 행정부의 인도·태평양전략을 발전적으로 계승하고 4국(미국, 인도, 일본, 호주) 안보협의체인 쿼드(QUAD)와 3국(미국, 영국, 호주) 안보협의체(AUKUS)를 가동하고 있으며, 미일 동맹을 강조하면서 한미일 협력 강화를 위해 한일관계 개선을 압박하고 있다. 또한 바이든 행정부가 2021년 12월 개최한 '글로벌 민주주의 정상회의'와 2022년 5월 출범한 인도·태평양경제프레임워크(IPEF) 역시 중국으로 대표되는 권위주의 국제질서의 부상을 견제하고 미국 주도의 자유주의 국제질서를 회복하기 위한 노력이라고 할 수 있다.

새로운 다극(?)질서에 대한 각국의 대비

국제질서가 어떻게 변화할 것인가에 관심을 갖는 이유는 다양하지만, 가장 중요한 것은 미국 주도의 자유주의 국제질서가 진정 쇠퇴했는가와 함께 또 다른 강대국 중 하나인 중국이 현대의 국제질서를 어떻게 인식하고 대응하고 있는가이다. 왜냐하면 부상한 중국이 '수정주의자(revisionist)'인지 '현상유지국(status quo power)'인지에 따라 국제질서에 심각한 영향을 미칠 것이기 때문이다. 이와 관련하여 자유주의자인 아이켄베리는 '부상한' 중국은 국제질서를 재편하기보다는 기존 질서를 받아들이면서 협력할 것으로 보는 반면, 대표적인 현실주의자인 미어샤이머를 포함한 많은 서방학자들은 대체로 '중국의 부상'이 국제질서를 파괴하고 조정할 것이라고 부정적으로 인식한다.22)

국제질서 구조 변화에 대해 중국의 인식은 대체로 일관되지만 최근들어 일정한 변화도 감지된다. 냉전의 종식과 함께 장쩌민-후진타오 시기에 들어서면서 중국은 기존의 초강대국 미국 중심의 단일 패권질서가 점차 쇠퇴하고, 중국과 러시아 및 유럽연합(EU) 등과 같은 준(准)강대국의 역할이 중요해지는 '세계질서의 다극화' 내지는 '일초다강(一超多强)' 체제가 서서히 진행되고 있다고 인식하기 시작한다.23)

2008년 미국발 글로벌 금융위기 이후 중국은 미국 중심의 자유주의 국제질서가 약화 내지 동요하고 있다는 인식이 많아졌고, 기존의 미국이 주도하는 '세계질서(world order)'에서 벗어나 중국이 주도하는 새로운 '국제질서(international order)'를 창출해야 한다는 주장도 나타나기 시작했다. 예를 들어, 중국 전국인민대표대회 외사위원장 푸잉(傅瑩)은 2016년 7월 영국 채텀하우스 강연에서 소위 '팍스 아메리카나'로 불리는 미국 주도의 세계질서(world order)는 며 세 가지 요소-미국과 서방의 가치체계, 미국의 군사동맹 네트워크, 유엔과 그 조직 등-로 구성되어 있다고

---

22) John G. Ikenberry, *After Victory: Institutions, Strategic Restraint, and the Rebuilding of Order After Major Wars* (Princeton, NJ: Princeton University Press, 2001); John J. Mearsheimer, "Bound to Fail: The Rise and Fall of the Liberal International Order," *International Security*, vol. 43, no. 4 (2019), pp. 7~50.

23) 탈냉전 초기 중국 지도부의 국제정세에 대한 판단과 미국에 대한 인식은 두 차례의 당대회 '보고(報告)'에 잘 드러나고 있다. 江澤民, "高举邓小平理论伟大旗帜, 把建设有中国特色社会主义事业全面推向二十一世纪: 在中国共产党第十五次全国代表大会上的报告," 『人民日报』, 1997年 9月 12日; 胡锦涛, "高举中国特色社会主义伟大旗帜 为夺取全面建设小康社会新胜利而奋斗: 在中国共产党第十七次全国代表大会上的报告," 『人民日报』, 2007年 10月 15日.

보았고, 중국은 유엔의 역할을 중시하고 국제법 원칙을 준수하는 새로운 국제질서(international order)를 주도하겠다는 점을 강조했다.24) 이후 시진핑 국가주석은 여러 차례의 유엔 총회 연설을 통해 중국이 세계평화의 건설자, 글로벌 발전의 공헌자, 국제질서의 수호자 역할을 지속할 것이라는 점을 강조했다.25)

결국, 중국은 미국이 주도하는 현존 '세계질서'에 전면적으로 대응하기보다는 자신들이 국제질서의 수호자임을 자처하면서 미국에 대한 장기전 태세를 유지하고 자국의 발전을 추구할 것이다. 이 과정에서 중국은 외교안보 분야에서는 유엔의 역할 및 국제법 원칙 등을 강조하고, 경제통상 분야에서는 자유롭고 포용적인 지역협력을 강조할 가능성이 높다.26)

문제는 이러한 국제질서 구조의 변화 추세 하에서 미중 전략경쟁의 심화 및 장기화 추세가 지속될 경우 동아시아 지역은 물론 한반도에도 다양한 형태의 '강대국 리스크'를 초래할 가능성이 높다는 점이다.

---

24) Fu Ying, "China and the Future of International Order," *Chatham House*, July 6, 2016.

25) "习近平主席在联合国日内瓦总部的演讲," 『中国共产党新闻网』, 2017.1.18.; "习近平在第七十五届联合国大会一般性辩论上发表重要讲话," 『中国政府网』, 2020.9.22.

26) 이기태 외, 『한반도 평화 실현을 위한 주변국 협력 방안』 (서울: 통일연구원, 2021), p.102.

5. 미중 전략경쟁-신냉전-다극화 추세를 어떻게 볼 것인가?

김재관(전남대학교 정치외교학과 교수)

작금의 국제질서가 다극체제 하에서 '신냉전'(a new cold war)으로 나아가고 있는지에 대한 판단은 어떤 기준을 적용하느냐에 따라 Yes일 수 있고 No일 수 있다. 먼저, 역사에서 볼 수 있는 장기간에 걸친 강대국 경쟁(protracted international rivalry) 구도로 해석하면 '신냉전'에 진입했다(Yes)고 볼 수 있다. 하지만 기존의 특정 시기(1945~1991년)인 '냉전'(The Cold War)시기의 엄격한 기준-즉, 양극체제 하에서 동맹세력으로 양분된 세력균형체제, 극심한 이데올로기 대립, 치열한 군비경쟁 등-을 적용한다면 아직 '신냉전'이 도래하지 않았다(No)고 볼 수 있다. 따라서 '신냉전'과 관련된 두 주장은 관점에 따라 양립가능할 수도 있다.[27]

　미중 전략경쟁이 장기화 조짐을 보이면서 치열하게 강대국 간 각축전을 벌이고 있는 현재의 국제질서를 어떻게 규정할 것인가? 현재는 '다극화' 추세에 접어들었는가? 대체로 많은 국제정치 전문가들은 현재의 국제질서를 다극체제(a multipolar system)로 규정하고 있다.[28] 물론 냉전 연구 및 국제정치 전문가들인

---

27) 신냉전을 둘러싼 치열한 논쟁은 Hal Brands & John Lewis Gaddis, "The New Cold War," *Foreign Affairs*, Nov/Dec. 2021; John J. Mearsheimer, "The Inevitable Rivalry," *Foreign Affairs*, Nov/Dec. 2021 등 참조.

28) Hal Brands & John Lewis Gaddis, "The New Cold War," *Foreign Affairs*, Nov/Dec. 2021; Andrew J. Nathan, "The China Threat in Perspective,"

존 게디스(John Lewis Gaddis)와 할 브랜즈(Hal Brands)는 미중이 현재 '신냉전'으로 진입하고 있다는 점은 더 이상 논쟁의 여지가 없다고 단언한다. 그들은 불확실하고 근거없는 미중 '양극체제'보다 오히려 '다극체제' 속에서 미국의 '단극체제'가 종식될 가능성이 높고, 이런 다극체제 하에서 중국을 겨냥한 각국의 세력 균형 정책이 결국 중국의 패권국가로의 부상을 제약할 것이라고 본다.29)

하지만 이와 달리 미중이 G2 글로벌 대국으로서 치열한 전략경쟁을 장기간에 걸쳐 '장기 게임'30)을 전개할 것으로 전망되기 때문에 현재 '양초다강(兩超多强)'의 다극질서체제로 현 국제질서를 규정할 수도 있을 것이다.

<table>
<tr><td>미중
전략경쟁과
신냉전의 양립
가능성</td><td>미중 전략경쟁을 장기적으로 지속될 수밖에 없는 국제적 차원의 강대국 경쟁으로 본다거나 다극 질서체제 하의 강대국 경쟁으로 본다면 신냉전 개념은 충분히 사용 가능할 수도 있다. 물론 이 담론 자체가 강대국 대결을 조장하는</td></tr>
</table>

비관적인 면도 없지 않지만 말이다.

현재의 양초다강의 다극화 질서 속에서 중국은 글로벌 지배전

Foreign Affairs, March/April 2022.

29) Hal Brands & John Lewis Gaddis, "The New Cold War," *Foreign Affairs*, Nov/Dec. 2021; Andrew J. Nathan, "What Exactly is America's China Policy," *Foreign Policy*, Spring 2022. pp.32-39.

30) Rush Doshi, *The Long Game: China's Grand Strategy to Displace American Order* (Oxford University Press, 2021).

략의 일환인 '일대일로 구상'을 통해 대륙(Belt)과 해양(Road)을 함께 지배하려는 '혼합패권'(hybrid hegemony)을 추구한다는 점에서 현 패권국인 미국은 당연히 우려할 수 밖에 없다. 인도·태평양 지역을 넘어 글로벌 차원에서 미중 간 격돌은 불가피하고, 장기적인 강대국 경쟁인 '신냉전'의 가능성을 우려할 수 밖에 없다. 물론 가능성과 현실성은 별개의 문제이기 하지만 말이다. 이처럼 '양초다강'의 다극화 체제 하에서 강대국 간의 국제적인 경쟁이 장기화될 것으로 본다면 이 역시 신냉전 체제 하의 강대국 경쟁 체제로 현 국제질서를 규정할 수 있을 것이다.

주지하다시피 '냉전'(The Cold War) 기간에도 오히려 역설적으로 '장기간의 평화'(the Long Peace)가 존재했다면, '신냉전' 역시 평화가 완전히 부재할 것이라고 보기는 힘들다. 오히려 또 다른 장기 평화(a long peace)가 신냉전, 즉 강대국 간 장기적인 전략경쟁 속에서 존재할 수도 있다. 따라서 언론에서 유포되는 신냉전 개념에 대해 과도한 공포감을 가질 필요가 없다. 미중 신냉전 중에도 협력은 충분히 이뤄질 수 있다. 특히 글로벌 차원의 복합적 상호의존 상황에서 미국과 중국은 강대국 경쟁을 벌이고 있지만, 그들 사이의 전략경쟁과 전략적 협력이 동전의 양면처럼 병존할 수밖에 없다. 신냉전 국면 속에서도 평화공존할 수 있으며, 협력도 가능한 것이다.

| '패권경쟁' 보다 '전략경쟁' 개념이 | 패권경쟁 개념은 미중 간 불가피한 경쟁(the inevitable rivalry)으로 결국 헤게모니 쟁탈전의 성격을 띠면서 대결충돌로 이어져, 결국 '투키디데스 함정'에 빠 |

더 정확한 표현 | 질 수밖에 없다고 본다. 그래서 현실주
의적 관점에서 중국의 부상을 지연·억
지시키기 위한 전방위적 차원의 '봉쇄'정책(containment)을 강조
하는 학자들도 존재한다. 대표적으로 미어샤이머는 미국의 대중
국 관여·포용(engagement)정책이야말로 미국외교의 최악의 전략
적 실수이자 재난이라고 규정하고 대중국 봉쇄정책을 제안하고
있다.31)

이와 대조적으로 존 아이켄베리와 같은 자유주의적 국제주의
자들의 반론 역시 만만치 않다. 중국이 강대국으로 부상하고 있
지만 미국이 충분히 중국을 글로벌 '자유주의적 국제질서' 내로
편입시켜 성공적으로 관리해왔고, 향후에도 전략경쟁과 전략협
력을 통해 중국의 부상을 관리가능하다고 본다. 이 때문에 미어
샤이머의 대중국 봉쇄정책을 정면 비판하고 있는 존 아이켄베리
나 앤드류 네이션은 자유주의적 국제주의 노선이 가장 바람직한
외교정책이라고 주장한다. 그들은 이 노선에 기반한 대중국 관
여 정책을 유지하는 가운데 대중국 '수용정책'(accommodation)
정책을 지속해야 한다고 강조하고 있다.32) 이들은 이제까지 미
국의 대 중국 관여 포용 정책은 실패한 것이 아니라 이 정책을
통해 성공적으로 중국을 발전시켜 국제사회에 책임있는 파트너
로 적극적인 역할을 할 수 있도록 견인했다고 긍정적으로 평가
한다. 이와 동시에 아이켄베리는 중국의 글로벌 부상 속에서 미

---

31) John J. Mearsheimer, "The Inevitable Rivalry," *Foreign Affairs,* Nov/Dec.
2021.
32) G. John Ikenberry, "The Real Liberal Bet," *Foreign Affairs,* March/April
2022. pp.172-175; Andrew J. Nathan, "The China Threat in Perspective,"
Foreign Affairs, March/April 2022. pp.175-179.

국은 중국에 대해 포용정책만 한 것이 아니라 일부 봉쇄정책도 병행하는 포용(engagement)과 봉쇄(containment)를 겸용하는 '봉쇄적 포용'(congagement) 정책을 추진해왔다고 주장한다. 요컨대 자유주의적 국제주의 노선은 대중국 관여 정책 외에도 중국의 파워를 상쇄하기 위한 미국의 몇 가지 다른 전략도 동시에 구사하고 있다는 것이다. 예를 들어, QUAD와 AUKUS 등과 같은 동아시아 동맹체제를 다각화·활성화시켜 중국을 견제하고 있다는 점, 인도·태평양 지역 내 다양한 지역 제도와 레짐을 통해 중국을 견제하는 것, 그리고 국제제도와 다자주의 협력의 틀을 통해 중국을 국제규범의 준수자로 견인하는 것 등이다.

미중 패권경쟁이 대결과 충돌에 역점을 둔다면, 미중 전략경쟁은 미중 간 경쟁과 협력이 공존하는 대중국 수용전략을 강조하고 있다. 결국 미중 경쟁이 대결이냐 수용이냐의 프레임으로 봐야 할 것이다. 즉, 미중 패권경쟁의 대결 프레임 보다는 큰 틀에서 대중국 수용 전략 속에서 전략경쟁을 보는 것이 타당하다.

중국의 글로벌
헤게모니 전략에
대한 전망

과연 양초다강의 국제질서 하에서 중국은 글로벌 헤게모니를 쥘 수 있을까? 중국은 경제대국으로 부상했지만, 미국 수준의 글로벌 지배력을 갖기에는 아직도 역부족이다. 미국의 경우 60여개 국에 달하는 동맹 및 우방국을 통해 중국을 견제 가능하며, 종합국력 면에서 여전히 중국과 세력격차(power gap) 유지하고 있는 것이 사실이다.

중국이 글로벌 패권을 장악하기 힘든 몇 가지 요인이 있다. 첫째, 다른 강대국들과 마찬가지로 중국 역시 자유주의적 국제질서에 순응함으로써 국익을 증진할 수 있으므로 이 질서를 파괴하기는 힘들다. 둘째, 다극화 추세 속에서 중국을 세력균형 정책으로 견제할 수 있는 여러 지역세력들이 존재하고 있다. 셋째, 중국 스스로 대내적으로 각종 내부적 취약점들을 보완해야 한다는 점에서 여전히 미중 패권 경쟁 돌입에는 한계가 존재하고 있다.

결국 '중국위협론'은 과장된 측면이 없지 않으며, 중국은 미국의 글로벌 헤게모니를 대체할 수 없는 국부세력(a partial power)으로서 미국과 장기적인 전략경쟁을 할 것으로 전망된다. 조셉 나이(J. Nye)나 데이빗 샴보(David Shambaugh), 앤드류 네이선(Andrew Nathan)와 같은 학자들은 대체로 위의 시각에 동의하고 있다.

현재의 양초다강의 국제질서 속에 향후 미국이든 중국이든 어떤 세력도 단극체제를 형성하기 힘들고, 다극체제 하에서 강대국 간 합종연횡의 국제질서가 유지될 가능성이 높다. 이에 따라 미국과 중국은 각자 자국의 사활적 이익에 도움을 줄 수 있는 우방국 규합 경쟁을 치열하게 전개할 것으로 보이며, 이번 우크라이나 전쟁을 계기로 한층 더 편가르기 경쟁이 확산될 것으로 전망된다. 그럼에도 불구하고 만약 미국과 중국이 자제력을 갖춘 외교전략과 정책을 추진한다면 21세기에도 19세기 유럽과 유사한 다극체제로서의 세력균형의 협조체제를 만들 수도 있을 것이며, 이 속에서 장기평화가 유지될지도 모를 일이다.

복합적 상호의존 체계인 글로벌 세계질서는 미중 충돌을 방지 억지시키는 주요 요인이자 구조이며, 미중 충돌을 자제 억제시키는 요인 가운데 미국 및 중국 내 여론 역시 중요한 억지 요인이다. 그리고 미중 충돌에 반대하는 미국의 재개 특히 다국적 기업이나 월가의 경우 이러한 극단적 봉쇄 충돌을 억지시키는 주요 이해당사자라고 볼 수 있다. 비록 대만 문제로 미중이 충돌할 가능성이 높지만 충돌 시 쌍방에 파국적 결과를 초래하므로 양국 다 자제할 가능성이 훨씬 더 높다.

결국, 양초다강의 다극질서 하에서 포괄적 한미동맹을 기반으로 미중 균형 실용외교, 전략적 자율성과 재량권 공간 확대, 한반도 및 동북아 지역의 안정과 평화 번영에 기여하는 외교노선을 견지할 필요가 있다. 구체적으로 미국의 인도·태평양전략에 무조건적으로 수용·순응하기 보다 '원칙있는 실용외교' 노선을 견지할 필요가 있다. 미중 전략경쟁의 장기화·구조화 추세 속에서 한국은 가능한 주요 사안별 세부적인 대응전략이 요구된다.

6. 우크라이나 사태는 신냉전으로 이어질 것인가?

김재관(전남대학교 정치외교학과 교수)

2022년 2월 24일 러시아는 전격적으로 우크라이나를 침공했다. 이 사건이 미중 전략경쟁이 치열하게 전개되고 있는 상황에서 글로벌 확전의 계기로 작용할 것인가? 다시 말해 이 전쟁이 유럽안보질서의 재편은 물론이고 글로벌 차원의 '신냉전' 질서를 초래할 것인가? 이번 전쟁이 일과성에 그칠 하나의 지역 사건으로 그칠 것 같지 않아 전 세계가 우려의 목소리를 내고 있다. 미국 주도의 대러시아 제재와 규탄을 둘러싸고 전 세계가 찬성과 반대 혹은 기권으로 진영으로 나뉘지는 현재 모습은 과거 냉전 시대를 떠오르게 한다.

우크라이나 전쟁의 원인

왜 러시아는 우크라이나를 공격한 것일까? 위대한 러시아를 재건하겠다는 푸틴의 야욕과 속전속결로 우크라이나 전쟁을 끝낼 수 있다는 그의 전략적 오판이 침공의 원인이라는 분석이 지배적이다. 하지만 다른 각도에서 보면 오히려 탈냉전 이래 30여 년 동안 이어져 온 미국 주도 북대서양조약기구(NATO)의 동진확장 정책에 그 침공의 근본 원인을 찾아야 한다는 전문가들의 지적도 무시할 수 없다.

구체적으로 보면, 그동안 미국이 우크라이나를 표적으로 삼아 추진해왔던 3가지 패키지 전략-즉, NATO 확장, EU 확대(동부파

트너십 구상: EPI), 오렌지 혁명 등-이 러시아의 안보 우려를 심화시켜 왔다.[33] 다시 말해 러시아 입장에서 볼 때 러시아의 안보 우려, 즉 전통적 세력권과 영향권이 계속 축소되어 이제 마지막 남은 러시아의 본향인 우크라이나마저 NATO 가입으로 잃게 될 수 있다는 절박감이 이번 침략의 근본 동인으로 봐야 할 것이다.

> **오렌지 혁명(Оранжевая революция : orange revolution)**
> 오렌지 혁명은 2004년 우크라이나 대통령 선거 부정을 계기로 일어난 반정부 시위를 말한다. 2004년 오렌지 혁명을 계기로 드러난 우크라이나 동서 지역 갈등의 여파는 2014년 유로마이단 혁명, 러시아의 크림반도 병합·돈바스 전쟁(내전)으로 이어졌고, 2022년 러시아의 우크라이나 침공이라는 최악의 사태로 터졌다.

이번 러시아의 우크라이나 침공의 배경과 원인을 크게 근본적이고 구조적인 원인, 중간 근접 요인, 최근 촉발 요인으로 나눠 보면, 이번 사태를 좀 더 객관적으로 진단할 수 있을 것이다. 무엇보다 구조적이고 근본적인 원인은 미국이 주도해 온 NATO 동진확장 정책의 강행,[34] 중간근접 요인은 2014년 러시아의 크림반도 병합과 돈바스 지역 분쟁 해결책이었던 2015년 '신민스크 협약'의 파기,[35]

---

33) 미어샤이머(John J. Mearsheimer) 저, 이춘근 역, 『The Great Delusion: 미국 외교의 거대한 환상』 (서울: 김앤길북스, 2021), pp. 288-291.

34) 첫째, 1990년 통독 시 동·서독 + 미·소·영·프 협약, 즉 통독 이후 동독지역 밖 동쪽 방향으로 확장하지 않는다는, 특히 고르바초프와 제임스 베이커 국무장관 사이의 협약인 '1인치 나토확장 불가론' 협약의 위배, 둘째, 1997년 '나토-러시아 관계 정립 조례' 무실화, 셋째, 미국 조지 W. 부시 대통령이 2008년 부카레스트 NATO 정상회담에서 우크라이나 나토 가입을 지지 천명한 점, 넷째, 2013년 유로마이단 민주화 시위 배후 조종, 다섯째, 2021년 가을 '미국-우크라이나 전략적 파트너십 체결'로 나토 가입을 지지한 점 등을 꼽을 수 있다.

35) 2015년 2월 러시아·우크라이나·프랑스·독일 등 4개국 정상이 벨라루스 수도 민스크에서 회동해 성사시킨 정부군과 반군 간의 제2차 휴전 협정이 신 민스크 협정이다. 이 협정은 정부군과 친러시아 분리주의 반군의

최근 촉발 요인은 우크라이나의 NATO 및 EU 가입을 명기한 2019년 개헌과 2021년 가을 '미국-우크라이나 전략적 파트너십 체결' 등이 푸틴의 우크라이나 침공의 직접적인 도화선이 되었다고 볼 수 있다.

이처럼 전쟁의 원인이 축적되어왔음에도 불구하고 미국은 시종일관 러시아의 안보 우려를 무시한 채 NATO 동진 확장의 결정판인 우크라이나의 NATO 가입을 적극 지지하고 추진해왔다. 이러한 확장 정책이 '치명적 실수'가 될 것이라고 미국의 현실주의 전략가들(J. Kennan, J. Mearsheimer)조차 경고해왔음에도 계속 러시아의 안보불안을 조장하고 도발을 촉발시켜 온 미국 책임론을 묻지 않을 수 없다.[36]

우크라이나 전쟁과 신냉전의 가능성	이번 푸틴의 우크라이나 침략으로 말미암아 유럽안보 아키텍쳐의 변화는 물론이고 글로벌 차원의 안보질서 마저 흔들고 있다. 이 사태로 한치 앞을 내다볼

수 없는 국제질서의 대혼란과 불안정이 심화되고 있으며, 이른

교전 중단 및 중화기 후진 배치와 함께, 분리·독립을 선언한 동부 도네츠크인민공화국과 루간스크인민공화국의 자치권을 최대한 인정하는 개헌을 추진한다는 내용을 담고 있다. 외국 군대(러시아군)와 군사장비, 용병 등을 우크라이나 영토에서 철수시키고 동부 지역 자치를 위한 지방선거를 시행한다는 내용도 포함됐다. 결국 돈바스 지역의 자치권을 포함한 특수 지위를 인정하는 것을 골자로 한다는 점에서 우크라이나에 대한 러시아의 영향력 유지를 담보하는 내용으로 볼 수 있었다. 다음을 참조. "민스크협정 강조하는 中...러에 힘싣고 중재자 위상 모색," 『연합뉴스』, 2022.02.21

36) 미어샤이머(John J. Mearsheimer) 저, 이춘근 역, 『The Great Delusion: 미국 외교의 거대한 환상』 (서울: 김앤길북스, 2021), pp.296, 364.

바 '신냉전' 시대의 도래가 현실화하고 있다는 우려도 있다. 이제 미중 전략경쟁을 넘어 미러 대결마저 치열하게 전개되면서 미·중·러 전략적 신삼각관계가 가동 중이다. 게다가 미·중·러·EU라는 글로벌 4강체제도 합종연횡의 신국제질서의 새로운 구조적 변수이자 요인이 되었다.

1991년 구소련 몰락으로 탈냉전 초기에는 미국이 유일한 초강대국으로 군림하면서 여러 지역 강대국으로 이뤄진 '일초다강'(一超多强)의 시대가 한동안 이어졌다. 21세기 접어들어 중국의 글로벌 부상과 더불어 2008년 미국발 금융위기 이후로 소위 G-2 시대가 열리면서 현재는 '양초다강'(兩超多强), 다극화 시대가 도래했다고 볼 수 있다. 다시 말해 미·중·러·EU·일본·인도라는 글로벌 6강체제 혹은 미중+4강이라는 '양초사강'(兩超四强)이 경합하는 합종연횡의 신국제질서, 다극질서가 출현했다고 볼 수 있다. 이번 우크라이나 전쟁이야말로 러시아가 국제질서의 교란자로서 합종연횡의 신국제질서의 변화를 촉발시킨 사건이라 할 것이다.

한편 우크라이나 전쟁 사태를 보면서 러시아의 도발을 예상해왔음에도 불구하고 전쟁 방지를 위한 바이든 행정부의 적극적 역할의 부재와 그 외교력의 한계가 극명하게 드러났다. 이번 전쟁을 계기로 어느 국가도 글로벌 리더십을 확고히 행사하지 못하는 글로벌 무정부상태, 글로벌 무질서 속에서 더이상 G-2시대도 아닌 G-Zero시대, 신냉전 시대가 개막한 듯하다.

그러나 다른 각도에서 보면, 미국은 이미 '예상된 전쟁'인 러시아의 '우크라이나 침공'을 조장함으로써 몇 가지 성과를 거두고 있는 것 같다. 반러시아 전선에서 우방 및 동맹의 재규합과 함께 자유민주주의 진영을 공고화함으로써 러시아는 물론 중러 권위주의 진영을 고립화할 수 있는 파급효과를 거두고 있다고 볼 수 있다. 요컨대 이번 전쟁을 통해 자유민주주의 진영과 권위주의 진영이라는 편가르기 외교를 추진하고 있는 것이다.

미중 사이에서 전략적 실용주의 균형외교, 전략적 자율성, 독자노선을 견지하려던 EU 진영(특히 독일, 프랑스 등)이나 한국과 같은 동맹국들로 하여금 확고히 미국 쪽으로 경사되도록 재규합하는 효과도 거두었다. 결과적으로 미국은 우크라이나 사태를 통해 동맹복원, 자유주의 국제질서, 다자주의를 복원함으로써 미국의 글로벌 리더십을 구축해 '더 나은 세계 건설(Build Back Better World: B3W)'을 달성한다는 긍정적 이미지를 대외적으로 연출하고 있다. 그리하여 미중 전략경쟁, 특히 기술패권경쟁에서 중러를 더 고립시킴으로써 글로벌 전략경쟁의 주도권 행사하고자 하고 있다.

이러한 외교적 성과에도 불구하고, 미국은 이번 우크라이나 사태를 계기로 그동안 미국의 전력을 인도·태평양 지역에 집중해 '중국의 부상'을 억제하려던 '인도·태평양 전략'은 큰 차질을 빚을 것으로 보인다. 미국이 동시에 두 개의 전선, 즉 동유럽과 인도·태평양(특히 동북아 지역)에 전력을 동시에 투사해야 한다는 돌발변수가 출현했다는 사실이 중요하다. 게다가 아프간 철군에도 불구하고 중동 지역의 이슬람국가(IS) 테러리즘, 이란핵 재협상 문제도 해결되지 않았기 때문에 미국은 심지어 세 개 전선에서 대응해야 한다는 점에서 '자유롭고 개방적인 인도-태평양 전략(FOIP) 추진에 큰 장애물에 부딪혔다고 할 수 있다. 미국은 FOIP 전략에 문제가 발생하게 되자 이를 의식한 듯 미국은 우크라이나 위기에 대응하면서도 동시에 FOIP 전략 차원에서 북중 견제용 전략폭격기 B-52H 및 F-35A 역내 배치함으로써 동맹국들의 안보불안과 우려를 불식시키고자 노력 중이다. 따라서 미국은 우크라이나 사태를 계기로 동유럽 · 중동 · 동아시아 3개 지역에서 세력균형을 위해 '역외균형'(Offshore Balancing) 전략을 효과적으로 추진하기 위해 동맹국에게 대한 협조 때로는 강요 그리고 공동부담을 가중시킬 것으로 보인다.

이와 대조적으로 중러의 밀월관계는 한층 더 공고화되는 계기를 조성하고 있다. 북한 역시 이번 우크라이나 전쟁을 반면교사로 삼아 핵무장을 정당화하는 계기로 활용하면서 각종 도발을 이어갈 것으로 보여, 한반도 비핵화 평화프로세스는 큰 장애물에 봉착하게 되었다. 미중 전략경쟁 시대가 장기화·구조화될 것이라는 전망 속에서 이번 우크라이나 전쟁의 파급력이 향후 신냉전으로 가는 촉진제로 작용할지 여부는 향후 국제적 역학관계의 변화나 진영 구축의 정도에 따라 판단할 수 있을 것이다.

Ⅱ. 신흥선진국 한국의
외교철학과 정책방향

7. 한국의 외교철학은 무엇이 되어야 하나?

김재관(전남대학교 정치외교학과 교수)/
박상남(한신대학교 정치외교학과 교수)

**한국이 처한
대내외적 어려움**

무한 경쟁과 '신냉전' 시대의 도래라는 새로운 국제질서의 변화 속에서 선진국으로 진입한 한국은 여전히 많은 외교적 난관과 딜레마에 처해 있다.

먼저, 대외적으로는 바이든-시진핑 시대 미중 전략경쟁이 전면적으로 심화되면서 그동안 한국이 추구해오던 '균형외교'는 난관에 봉착하고 있다. 게다가 러시아의 우크라이나 침공을 계기로 미국 중심의 자유민주주의 블록과 중국과 러시아가 주도하는 권위주의 블록의 대립이라는 새로운 국제질서가 나타날 가능성도 커지고 있다.

다음으로, 대내적으로도 문재인 정부가 제시했던 종전선언을 입구로 한 한반도 평화프로세스는 답보 상태에서 벗어나지 못하고 있으며, 북미 및 남북 간 교착 상태가 장기화될지도 모른다는 우려도 존재한다. 특히 한국의 제20대 대통령선거가 끝났음에도 불구하고 국내 정치 세력들은 한국외교가 처해 있는 대내외적 난맥상을 어떻게 돌파할 것인지를 두고 극심한 대치와 갈등을 보이고 있다.

새롭게 출범한 '윤석열 정부'는 기존의 외교노선의 한계와 문제점을 효과적으로 극복하고, 새로운 국제질서의 변화에 능동적으로 대처할 필요가 있다. 특히 '신흥선진국' 반열에 들어선 한국이 이제는 '세계사회'의 일원으로서 당당하게 글로벌 정의, 공정, 공영, 평화의 가치를 표방하고 실천할 수 있는 모범국가로 변신할 필요가 있다. 미국 전략경쟁이 심화되고 자국 우선주의에 기반한 경쟁과 갈등이 치열해지는 상황 속에서, 한국은 이제 지역적 차원을 넘어 글로벌 차원의 평화와 공동번영을 촉진할 수 있는 역할을 찾아야 할 것이다.

새로운 외교철학의 필요성

기존 외교안보 노선을 새롭게 변화 발전시켜야 하는 이유와 배경은 무엇인가? 2021년 새롭게 당선된 미국 바이든 대통령은 거래적 정치인인 트럼프 전 대통령과는 전혀 다른 철학과 가치를 지닌 지도자이다. 그는 확고한 전통적 자유주의 가치 노선을 가진 신념의 인물이고, 그 외교 핵심 참모들(블링컨, 슐리번, 켐벨 등) 역시 마찬가지로 민주주의, 법치, 인권, 개방된 시장, 다자주의 등 자유주의 국제질서의 기본 가치들을 동맹국 및 파트너십 국가들과 함께 네트워크를 구축해 전면화하고 있다. 따라서 한국은 더이상 전략적 모호성 노선을 견지하기 어려울 것으로 전망된다. 따라서 한국외교의 새로운 철학(이념)을 바탕으로 바이든 측근들은 물론이고 중국의 지도자들에게도 앞으로의 한국외교의 철학과 가치 노선에 대한 이해를 증진시키고, 신뢰를 형성할 수 있는 방안을 제시할 수 있어야 한다.

바이든 집권기에 미국과 중국은 경제, 군사, 기술, 문명 등 다방면에 걸쳐 주도권을 쥐기 위한 전략경쟁을 치열하게 전개하면서 동시에 '협력'도 병행할 것이다. 가령 공동 협력의 분야로 기후변화에 대응한 탄소중립화 추진, 포스트 코로나 국제질병 보건 협력, 신재생에너지 개발, 글로벌 금융 안정, 핵비확산, 군축, 인간안보 등 '글로벌 주요 이슈들'에서 공동 노력을 벌이기로 했다. 더불어 양국은 첨단기술 영역의 표준화 경쟁 및 다자주의 제도 등 국제사회의 보편적 규범 제정자이자 선도자로서 주도권 경쟁을 치열하게 벌이고 있다. 이제 10년만 남은 기후위기 극복 시한의 절체절명 상황 하 바이든 당선으로 신재생 에너지 기반 글로벌 친환경 체제를 시도할 것으로 예상되고 한국도 이에 조응하는 국가전략을 수립하는 것이 시급하다. 더 나아가 중기적으로는 기후위기 악화 가능성을 전제로 다양한 외교안보전략 시나리오 개발 및 적응 전략도 요구된다.

군건한 한미동맹이 유지되는 과정에서 중국이 글로벌 경제대국으로 부상함에 따라 "안보는 미국에 의존하고, 경제는 중국에 과도하게 의존하는" 안미경중(安美經中)의 불안정한 동거 시대는 점차 그 한계가 명확해지고 있다. 미중 사이에서 겪은 '사드'(THAAD) 사태의 교훈은 이런 '경전하사(鯨戰蝦死)'의 외교적 딜레마를 벗어날 수 있는 전략적 대안을 모색하도록 촉구하고 있다. 미국은 바이든 시대에도 중국과의 '전략경쟁' 패러다임에 따라 일부 디커플링(탈동조화, 결별)을 시도할 가능성이 없지 않고, 이미 미국 기업들 일부는 이에 대비하는 차원에서 리쇼어링(Reshoring)도 시작했다.

한국은 그간 치열한 발전국가 및 글로벌 산업화 전략과 국민적 동원의 헌신과 희생으로 미국, 중국, 일본이 무시하기 힘든 지구적 가치 사슬(GVC)의 중요 국가로 부상했다. 한국은 세계

8위 무역국가로 급성장한 중견국가이자 공고한 민주체제로 발전함으로써 전 세계가 주목하는 모범적 발전 사례국이 되었다. 또한 K-방역 모범에서 보여준 안전하고 성숙한 시민문화는 국제무대에서 자신감 있는 역할을 수행해도 될 만큼 국제적인 인지도를 급상승시켰다. K-Pop, BTS 현상, 한류 확산, K-방역 주목 등이 간접적으로 상징하는 한국의 국제적 위상 상승, 자유주의 가치의 상승(개인 인간 존엄에 대한 관심, 개인 자유와 공동체 안전 사이 균형의 노력) 등을 통해서 볼 때, 이제 한국은 글로벌 차원에서 보편주의 담론 경쟁에 뛰어들 수 있는 새로운 조건을 갖추게 되었다.

하지만 이러한 한국의 우수성을 제도권 정치영역이나 외교 영역에서는 아직까지 제대로 활용하고 있지 못하고 국내적 시야에 머무르는 한계를 보이고 있다. 한국의 제도권 정치영역은 뉴 밀레니얼(New Millennial) 및 Z세대 등을 중심으로 평화공존, 기후, 다원성, 차별 타파 등과 같은 넥스트 가치가 부상하는 것과 이를 국내외 노선으로 반영하려는 노력이 매우 부족하다. 따라서 이를 국내외 담론과 아젠다로 만들 필요성이 시급하다.

문재인 정부가 추진했던 '한반도 운전자론'은 우리를 능동적 행위자로 규정한다는 측면에서 긍정적이다. 다만, 주변 강대국의 가치나 전략 변화에 둔감하고 국제질서의 제약을 고려하지 않는 남북관계 중심주의 편향은 극복할 필요성이 있다. 다행히 한국은 이 문명의 전환적 국면에 잘 적응할 수 있는 훌륭한 정치적 전통 및 자원을 보유하고 있다. 즉, 깊이 있는 철학과 걸출한 국제정치적 식견을 가진 김대중, 한반도를 넘어선 시야와 실용주의적 태도의 노무현, 최근 국제사회의 보편적 담론인 포용적 민주주의론(Inclusive Democracy)을 수용한 문재인 등과 같은 자랑스러운 리더십 전통과 자원을 가지고 있다는 점에서 이를 활용한 새로운 외교철학을 정립할 필요가 있다.

다원주의적 | 동서양 문명의 통합적 시야 속에서 지
지구 민주주의 | 구적 보편성을 가지는 '지구 민주주의
론'(Global Democracy)을 제창한 김대중
을 21세기에 복원할 필요성이 크다. 김

대중 전 대통령은 인간이 자연에 용서를 구하고 화해해야 할 필요성을 강조하면서 서구적 가치인 천부인권설과 민주주의를 뛰어 넘는 '천부자연권'과 '모든 생명의 민주주의'를 제창했고, 이러한 '지구 민주주의'는 당면한 코로나19 대응, 기후 변화, 환경과 자연파괴 등을 해결하기 위해 전 인류적 협력이 절실한 상황에서 매우 적실성 있는 철학과 가치라는 점에서 이를 적극적으로 계승할 필요가 있다.

'지구 민주주의'는 인류와 자연의 화해, 치유, 공존을 위한 생태정책과 평화, 공존, 공정한 국제관계를 지향하는 정부정책의 철학과 가치를 모두 포괄할 수 있는 사상이다. 서구적 가치와 아시아적 가치를 융합한 사상으로 미국과 중국의 가치충돌을 발전적으로 해소하면서 모두를 포용할 수 있는 한국적 가치지향을 담고 있다. 이러한 외교 철학을 바탕으로 역내 차원을 넘어 글로벌 무대에서 한국의 외교력을 확장시켜야 할 것이다.

글로벌 무질서와 무정부 상태에서 공정의 이념은 평화 이념과 마찬가지로 단지 국내 차원에만 그쳐서는 안될 것이다. 국제질서의 새로운 변화에 부응하여 한국 외교의 신사고와 패러다임의

전환이 요구되고 있다. 특히 '신흥선진국'으로 도약한 한국외교가 '다원주의적 지구 민주주의(Pluralist Global Democracy)'라는 철학(이념)에 기반할 때 비로소 글로벌·지역적 차원의 진영 외교로부터 자유로울 수 있고 글로벌 평화에도 기여할 것이다.

'다원주의적 지구 민주주의'는 국내 정의와 글로벌 정의를 함께 실현하고자 하는 통합적이고 진보적 접근이다. 즉, 인간과 지구와의 조화, 인간 간의 다원적 공존 등 다원주의 문명론의 철학을 전반적 바탕으로 '공정, 공영, (평화)공존'의 가치에 입각해 글로벌 협력을 강조하는 시각이다. 이 외교 노선은 김대중의 '지구 민주주의' 철학 및 노무현의 전략적 실용주의, 문재인의 포용적 민주주의(Inclusive Democracy) 접근에 기반하여, 최근 미중 전략경쟁의 심화 및 새로운 국제질서 전환기에 맞게 창조적으로 발전시킨 것이다. 또한, 최신의 진보적인 국제정치이론을 바탕으로 단지 국내 담론이 아니라 지구적 보편성 획득과 소통이 가능한 노선으로 창조적으로 발전시킨 것이다.

8. 한국외교의 핵심가치와 기본원칙은 무엇이어야 하나?

김재관(전남대학교 정치외교학과 교수)/
박상남(한신대학교 정치외교학과 교수)

진보적	최근 진보적 국제정치학자들인 매티아스 리세(Mathias Risse), 피터 카첸스타인(Peter J. Katzenstein) 등이 제시하는 다원주의적이고 공정한 국제주의, 아미
외교철학	
출현의 배경	

타이 에치오니(Amitai Etzioni)가 제시하는 동서양 다문명 융합의 공동체주의 국제관계 이론들은 정확히 서로 공명하는 개념이다. 세계사회 내 세계시민의 일원인 인간과 인간의 공존 그리고 인간과 자연의 존엄성과 생명권을 포괄하면서 다원적 가치를 존중하는 사상에 기반하고 있다.

더욱이 현재 인류가 직면하고 있는 문명충돌, 민족주의적 국수주의 장벽, 지구온난화 기후변화 위기, 코로나19 국제질병 전염병, 경제위기, 그리고 글로벌 불공정 무역 극복, 핵비확산 등은 인류가 함께 풀어가야할 시급한 글로벌 과제들인바 이상의 진보적 외교철학의 출현의 배경이 된다. 진보정부의 외교철학은 단지 외교안보 정책에서의 중상주의·자국우선주의·기능주의적 경쟁을 넘어서서, 김대중, 노무현, 문재인 사유의 발전적 계승 종합이자 미래지향적 글로벌 보편주의 담론을 지향해야 할 것이다. 이제 한국 외교는 우리의 핵심가치를 담고 있을 뿐만 아니라 한 걸음 더 나아가 글로벌 보편 가치에도 부합하고 이를 촉진시키는 선진국 외교로 나아가야 할 때이다.

다원주의적 국제주의 앞서 언급한 '다원주의적 지구 민주주의'는 보다 구체적으로 '다원주의적 국제주의(Pluralist Internationalism)'로 수렴되며, 이 둘은 동전의 양면과도 같은 것이다.37) 그럼 '다원주의적 국제주의' 노선은 무엇인가? 국내와 국제를 관통하는 자유 공정 가치, 인간과 지구와의 조화, 인간 간의 다원적 평화공존 등 다원주의 문명론의 철학을 전반적 바탕으로 평화공존·공영·공정의 삼공 가치에 입각해 글로벌 협력을 강조하는 시각이다. 현실주의나 자유주의 그리고 민족주의보다 상위의 포괄적 가치(encompassing value)를 지닌 것이기도 하다.

'다원주의적 국제주의'는 생태적 조화와 지속가능한 발전을 강조한다. 이는 김대중 사상의 핵심이자 모든 외교안보 가치 및 원칙, 전략을 관통하는 근저의 철학으로서 기능할 수 있음을 의미하기도 한다. 지구와의 조화, 인류의 평화공존은 여러 가지 중 하나가 아니라 오늘날 21세기 모든 영역의 근저에 관철되어야 하는 바탕이다. 이는 다원주의적 지구 민주주의 철학적 사유의 근저일 뿐 아니라 지구의 지속가능성을 위한 과학적인 정책의 틀을 규정하기도 한다. 이 생태적 조화와 지속가능성을 세 가지 키워드로 다시 표현하면 '공정, 공영, (평화)공존'이라는 삼공노선이다. 기후변화에서 보듯 지구와의 조화는 인간 및 국가 간의 평화공존과 상호 협력과 상호의존을 전제한다. 그리고 이런 전

---

37) '다원주의적 국제주의'를 집중적으로 다룬 글로, M. Risse, *On Justice: Philosophy, History, Foundation*, (Cambridge University Press, 2020).제12장 참고.

제 바탕 위에서 인류가 지속가능하려면 정의로운 질서 속에서 협력을 통한 상호 호혜적 관계를 구축해야 할 것이다.

한국 외교의 5대 핵심가치와 기본원칙

한국은 '다원주의적 지구 민주주의'라는 외교철학에 기반하여, 다음 5가지의 핵심가치와 기본원칙을 견지하며 대외전략을 펼칠 필요가 있다. 첫째, 자유주의 국제주의 노선을 유지 강화해야 할 것이다. 대한민국은 헌법 1조 1항의 민주공화국을 정체로 가지는 자유민주주의 국가로서 국내외적으로 민주주의를 수호하고 자유주의 국가들의 연대감과 국제질서를 강화하는데 기여할 소명을 가진다. 이는 곧 원칙 기반의 국제질서 속에서 국제규범과 법치를 준수하고, 세계를 보다 개방성, 다자주의, 인도주의, 민주적 연대감, 협력적 안보, 진보적 자유주의에 기반한 사회 발전 등으로 이끄는 가치로 표현된다.[38]

둘째, 국가 간 상호존중과 호혜적 협력을 지향하는 가운데 투명성 · 개방성 · 포용성을 견지해야 한다. 각 국가의 주권과 핵심 이익 그리고 문화 전통을 존중하면서 제3국을 겨냥하는 적대시 정책을 지양해야 한다. 최대한 투명하고, 개방적이고 포용적인 상호 의존적 '평화공존' 관계를 견지해야 한다.

셋째, 지구 시민사회의 공정 · 공영을 견지해야 할 것이다. 미중 전략경쟁이 심화되는 상황 속에서 각종 극단적 대립과 차이

---

38) G. John Ikenberry, *A World Safe for Democracy: Liberal Internationalism and the Crises of Global Order* (Yale University Press. Kindle Edition, 2020).

그리고 불평등을 넘어 같이 호흡하고 의존되어 살아갈 운명을 가지는 인류 공동체·세계시민의 관점에서 한반도 및 아시아, 나아가 지구 사회의 글로벌 정의, 평화로운 상호의존과 상호 번영에 부합하는 가의 기준이 중요하다. 글로벌 사회가 직면하고 있는 각종 위기와 도전들, 가령 기후변화, 국제 질병보건협력, 핵 비확산, 불공정 교역, 금융위기, 신재생 그린에너지 개발 등 지구적 공공재와 이슈들을 함께 해결하도록 공동 노력해야 함을 강조한다.

넷째, 한반도 안정화 원칙이다. 한반도 분단 체제 속에서 북한의 핵·미사일 도발이 해소되지 않은 상황에서 한반도의 안정과 평화는 다른 어떤 것 보다 우선되어야 할 요건이다. 요컨대 한반도의 평화와 안정에 기여하는지 여부가 대외정책 및 협력 여부를 정하는 기준이자 원칙이다.

다섯째, 중장기적으로 평화통일 기여의 원칙이다. 무조건적인 통일·흡수통일이나 현상 유지가 아니라 '공정, 공영, 평화공존'이라는 공통의 가치와 합의 기반을 확대하고 한반도를 살아가는 시민 공동체의 평화 번영 그리고 종국적으로 통일을 촉진시키는 관점에서 접근함을 의미한다.

9. 한국외교의 지평 확대를 위한 다각화는 어떻게 이루어져야 하나?

신종호(통일연구원 선임연구위원)

동아시아를 넘어 글로벌 차원으로 확산되고 있는 미중 전략경쟁은 다양한 형태로 한국의 전략적 선택을 제한할 가능성이 높다. 이러한 미중 전략경쟁이 초래한 부정적 영향을 최소화하고 한국의 전략적 자율성을 확대하기 위해서는 한국외교의 지평을 확대해야 한다.[39)]

특히 2018년 이후 한반도가 역사적 대전환의 기회를 맞았음에도 불구하고, 2022년 현재까지 북미 협상은 장기 교착되고 있고 남북관계 경색국면도 지속되고 있다. 이러한 상황을 돌파하기 위해서라도 남북관계 개선을 통한 한반도 평화와 안정 유지를 위한 노력과 함께 한국외교의 지평을 확대함으로써 국제사회의 지지와 협력을 통한 한반도 평화와 안정을 실현해야 한다.

동남아시아와 유럽연합을 주목 | 미중 전략경쟁 시대의 도래에 따른 한국외교의 자율성을 확대하기 위해서는 한반도 비핵화와 평화체제 구축에 대한 한국의 이해를 전 지구적 차원으로 확대할 필요성이 있다. 특히 기존의 주변 강대국 중심의 외교를 넘

---

39) 한국외교의 지평 확대와 관련해서는 신종호 외, 『한반도 평화번영의 비전과 전략』 (세종: 경제인문사회연구회, 2019), p.231 참조.

어 동남아시아와 유럽연합 등으로 우리의 외교 지평을 확대하고 다각화해야 한다.

동남아시아는 최근 세계경제의 엔진으로 부상하고 있고, 문재인 정부가 심혈을 기울여 추진했던 신남방정책의 핵심 대상 지역이다. 10개국으로 구성된 동남아시아국가연합(ASEAN)은 이미 2015년 경제공동체를 결성하여 역내 통합을 위해 노력하고 있고, 미국과 중국 등 강대국의 영향력 행사에 공동대응하는 모습을 보여주고 있다. 특히 ASEAN 10개국 안보협의체인 '아세안지역포럼(ARF)'는 오랫동안 한반도의 평화와 안정에 대한 공감대를 확산할 수 있는 중요한 플랫폼으로 기능해왔다는 점에서, 이러한 장점을 우리가 충분히 활용할 필요가 있다.

전통적으로 다자주의, 민주주의, 국제규범 등을 강조하는 유럽연합은 동아시아지역과 글로벌 차원에서 벌어지고 있는 강대국 경쟁을 견제할 수 있는 세력이 될 수 있다. 한국은 유럽연합과 이미 '기본협정', FTA, '위기관리협정' 등과 같은 다양한 형태의 협력관계를 유지하고 있다. 따라서 유럽연합은 한국이 지구적 차원의 다자협력을 강화과정에서 반드시 중시해야 할 대상이라고 할 수 있다. 또한, 향후 정부가 신북방정책을 지속적으로 추진하는 과정에서 러시아와 중앙아시아에 그치지 않고 중동부유럽과 북유럽을 포괄하는 방향으로 개념과 공간을 넓힐 필요가 있고, 이는 곧 동아시아에서의 한·미·중 3자 협력에도 긍정적인 영향을 미칠 수 있다.40)

---

40) 신종호 외, 『뉴노멀시대 미중관계 변화와 한국의 대북·통일전략』 (서울: 통일연구원, 2019), p.353.

경제적 파트너
다변화41)

경제통상 분야에서 세계경제의 보호무역주의와 자국 이기주의가 증대되고 있는 상황에서 향후 미중관계 전개 과정에서 나타날 수 있는 디커플링 가능성에 대비하여 한국의 전략적, 경제적 파트너를 다변화할 필요가 있다. 경제통상과 사회문화 분야에서 미중 간 선택의 압박이 증가할 것으로 예상되는 상황에서 중장기적으로 개방된 국제경제 질서가 필요한 한국으로서는 자체의 전략적 가치를 높이고 압박에 대한 내구성을 높일 수 있는 대응 방안이 필요하다. 특히 한국은 대중무역의 위축과 대미수출의 장벽 요인 등장 가능성에 대응해 유럽연합(EU) 및 아세안(ASEAN) 등과 같은 다양한 국가·지역과의 전략적 협력을 발전시킴으로써 경제협력의 대상과 범위를 좀 더 다양화·다변화해야 할 것이다.

동아시아
다자외교 강화

한국은 그동안 동아시아 역내 국가로서 양자, 소다자, 그리고 다자외교를 적극적으로 추진해왔다. 한국이 동아시아 다자외교에 있어 우선적으로 역점에 두어야 할 것은 한중일 협력이다.

첫째, 그동안 지속적으로 논의되어 왔던 한중일 FTA 협정을 조속히 확정함으로써 역내 교류 협력을 제도화할 필요가 있다. 비록 미중 전략경쟁은 심화되고 러시아-우크라이나 전쟁의 여파가 장기화 추세를 보일 가능성이 크지만, 역내 주도국 간 경제협

---

41) 신종호 외, 『뉴노멀시대 미중관계 변화와 한국의 대북·통일전략』 (서울: 통일연구원, 2019), p.354.

력 활성화를 한국이 주도함으로써 동아시아 평화조성자로서 역할을 수행할 필요가 있다.

둘째, 중국이 주도하는 '일대일로 구상'과 '역내 포괄적 경제동반자협정'(RCEP) 등을 한국의 신북방·신남방정책과 전략적으로 연계할 수 있는 방안을 모색함으로써 역내 평화와 공동번영의 파트너로 역할을 담당할 필요가 있다. 이를 통해 남북관계 경색 국면을 돌파하고 한반도 평화프로세스를 재가동할 필요가 있다.

셋째, 중국의 '일대일로 구상'과 RCEP, 미국의 '인도·태평양전략'과 IPEF 등이 격돌하고 있는 상황에서 한국은 미중 두 강대국 중에서 어느 한쪽으로 치우치기보다는 국익 기반의 실용외교를 추진할 필요가 있다. 예를 들어, 유라시아 대륙으로는 우리의 '신북방정책'을, 인도·태평양 남방 해양 지역으로는 '신남방정책'을 연계할 수 있도록 추진하되, 이를 통해 한국이 동북아시아의 평화와 번영의 교량국가 역할 및 인도·태평양 지역의 평화와 공동번영의 촉진자 역할을 수행할 수 있도록 견인할 필요가 있다.

10. 미중 전략경쟁 시대 한국인의 글로벌 인식은 균형감을 갖췄는가?

김재관(전남대학교 정치외교학과 교수)

미중 전략경쟁의 시대, '신냉전'이라는 새로운 국제질서의 출현으로 인해서 한국은 당당하고 미래 지향적인 진보적인 외교 노선을 요구받고 있다. 탈냉전시대가 30여 년이 지났음에도 한반도는 여전히 분단체제이며, 동북아의 화약고로서 신냉전이 이어지고 있다. 또한 한국은 2021년 '신흥선진국' 대열에 합류했음에도 미중 전략경쟁의 한 가운데서 두 강대국의 눈치를 보며 고난도의 '줄타기' 외교를 힘겹게 이어가고 있다.

미중 전략경쟁에 대한 인식과 전망과 관련하여, 한국 국내 여론은 대체로 미중 전략경쟁에서 중국이 미국에 필적하지도 못하며, 중국으로의 세력전이가 불가능하다는 판단이 지배적이다. 한국의 국내 여론과 글로벌 인식은 과연 국제적 여론과 비교했을 때 어느 정도로 균형잡힌 시각인가?

글로벌 추세에 대한 비대칭적 인식과 태도 2020년 미국의 Pew Research Center의 Global Attitudes Survey 여론조사에 따르면, 2030년 이후 세계경제를 주도할 국가는 어디인가라는 설문에서 극히 대조적인 결과를 보이고 있다. 한국인은 미국이 77%, 중국은 16%로 보는 반면에, 대다수 유럽인들은 극히 대조적으로 미국이 대략

33%, 중국이 오히려 50% 이상으로 높게 보고 있다. 이러한 인식의 큰 격차는 어디에서 비롯된 것인가? 한국인의 인식은 미래 현실에 대한 보다 객관적이고 가치 중립적인 판단에 따른 인식인가? 아니다. 트럼프식의 정치공학적인 판단과 마찬가지로 한국의 여론 역시 선거의 유불리에 따른 판단, 지극히 한미동맹에 연루된 판단, 사회주의 체제나 중화민족주의에 대한 반감에 기반한 가치 이념에 경도된 판단이 아닐 수 없다.

<그림> 유럽인들은 세계경제의 주도세력으로 중국을 지목하고 있다

Europeans see China as world's dominant economic power

% who say ___ is the world's leading economic power

Most common choice

	China	U.S.	Japan	EU
Canada	47%	36%	5%	7%
U.S.	32	52	5	6
Italy	57	32	7	4
Germany	55	17	5	18
Belgium	54	32	6	7
Netherlands	52	29	4	13
Spain	51	35	5	7
France	48	34	8	7
Sweden	47	35	4	9
UK	47	37	5	8
Denmark	42	34	6	16
MEDIAN	51	34	5	8
Australia	53	34	3	5
Japan	33	53	6	4
South Korea	16	77	1	4
14-COUNTRY MEDIAN	48	35	5	7

Note: Those who did not answer are not shown
Source: Summer 2020 Global Attitudes Survey. Q14
"Unfavorable Views of China Reach Historic Highs in Many Countries"

PEW RESEARCH CENTER

위의 퓨 리서치에 따르면 유럽 국가 가운데 독일인들은 우리와 극히 대조적인 판단을 하고 있다. 독일은 세계 주도국가로 미국이 될 가능성은 불과 17%에 지나지 않는다고 보는 반면, 중국이 55%로 미국보다 세 배 이상 높게 중국을 평가하고 있다.

한국인과 독일인들은 왜 같은 미국의 동맹국이면서도 이런 인식의 큰 편차가 나오는 것일까? 동맹에 마냥 연루되지 않고 독자적인 재량권 확보를 위한 노력들이 추진되어 왔기 때문이다.

독일은 미국과 동맹을 유지하는 상황 속에서도 EU 연대 강화를 통한 국제적 행동능력 강화, 미중에 대한 '전략적 자율성' 견지, 전통적인 대중 정책 노선인 '접촉, 무역을 통한 변용 혹은 변화' 정책 등을 견지해왔다. 메르켈 집권 후반기에 비록 중국을 '체제상의 라이벌' 규정하기도 했지만, 코로나 상황 속에서도 2019-2020 쾨르버 재단 (Koerber Stiftung)이 수행한 여론조사에 따르면, 미중에 대한 선호도는 각각 50:24(2019)에서 37:36(2020)으로써 대미 선호도는 하락한 반면 대중국 이미지는 오히려 개선된 것으로 나타났다. 게다가 2019년 독일에 중국은 4년 연속 최대 교역국가이며, 미국은 독일의 최대 수출국이자 무역흑자 기여국이기도 했다. 이런 여러 가지 실리적인 측면에서 볼 때, 독일은 미중 사이에서 등거리를 유지한다는 유럽의 '제3의 길' 혹은 '등거리 외교론' 혹은 '독자노선', '전략적 자율성'을 견지하는 모습도 보였다.

우리와 마찬가지로 독일 내에서도 '등거리 외교론'에 대한 비판적 입장이 압도적으로 많다. 즉 가령 비판논자 가운데 폴커 페르테스(Volker Perthes)는 EU와 중국이 정체성, 정치체제, 가치가 다르다는 점, 즉 중국은 '자유주의적 국제주의' 질서와 궤를 달리하기 때문에 '등거리 외교'는 있을 수 없으며, 구미(歐美)의 가치, 안보 공동체를 계속 유지하는 것이 중요하다고 지적했다.

이번 2022년 2월 러시아의 우크라이나 침공으로 러시아 변수, 러시아 위협 요인 때문에 미국과 NATO와의 연대가 필수적이라는 여론이 급상승된 측면도 무시할 수 없다. 미국은 우크라이나 사태를 계기로 기존 동맹을 재규합하고 러시아를 고립화하는 정책을 강화할 것이다. 그럼에도 경제적 실리 때문에 EU는 미중관계와 관련하여 '전략적 자율성' 견지, '다방향 외교', '다각화' 외교를 배제하기 힘들 것이다.

미중 각축전
전망

물론 경제력 외에 군사력, 외교력, 문화 역량 등 하드파워와 소프트 파워 측면에서 미국이 중국을 능가하고 있고, 이런 미국의 글로벌 주도권은 쉽게 바뀌지 않을 것이라는 주장도 만만치 않다. 예컨대 조지프 나이(Joseph Nye) 교수는 중국의 부상이 '과장된 공포(exaggerated fear)'일 뿐이며 비생산적인 논의라고 비판한다. 그는 경제력이란 지정학적 중요성에서 유일한 기준은 아니며, 설사 중국이 경제력 면에서 2030~2040년(빠르면 2030년 전에)에 미국을 능가할 수 있을지 몰라도 미국이 소프트파워, 군사력, 종합국력, 동맹국수(60여 개국 이상)에서 중국을 압도하기 때문에 중국이 미국 패권을 넘어설 수는 없다고 강조했다. 하드파워도 물론이지만, 포트랜드(Portland)가 평가한 '소프트파워 30' 순위에서도 중국은 27위, 미국은 4위를 차지했다. 따라서 중국을 포함한 그 어떤 세력도 미국을 능가할 수 없을 것이라고 장담했다. 또한, 아시아 지역 내 중국의 세력권 확장 기도는 일본, 인도, 호주 등의 국가들에 의해 세력균형에 놓일 것이며, 미국은 그러한 세력균형에서 핵심적 역할을 할 것이라고 보았다.[42] '집단적 세력 균형'(collective balancing)기구인 QUAD야말로 미국이 인도·태평양 지역에서 가장 역점을 두고 있는 대중국 세력균형 전략의 일환인 셈이다.

하지만 하드파워의 두 축인 경제력과 군사력에서 아직 미국이 군사력에서 우위를 확보하고 있다. 이 같은 우위에도 불구하고 동중국해와 남중국해 분쟁 지역에서 미국의 전략 무기의 운용 가능성은 중국의 A2AD(Anti Access-Arean Denial: 반접근 지역거부) 전략과 대응 첨단 무기 개발로 쉽게 미 항공모함이 근접해 작전 수행을 원할하게 수행할 수 없게 되어 미국의 군사력 우위는 단기적인 국지전에서 유명무실할 수 있다.

미국이 우위를 보인 외교력 역시 여러 가지 도전에 직면하고 있다. 중국이 홍콩 민주화 시위 및 신장 위구르 탄압, 코로나 사태 등으로 일시적으로 위축되기는 했지만, 장기적으로 지경학적 수단을 활용한 매력 외교를 하고 있기 때문에 그 영향력이 회복될 가능성이 높다. 반면 미국 바이든 정부는 글로벌 리더십이 트럼프 때 보다 크게 반등하지 않은 것 같다. 미-프랑스 잠수함 갈등이나, 아프간 철군 등은 미국 외교력의 한계를 극명하게 보여주고 있고, 향후 동맹 복원이란 전망을 어둡게 했다. 하지만 이번 우크라이나 전쟁을 계기로 미국은 신속히 동맹과 우방국들을 재규합하고 복원하는 효과를 발휘하고 있다는 점에서 신냉전의 신국제질서(권위주의 진영 對 자유민주주의 진영)를 형성하고 있다. 글로벌 무정부 상태, G-zero의 시대가 도래했다.

---

42) 제성훈, 이혜정, 김재관, 『신한반도체제 실현을 위한 미중러의 세계전략연구』 (세종: 대외경제정책연구원, 2019), p.118.

쉽지 않은 미중 탈동조화(결별) 2021년 3월 22일 화춘잉 중국 외교부 대변인에 따르면, 미국은 알래스카회담에서 '하나의 중국' 원칙을 인정했다고 언급한 바 있다. 이처럼 미중 양국은 전략경쟁을 하면서도 동시에 협력이 절실하다. 특히 미국은우 기후변화와 코로나19 대응 및 국내 경제회복을 위해 중국과의 협력은 불가피하다. 바이든 집권 초기 중국 길들이기 차원에서 대대적인 압박이 있지만 그것은 집권 초기에 있었던 하나의 관행이기도 하다. 2008년 오바마 집권 초기 때도 유사했다. 따라서 현실적인 필요에 따라 미중 간 빅딜 가능성도 존재한다. 즉, 대만에 대한 미국의 전략적 모호성 견지와 하나의 중국 원칙 견지에 대한 대가로 중국은 미국의 경제회복을 지원하는 조치를 취할 수 있는 것이다. 치열한 전략경쟁을 진행하면서도 전략적 협력은 불가피한 것이다.

미국 내 미중관계 현상유지론자들, 미중 협력중시론자들, 재계의 실용주의 그룹들은 건설적인 미중 협력관계의 극대화를 지지한다. 미중 대결 혹은 '포괄적 압박'(comprehensive pressure)으로 치닫던 트럼프 시기 미국 보잉사는 단 1대의 비행기도 중국에 판매할 수 없었다고 푸념한 바 있다. 보잉 최고경영자(CEO)도 2020년 3월 대중 관계에 대해 무역과 인권 문제를 분리해 생각하라고 미국 정부에 촉구하면서 보잉이 중국 시장에서 쫓겨나면 경쟁사인 유럽의 에어버스가 이득을 취할 뿐이라고 경고했다.43)

---

43) "中 정부, 수백억$ 규모 보잉 항공기 구입 방해, 美 상무장관," 『뉴시스』, 2021.9.29.

한국의
정책방향 | 이러한 미중 전략경쟁 장기화 미중 관계의 향후 추세의 대응하여 한국은 어떤 외교적 입장을 견지할 것인가? 모름지기 한국의 지정학적 위치는 해양세력 (AUKUS, 미일동맹, 한미일 삼각)과 대륙세력(북중러)의 교차지대와 가교에 위치하고 있다. 외교정책을 남북관계 중심주의, 대미 대중국 편향 정책, 한반도 평화프로세스에만 집착할 것이 아니라, 오히려 대중국, 대미 레버리지 외교를 모색하고 강화하면서, 평화촉진자 역할을 해야 할 필요가 있다. 선진국 대열에 합류한 중견국가 한국도 이제 자유제도주의 다자외교는 물론이고 진보적 외교노선인 다원주의적 국제주의를 견지할 때가 되었다. 동아시아지역협력 확대, 한일관계 개선, 한중일 협력 강화를 USMC(미국-멕시코-캐나다) 수준으로 높여야 할 것이다. 아울러 상해협력기구(SCO), '포괄적 점진적 환태평양경제동반자협정(CPTPP)' 가입도 적극 모색 추진할 때이다.

과연 장기적이고 구조적인 미중 전략경쟁 상황 속에서 한국은 대미, 대중 외교를 양립 가능하게 이끌 수 있을 것인가? 균형, 등거리 외교를 할 수 있을까? 한미동맹과 한중 전략적 협력동반자 관계는 그 관계의 성격과 위상에서 격차가 분명 존재함에도 두 슈퍼파워는 결코 양자택일의 대상일 수 없는 것이 한국 외교의 전략적 딜레마이다. 어떻게 풀어 갈 것인가?

독일의 사례가 반면교사일 수 있으나 독일을 그대로 모방할 수 없는 한반도의 특수성이 존재한다. 특히 북한 문제의 경우 미중에 모두 연루되어 있다는 점에서 더욱 그러하다. 그렇지만 미중 대립의 '틈바구니 외교'도 불가능한 것이 아니다. 한국의 국제적 위상과 경제력이 선진국 대열에 합류함에 따라 오히려 미중 대립 속에서 미중 양국은 한국을 대상으로 구애외교를 펼치고 있다. 가령 미중 간 기술패권경쟁 속에서 한국에 요구한 반도체, 전기밧데리 협력이 대표적이다. 중국이 중일관계를 악화시키지 않으려고 관리하려는 것, 한중관계 역시 사드 배치 이전으로 복원시키려는 노력 역시 틈바구니 외교를 펼칠 수 있는 기회를 제공한다. 결국, 미중 전략경쟁 상황 속에서 한국의 독자적인 '재량권'을 최대한 확대할 수 있는 방안을 모색해야 한다. 한미동맹을 기축으로 하되, 한중 전략적 협력을 보조축으로 하여 우리의 재량권 확대, 전략적 자율성 공간을 확대할 필요가 있다. 동시에 미중을 대상으로 한 사안별로 '선택적 협력'도 모색할 때이다.

11. '편가르기식' 바이든 외교는 과연 바람직한가?

김재관(전남대학교 정치외교학과 교수)

실종된 바이든 외교

한국 대선을 앞두고 한반도에서는 새해부터 북한의 11차례 미사일 도발이 끊이질 않았고, 2022년 2월 24일 동유럽에서 발발한 러시아의 우크라이나 침공은 유럽 뿐만 아니라 전 세계를 불안과 긴장 속으로 몰아가고 있다. 푸틴의 도발이 제3차 대전으로 이어질지도 모른다는 국제적 우려도 일고 있다. 이런 엄중한 상황 속에서 바이든 행정부의 외교가 잘 보이지 않는다.

바이든 행정부에서 '진정한 외교'가 실종된 듯하다. 세계를 자유주의 진영과 권위주의 진영으로 나누어 '신냉전'이라는 구조적 위기를 조성하고 있는 장본인이 다름 아닌 바이든 행정부인 것 같다. 물론 이와 같은 진영 대결 구도의 등장에 있어 자민족중심주의(중화민족주의와 슬라브민족주의) 강화와 민주주의 탄압 및 팽창적 공세외교를 펼쳐 온 중국 시진핑 주석과 러시아 푸틴 대통령의 책임도 없지 않다. 미중 전략경쟁 시대에 미·중·러 전략적 신삼각관계가 형성되고 있고, 설상가상으로 미·중·러·EU·일본·인도라는 글로벌 6강 체제로 '신냉전'의 신국제질서가 재편되고 있다. 우크라이나 전쟁으로 미국 중심의 미·일·EU 진영과 중·러·인(RIC) 신삼각협력체제가 부상하는 듯하다.

한국은 어떻게 이 신질서를 진단하고 대응해야 하는가? 전무

후무한 인류의 대재앙인 코로나 팬데믹 대응뿐만 아니라 지구온난화와 핵확산과 같은 글로벌 이슈들은 일국 차원을 넘어 전 세계가 함께 힘을 모아도 해결하기 힘든 난제들이다. 이 와중에 설상가상으로 터진 우크라이나 전쟁으로 말미암아 글로벌 협력보다 분열과 대립의 골이 더 깊어지고 있다.

두 가지 전략적 오판과 실수

우크라이나 전쟁으로 한층 더 국제사회는 무정부 상태로 접어들고 있다. 전쟁 발발 요인과 관련하여 미국의 책임이 중차대하다. 구체적으로 양비론의 입장에서 러시아 전문가인 옥스포드대 명예교수 겸 스탠포드대 후버 연구소 펠로우인 로버트 서비스(Robert Service)는 2022년 3월 4일 월스트리트 저널(WSJ)과의 인터뷰에서 이번 전쟁의 원인은 크게 두 가지 '전략적 오판과 실수'(two immense strategic blunders that caused the Ukraine war)에서 비롯되었다고 주장했다.44)

첫 번째 전략적 실수가 미국과 우크라이나가 2021년 9월 1일 '전략적 파트너십 연합성명'(Joint Statement on the U.S.-Ukraine Strategic Partnership)한 사실이고,45) 두 번째 전략적 실수는 푸틴의 전략적 오판, 즉 러시아의 우크라이나 공격에 서구와 우크라이나가 분열된 채 쉽게 대응하기 힘들 것이고 속전속결로 전쟁을 끝낼 수 있을 것이라고 속단한 것이라고 지적했다. 그는 우크

---

44) Tunku Varadarajan, "The Two Blunders That Caused the Ukraine War," *The Wall Street Journal*, March 4, 2022.

45) The White House, "Joint Statement on the U.S.-Ukraine Strategic Partnership," September 01, 2021.

라이나의 북대서양조약기구(NATO) 가입에 대한 미국의 지지를 담은 연합성명이 체결되자 푸틴 대통령은 곧바로 침공 준비에 들어갔다고 강조했다. 이번 전쟁은 미국과 서방이 우크라이나 나토 가입을 조장하면서 러시아의 도발을 야기시켜왔다는 점, 이 중차대한 문제를 혼란스럽게 관리(mismanagement)한 전략적 실수가 무엇보다 중요한 요인이다.

이미 냉전시대 초기 대 소련 봉쇄정책을 제안했던 고 조지케넌(George Kennan)과 같은 러시아 전문가(주소련 대사 역임)는 나토 동진확장 정책이 러시아와 갈등 가능성을 높일 것으로 전망하고 이는 "비극적 실수"(tragic mistake)라고 경고한 바 있다.46) 2008년 루마니아 부카레스트 나토정상회담에서도 독일과 프랑스의 반대에도 불구하고 G.W. 부시 대통령이 우크라이나와 조지아의 나토 가입 추진을 천명하여 러시아의 안보우려를 낳은 바 있다. 이에 2005~2008년 당시 주러시아 미국 대사를 역임했고 현 미 CIA 국장인 윌리엄 조셉 번즈(William J. Burns)도 이미 2008년에 부시 대통령에게 동일한 경고를 한 바 있다. 그는 미국의 우크라이나 나토 가입 추진은 러시아로 하여금 크림반도 병합과 돈바스 지역 장악 및 우크라이나 침략을 감행할 것으로 예상되는 바, 결국 미국에게 '전략적 시련'(strategic gauntlet)을 초래할 것이라고 경고했다.47)

---

46) 미어샤이머(John J. Mearsheimer) 저, 이춘근 역, 『The Great Delusion: 미국 외교의 거대한 환상』 (서울: 김앤길북스, 2021), p.296.

47) Ryan Hass, "Learning the right lesson from Ukraine for Taiwan," *The Brookings Institution*, February 22. 2022.

나토동진확장 정책

요컨대 탈냉전 이래 미국이 자유주의 패권정책의 일환으로 NATO 동진확장 정책을 러시아의 안보 우려에도 불구하고 일방적으로 강행해 온 점은 이번 사태의 근본적이고 구조적인 요인일 것이다. 당연히 푸틴의 침략 야욕이 일차적으로 비판받아 마땅하지만, 바이든 정부 역시 이번 전쟁 책임으로부터 자유롭지 못하다.

바이든 행정부는 이번 전쟁을 통해 동맹과 우방을 재규합하고 복원시키면서 러시아와 중국을 국제사회로부터 고립시키는 효과를 거두고 있다. 계속 자유주의 패권 전략을 추진하고 있는 셈이다. 이러한 미국의 대외정책은 결국 자유민주주의 진영과 중러 권위주의 진영의 대결이라는 신냉전 시대를 촉발시키고 있다는 점에서, 미국은 글로벌 무정부 상황과 대혼란, 즉 G-zero 시대의 출현에 책임이 크다. 우크라이나 전쟁 발발로 수 많은 민간인, 쌍방 군인 희생자들이 발생했고, 생존을 위해 1,000만에 가까운 우크라이나 난민들이 삶의 터전을 등지고 떠나고 있다. 세계 경제 역시 파국으로 치닫고 있다. 이번 전쟁의 비극을 예방하기 위한 미국의 외교는 보이지 않았다.

12. 미국의 자유주의 패권외교는 얼마나 지속가능한가?

김재관(전남대학교 정치외교학과 교수)

미국의
자유주의
패권외교의 패착

탈냉전 이후 미국은 그 어느 국가의 견제도 없는 단극체제 하에서 과도한 자신감과 자만심에 젖어 전 세계에 자유주의 패권 질서를 심으려 했다. 요컨대 탈냉전 초기 세력균형이 사라진 권력 공백 속에 미국은 프란시스 후쿠야마(F. Fukuyama)가 '역사의 종언'(The End of History), 즉 서구 자유주의의 승리로 인류는 모든 모순이 해소되고 이념의 진보의 종점에 도달했다고 외쳤듯이 일방주의와 패권주의의 극으로 치달았다.

선한 자유주의 질서를 세계에 수립하겠다는 십자군적인 소명과 사명감으로 무장된 미국 자유주의 패권 외교는 초당적 차원의 합의에 기반해 탈냉전 이래 30여 년간 추진되었다. 하지만 그 결과는 미국의 현실주의자들이 평가하듯이 성공이 아니라 처참한 실패로 귀결되었다. 중동 지역에 대한 민주주의 이식 실패와 최근 아프간 철군, 우크라이나 전쟁 등이 가장 대표적인 사례이며 세계 곳곳에서 미국의 패권외교는 오히려 갈등을 증폭시켰고, 급기야 9.11 테러에 이은 IS(이슬람국가) 테러집단마저 낳는 배경이 되었다.

주지하듯이 '자유주의 패권'(Liberal Hegemony)의 근간이 되는 지적 토대는 소위 '민주평화론'(democratic peace theory), '경제적 자유주의'(economic liberalism), '자유주의적 제도주의'(liberal institutionalism) 등이라 할 수 있다. 미국은 이런 자유주의 패권 이념을 무오류의 선한 신조(credo)로 삼고 전 세계에 강압적으로 관철시키고자 했다. 미국의 자유주의 패권 추구에는 3가지의 국가 목표가 분명히 있었다. 우선 미국의 우위 보전, 특히 군사 분야의 우위 보전이 가장 중요했다. 그리고 두 번째로 미국의 핵심 지역 세력권 확대(특히 중동의 무차별 개입, NATO 동진 확대, 동북아 지역 패권 유지 및 강화)이며, 세 번째가 바로 자유주의 가치 및 규범의 증진이었다.

이와 관련하여 월트는 미중 패권경쟁 시대에 미국은 '자유주의 패권'이라는 목표를 포기하고 역외균형(offshore balancing) 전략이라는 보다 현실주의적 접근방식으로 회귀해야 한다고 주장하고 있다.48) 반면, 시카고 대학의 존 미어샤이머(John Mearsheimer)역시 월트와 마찬가지로 탈냉전 이래 초당적 차원에서 추진되어온 자유주의 헤게모니 전략은 완전한 실패작이자 '거대한 환상'(The Great Delusion)이므로 이로부터 탈피해 역외 균형전략, 세력균형의 현실주의 전략으로 전환해야 한다고 주장한다.49) 이처럼 자유주의 패권 전략보다 현실주의 전략이 오히려 평화유지와 번영에 더 도움이 된다는 역설적 주장을 하고 있다.

탈냉전 초기 이래 클린턴, 부시, 오바마, 트럼프. 바이든 정부

---

48) 스티븐 M. 월트 지음 김성훈 역, 『미국 외교의 대전략』 (서울: 김앤김 북스, 2021).
49) 미어샤이머(John J. Mearsheimer) 저, 이춘근 역, 『The Great Delusion: 미국 외교의 거대한 환상』 (서울: 김앤길북스, 2021) 참조.

로 이어지는 약 30년 동안 미국의 자유주의 패권 외교는 성공신화가 아니라 수렁에 빠진 채 실패를 거듭해왔다. 바이든 정부가 트럼프 정부의 '미국 우선주의'(America First) 외교를 극복하겠다고 표방하고 있지만, 오히려 트럼프 정부 때 보다 세계 질서의 갈등조장과 편가르기는 더 심해지고 있다. 진보적 국제주의 노선을 취한 오바마 정부 때보다 더 후퇴한 측면도 있다.

미국은 탈냉전기에 대내적으로 신자유주의 정책을 추진하면서 사회적 양극화와 민주주의 위기 그리고 인종주의를 심화시켰다면, 대외적으로는 단극체제 하 자유주의 패권 전략을 추진하면서 오히려 탈냉전 초기에 보였던 글로벌 위상과 리더십을 상실하고 있다. 미국의 대내외적인 위기를 중국의 글로벌 부상과 중국위협론 혹은 중국책임론으로 전가하는 것은 옳은 진단일까? 아니다. 오히려 미국의 신자유주의, 자유주의 패권 전략, 대내외적 경제전략과 외교전략의 실패에서 비롯된 측면, 자업자득의 측면이 훨씬 강하다. 이러한 정책 실패의 원인을 중국 탓으로 돌렸던 트럼피즘처럼 선거용 정치공학적 판단이 미국 여론 뿐만 아니라 외교정책 전문가들 사이에서도 횡행하고 있다.

주지하다시피 냉전기에 자유주의 헤게모니 질서는 비교적 잘 작동해서 사회주의 붕괴를 촉진시켰다. 그러나 탈냉전기 이 전략은 실패하게 되었는데, 그 근본 이유는 2가지였다. 첫째는 미국이 다른 어떤 나라들보다 더 강력해야 한다는 신념과 요구이고, 둘째로 미국이 전 세계를 자유주의 가치 확산을 위해 우월적 지위를 활용해야 한다는 기본 신념이다. 이 두 가지 신념은 결국 전 세계를 미국이 원하는 방식과 정치경제적 가치에 따라 재구축하려는 야심, 즉 자유주의 패권에 집착하게 만들었고 탈냉전 이래 30여 년 동안 이 전략은 대실패로 귀결되고 말았다. 이런 대실패에도 불구하고 이 자유주의 패권 전략을 고수하려는 이유와 동기는 미국의 글로벌 헤게모니 전략이 변하지 않았기 때문이다. 자유주의가 그들 신념처럼 세계평화와 번영을 위해 현실주의나 민족주의보다 우월한 보편적 가치를 지니고 있다는 전도된 판단을 고수하기 때문이다. 그러나 이번 우크라이나 전쟁은 자유주의보다 민족주의와 현실주의가 얼마나 강력한지 그대로 보여준 실례할 것이다. 자유주의의 역설인 셈이다. '이성의 에스컬레이트'는 과신보다 자제력 있을 때 돋보이는 게 아닐까?

그런데도 미국 바이든 정부 역시 실패한 자유주의 패권 전략을 여전히 고수하면서 국제적 갈등을 오히려 조장 고조시키고, 진영 갈등을 부추기고 심지어 동맹국들은 물론이고 우방국들에게도 줄세우기·편가르기를 멈추지 않고 있다.

'진정한 외교'가 사라지고 있는 미국

오바마 이래 워싱턴의 국제질서관은 어떻게 변화해왔는가? 오바마 대통령은 '진보적 국제주의' 계보에 속한다고 볼 수 있다. 진보적 국제주의란 가치 규범과 체제가 다르더라도 공통이익에 기초하여 규칙 및 잠정합의를 도출해 이를 지속적으로 이행해간다면 결국 민주화로 향하게 된다는 진보적인 기대를 담고 있는 국제질서관이다. 다시 말해 사상이나 체제가 다르더라도 소통과 숙의(deliberation)를 지속한다면 공통이익을 발견할 수 있으며, 이러한 공통이익에 기반하여 경쟁 및 갈등관계를 관리해 나아간다는 실용주의적 정치 스타일이다. 이런 스타일이 오바마 외교에 반영되어 글로벌 이슈인 그린 에너지, 기후변화 대응협력, 미-이란과의 핵합의(JCPOA: 포괄적 공동행동계획, 2015년), 미중협력도 도출함으로써 국제적 긴장을 완화시키는 성과를 거두기도 했다.

이와 대조적으로 트럼프 정부는 '미국 우선주의' 견지, '자유주의적 국제질서'의 폐기, '보수적 국제주의'를 확산시켰다. 이 보수적 국제주의란 미국이 존중하는 가치규범을 공유하는 국가와 공유하지 않는 국가를 준별 대립시키고 후자에 대해 견제와 제재를 가하면서 자유주의 가치와 규범을 압박하는 편가르기식 외교 행태를 일컫는다. 문제는 바이든 정부가 트럼프 정부 외교 노선을 청산하겠다고 했지만 닮아가고 있고, 전 세계를 두 진영으로 편가르기 하고 있다는 점에서 우려와 실망을 낳고 있다. 최근 우크라이나 나토가입 추진에 따른 전쟁 발발 역시 그 연장선상에 있다고 보인다.

이처럼 오바마 정부는 소위 '진보적 국제주의' 노선에 입각해 미중 간 공통 이익을 존중하면서 미중 협력, 중동 문제에서도 미-이란 핵협상을 일궈냄으로써 글로벌 차원, 특히 중동 지역의 안정에도 일정 정도 기여한 측면이 있다. 물론 오바마 집권 후반기인 2014년에 러시아의 크림반도 병합으로 미러 관계가 악화되기는 했지만 말이다. 대체로 바이든 외교정책은 오바마 노선과 트럼프 노선의 혼합으로 평가되지만 오바마 노선과 점차 멀어지고 오히려 트럼프 외교 노선과 더 가까워지고 있다는 점에서 우려가 든다.

트럼프 외교 실패가 너무나 컸기 때문에 국내외적으로 바이든 정부에 대한 기대가 컸다. 요컨대 '진정한 외교', 즉 '상호이익을 위해 상충하는 이익을 조정하는 행위'를 기대했다. 그러나 중러 권위주의 진영을 적대시하며 여전히 우월적인 군사력에 기반하여 강압적 힘에 과도하게 의존하고 세계를 편가르는 냉전식 진영외교 구태 행위를 멈추지 않고 있다. 지난 30여년 간 미국이 초당적 차원에서 추진해온 실패한 자유주의 패권외교를 여전히 고집하고 있다는 우려도 지울 수 없다. 미국이 주도해온 우크라이나 나토 가입 추진을 통한 나토 동진 확장 전략은 미국의 자유주의 패권 전략의 연장으로 유라시아 갈등을 오히려 미국이 조장하고 있다.

미국의 역외균형전략으로 회귀

과연 21세기 미중 전략경쟁 시대, 미중러 전략적 신삼각체제, 미중러EU 글로벌 4강 체제 하에서 미국은 어떤 외교전략을 선택할 것인가? 실패한 자유주의 패권 전략을 연장할 것인가? 아니면 전통적인 역외균형 전략으로 복귀할 것인가? 미국의 외교정책 엘리트들은 왜 실패한 '자유주의 헤게모니'(Liberal Hegemony)를 고수하는가? 스태픈 월트(Stephen M. Walt)를 비롯한 현실주의자들은 왜 미국이 역외균형 전략(Offshore Balancing Strategy)으로 복귀해야한다고 주장하는가? 트럼프 정부의 외교전략(보수적 국제주의)을 극복하려고 했던 바이든 정부 또한 실패한 자유주의 패권 전략으로 경도되고 있다는 우려를 지울 수 없다.

지금이야말로 미국이 기존 자유주의 패권전략으로부터 역외균형전략으로 회귀하는 것이야말로 오히려 미국 국익 확보와 '더 나은 세계 건설'(Build Back Better World)에 도움을 줄 수 있는 '진정한 외교'를 하는 것일지도 모른다. 이 역외균형전략의 여러 가지 장점과 기대효과는 분명하다. 요컨대 미국이 막대한 해외투입 자원을 대폭 줄이면서 그 대신 국내에 투입함으로써 미국의 경제회복과 글로벌 우위를 유지할 수 있고, 미국 동맹국의 안보 무임승차를 줄일 것이며, 테러리즘의 확산 방지는 물론이고 타국의 주권을 존중함으로써 극단적 민족주의 분노와 열풍역시 누그러뜨리는 효과를 낳을 것이다. 이 전략은 변화된 신국제질서에도 부합하는 측면이 있다. 이런 긍정적 효과에도 불구하고 미국의 역외균형 전략은 결국 동맹국들에게는 많은 부담을 안겨줄 것이다.

13. '양초다강' 시대에 한국은 전략적 자율성을 견지할 수 있나?

김재관(전남대학교 정치외교학과 교수)

양초다강(兩超多强) 체제와 미중 전략경쟁

작금의 철저히 미국 국익에 입각한 바이든 정부의 편가르기식, 줄세우기식 외교는 21세기 다극화 신국제질서에 역행하는 시대착오적 갈등 조장의 접근법이다. 장기적으로 미국 국익에도 도움이 되지 않을 것이다. 왜냐하면 현재 신국제질서는 미중 전략경쟁 뿐만 아니라 미·중·러·EU 4강 체제, 혹은 더 넓게 보면 미·중·러·EU·인도·일본 6강체제, 혹은 양초다강(兩超多强)체제로 굴러가고 있기 때문이다. 전 세계가 중국의 '글로벌가치사슬'에 깊이 연계되어 있는 것처럼 복합적 상호의존의 정도가 그 어느 때보다 높아졌다.

이러한 새로운 국제질서 가운데 가장 두드러진 구조적이고 장기적인 긴장관계는 두 개의 초강대국인 미중 사이의 전략경쟁이라고 할 수 있다. 또한, 당장 2014년 러시아의 크림반도 병합 이래 최근 들어 우크라이나의 나토 가입 추진을 계기로 터진 러시아의 이번 우크라이나 침공은 미러 간 긴장관계는 물론이고 미중관계에 영향을 미칠 주요 국제 변수라 할 것이다. 미러 관계가 재조정(reset)되지 못한 채 오히려 중러 관계가 준동맹에 가까워지고 있어 미·중·러 전략적 신삼각관계가 미국에게 불리하게 작동 중이다. 이처럼 냉전 시대와 달리 현재 중러 관계는 준동맹에 가까운 전략적 협력을 강화하고 있는 반면, 전통적인 미국의 우방국인 EU는 미국에 대해 독자노선을 고민 중이다. 현재 EU는 경제 교류 측면에서 최대 교역국가가 바로 중국(2020년 5,860억 유로)이고, 그 다음으로 미국(동년 5,500억 유로)이며, 중국과도 포괄적인 투자협정체결(CAI. 2020년 말)을 마치고 의회 비준을 앞두고 있다.

샤를 미셸 EU 정상회의 상임의장은 2021년 10월 21~22일 벨기에 브뤼셀에서 열리는 EU 정상회의를 앞두고 회원국 정상에게 보낸 서한에서 "EU의 이익과 가치를 보호하기 위해 자율적인 행동 능력을 강화해야 한다"면서 중국과 협력관계를 증진할 필요가 있다고 언급했다. 또한, 미셸 의장은 15일 시진핑(習近平) 중국 국가주석과 통화에서 EU의 전략적 자율성을 강조하고 "유럽과 중국은 정체 체제와 발전 모델이 서로 다르지만 모두 다자주의를 지지하며 코로나19 퇴치, 세계 경제 회복, 기후변화 대응, 지역 평화와 안정에 협력해야 한다"고 강조했다. 이어 "EU는 '하나의 중국' 정책을 엄수하며 대만 문제에 대한 정책을 변경한 적이 없다"며 "EU는 국제 관계에서 전략적 자율성을 유지할 것"이라고 덧붙였다.[50] 샤를 미셸 의장의 대중국 접근법은 바이든 행정부에 맹종하지 않겠다는 의지의 표현이며, 오바마 행정부의 외교정책인 '진보적 국제주의'와도 맞닿아있다고 보인다.

---

50) "EU·중국, 갈등 넘어 서로에 손내밀어…미국 벗어나 독자외교," 『연합뉴스』, 2021.10.19.

전략적 자율성
견지와 '실용외교'

이처럼 EU는 G2 국가인 미국과 중국을 향해 '실용외교', 즉 전략적 실용주의 노선을 취하면서 미중 갈등에서 벗어나 독자외교인 '전략적 자율성'을 견지하면서 균형외교 노선을 취하고 있다. 또한 나토 동진확대 정책이 오히려 유럽의 긴장을 고조시키는 측면이 있기 때문에 러시아의 안보 우려인 러시아 세력권에 대한 침해를 자제하면서 이미 독일과 프랑스는 2008년 부카레스트 나토 정상회담에서 우크라이나와 조지아의 나토 가입을 반대한 바 있다. 또한 최근에도 프랑스 마크롱 대통령은 러시아의 우크라이나 침공을 막으려고 우크라이나의 핀란드화를 제안한 바 있고, 이런 중립지대화 방안은 개전 이후 종전과 평화를 회복하기 위한 외교적 해법의 하나로 적극 고려될 수도 있을 것이다. 프랑스 독일 등 EU 국가들의 전쟁 예방 노력에도 불구하고 2월 24일 러시아가 우크라이나를 침공하자 EU 국가들 특히 독일의 경우처럼 안보 차원에서 미국에 적극 협력하는 자세를 취하고는 있다.

하지만 이들 국가들은 경제적 실리 차원에서 중국과의 실용외교는 포기하지 않으며 안보와 경제를 분리시켜 접근함으로써 '전략적 자율성'을 견지할 것으로 보인다. 우리 역시 '신냉전' 시대가 도래한 상황에서 독일처럼 안보와 경제를 분리시키는 발상이 필요하다. 안보와 경제를 무원칙하게 결합해 실용을 배제한 포괄적 동맹으로 한미관계를 끌어가는 것은 경계해야 할 것이다. 글로벌 무정부 상태에서 미중을 향해 선택적 협력, 보편적 가치·규범과 원칙에 입각한 '원칙있는 실용외교'를 할 때이다.

이처럼 현재 신국제질서인 글로벌 4강체제 하에서 EU의 접근법인 '전략적 자율성' 견지와 같은 독자외교 혹은 '진보적 국제주의', '다원주의적 국제주의' 접근법은 우리에게 시사하는 바가 크다. 하지만 21세기 신국제질서 하에서 미중 전략경쟁이 장기화·구조화하고 있는 상황에도 불구하고, 바이든 행정부는 전략적 협력보다는 전략적 경쟁에 더 무게 중심을 두고 중국과 러시아에 대한 때리기를 지속할 것으로 보인다. 미국은 권위주의 국가인 중국과 러시아를 견제하기 위해 3개 핵심지역-유럽, 동북아, 중동-에서 각각 인도·태평양전략과 NATO 동진확대전략 및 이란 협상(JCPOA) 재추진 등을 시도하고 있다. 특히 미국이 인도·태평양지역에서 추진하고 있는 다양한 정책 수단들(QUAD, AUKUS, IPEF 등), 중국견제를 위한 다양한 시도들('미국 혁신경쟁법안' 추진, 동중국해·남중국해 영유권 분쟁 개입, 양안(兩岸) 분열 정책, 홍콩·신장위구르·티베트 인권 탄압의 국제적 쟁점화를 통한 중국 고립화 추진 등), 그리고 한미동맹과 한미일 안보협력 추진(대북제재 유지, 한미일 삼각안보 강화, 미일 주도의 통합공중미사일방어체계(IAMD)에 한국 참여 요구 등)은 이미 한국뿐만 아니라 전세계적인 관심사로 등장했다. 이처럼 미국이 군사·안보·기술 등 방면에서 전반적으로 초당적 차원의 대중국 강경 정책을 유지할 가능성이 높다는 점에서, 우리의 정교한 사안별 대응이 요구된다.

한국의 차기 정부가 선진국으로 도약한 한국의 국격에 맞는 당당하고 담대한 외교전략이 준비되어 있는지 묻고 싶다. 이제 본격적으로 우리의 '전략적 자율성'을 고민할 때이다. 보편적 가치·규범과 원칙에 입각한 '원칙있는 실용외교'를 펼칠 때이다.

Ⅲ. 외교안보분야 핵심쟁점

14. 바이든 행정부의 대외전략 및 동아시아정책의 핵심은 무엇인가?

김재관(전남대학교 정치외교학과 교수)

바이든 행정부는 집권과 더불어 트럼프 집권기 때 실추된 미국의 글로벌 리더십 회복과 더불어 중국과의 전략경쟁에서 승리하기 위해 한 세 가지 복안이 제시되었다. 대외전략의 목표는 자유주의적 국제질서의 회복 및 유지, 다자주의 회복, 그리고 동맹 복원과 강화를 통한 대 중국 견제전략이다. 미국의 동아시아 정책의 핵심은 2022년 2월에 발간된 '인도·태평양전략' 보고서에 보다 구체적으로 나와 있다.

바이든 행정부
대외전략 목표

첫째, 바이든 행정부의 대외전략은 기본적으로 자유주의적 국제질서의 회복 및 유지에 집중하고 있다. 무엇보다 글로벌 무역질서의 규범 및 규칙 제정자로서 역할을 주도할 것이다. 미국의 입장에서 이 목표를 실현하는데 있어 가장 위협적이고 특별한 도전자는 중국이다. 중국의 글로벌 부상을 견제하고 각종 불공정 행위나 인권 남용과 같은 행동들에 대응할 수 있는 가장 효과적인 방법은 미국의 동맹국들과 우방인 동반자 국가들이 연대하여 반중 '연합전선'(a united front)을 구축하는 것이다. 미국이 중국을 효과적으로 견제하면서 글로벌 리더십을 행사하기 위해서는 보다 진보적인 '자유주

의적 국제주의' 노선을 추진할 필요가 있을 것이다. 바이든 정부
는 전략적으로 중국 및 러시아의 인권 탄압 및 전쟁 도발 등을
이슈로 삼아 휴머니즘, 자유 민주주의·인권, 법치, 국제규범 등을
강조함으로써 미국의 글로벌 리더십을 회복하고자 한다. 구체적
으로 바이든은 자유세계 진영의 범민주주의 국제적 연대, 가령
'글로벌 민주주의 정상회의'라는 레짐 건설을 임기 첫 해인 2021
년에 시작하겠다고 공언했고,[51] 이를 실행함으로써 중국을 압박
하고 있다. 동시에 바이든 행정부는 대중국 압박 정책과 함께
글로벌 공공재 분야, 기후변화, 핵비확산, 글로벌 보건 안보 등
공동이익이 수렴하는 영역에서는 협력도 적극 모색한다는 점에
서 트럼프 행정부와 차별성을 띤다.

둘째, 다자주의 회복을 통한 미국의 글로벌 리더십 강화이다.
대표적으로 파리 기후변화 협약 복귀, 세계보건기구(WHO) 재지
원, WTO, G7, 인도-태평양 경제프레임워크(IPEF), 글로벌 민주주
의 정상회의(Global Summit for Democracy) 등을 주도하고 강화함
으로써 미국의 글로벌 리더십을 확보하려고 할 것이다.

셋째, 동맹을 복원하고 강화함으로써 대중국 인도-태평양전략
을 적극적으로 추진하고자 할 것이다. 동맹 복원의 관점에서 볼
때, 대 중국 견제 전략이 보다 세련되고 조밀하게 제도화될 것으
로 보인다. 중국은 물론이고 중·러 권위주의 준동맹 세력의 글
로벌 공세와 확산을 막기 위해 '인도-태평양 전략' 추진과 NATO
강화 및 나토동진 확장정책이 필수적이라고 본다. 인도-태평양
전략 추진에서 동맹국인 호주, 일본, 한국 등은 물론이고 인도,

---

51) Joe Biden, "Why America Must Lead Again: Rescuing U.S. Foreign Policy
    After Trump," *Foreign Affairs*, March/April 2020, pp.67-68.

인도네시아 등 아세안 동반자국가들과의 협력을 확대하고자 한다. 특히 중국을 견제하기 위한 '쿼드'(쿼드, 미국·일본·인도·호주 4개국 안보 협력체) 및 쿼드+ 구상, 그리고 2021년 9월 발족한 오커스(AUKUS), 한미일 삼각안보협력은 중국에게 엄청난 위협이 될 것이다.

이와 관련하여 최근 미국의 NATO 유지·강화 정책도 최근 러시아의 우크라이나 침공과 깊이 연관되어 있다. 이번의 반인륜적 전쟁의 가장 근본원인이 나토동진확장에 있었다면, 전쟁 발발의 가장 큰 근접요인은 미국-우크라이나 '전략적 파트너십 연합성명'(2021년 9월 1일)이라고 할 수 있다. 이러한 미국의 나토동진확장 정책은 '전략적 실수'(strategic blunder)이자 '비극적 실수'(tragic mistake)라고 누차 조지 케넌을 비롯한 안보전문가들이 지적해왔다. 하지만 미국은 이를 오히려 무시하고 자유주의 패권 전략에 따라 전쟁을 조장했다. 이런 비판적 평가에도 불구하고 미국은 이 전쟁을 통해 동맹복원의 효과를 누리면서 중러 권위주의 세력을 글로벌 차원에서 압박하고 있는 형국이다.

2022년 2월
인도-태평양
전략 보고서

2022년 2월 미국 백악관이 발간한 '인도-태평양 전략' 보고서에서 미국은 인도-태평양 국가임을 명시하며, 전략목표, 실현방법, 그리고 목표 실현을 위한 수단 등을 제시했다.52) 총체적인 전략목표는 한층 더 연계되어 안전하고 번영하며 활력있는 자유롭고 개방적인 인도-태평양 지역

---

52) The White House, "Indo-Pacific Strategy of the United States," February 2022.

을 발전시키는 것이다. 이 전략 목표를 실현하기 위한 방법은 미국의 역할을 강화하고, 미국의 동맹·우방국들과 더불어 지역 제도들과 연계하여 집단적 힘을 건설하는 것이다. 이 목표 실현을 위한 수단들은 첫째, 동맹강화; 둘째, 유연한 파트너십이다. 여기에 속하는 것으로 아세안 강화; 인도의 역내 리더십 지지; 강력하고 신뢰할 만한 쿼드(퀴드), 그리고 유럽의 관여 등이다; 셋째, 경제적 파트너십(동반자); 넷째, 새로운 미국의 방어, 외교, 발전, 그리고 대외지원자원 등; 다섯째, 미국 정부의 전체적 차원에서 이 지역에 대한 지속적인 관심과 공약 이행 등이다.

동 전략보고서는 구체적으로 5가지 전략목표와 10가지 행동계획(1-2년내 추진)을 적시하고 있다. 먼저 전략 목표 5가지를 보면, 자유롭고 개방적인 인도-태평양 지역의 증진; 역내 및 역외 지역으로 이어지는 다양한 연계 구축; 지역 번영의 추진; 인도-태평양 지역 안보 강화; 초국가적 위협에 지역의 탄력적 대응 구축 등이다. 구체적인 10가지 행동계획으로는 인도-태양양 지역에 새로운 자원공급, '인도-태평양 경제프레임워크'(IPEF) 주도[53], 대중국 억지력 강화, 자율적이고 단결된 아세안 강화, 인도의 지속적 성장과 지역 리더십 지원, 쿼드(퀴드) 구현, 한·미·일 삼각협력 확대, 태평양 도서 국가들의 탄력성(resilience) 강화에 협력, 좋은 협치(Governance)와 책임성지지, 개방적이고 탄력적이며 안전하고 신뢰할만한 기술 협력 등이다.

---

53) 미국 전략국제문제연구소(CSIS)가 2022년 1월 발간한 보고서에 따르면, 바이든 정부는 일본과 한국, 호주, 뉴질랜드, 싱가포르 등 동아시아 및 오세아니아 지역 내 국가들에 한해 IPEF에 자발적으로 참여하도록 하는 방안을 검토 중이다. Matthew P. Goodman & William Reinsch, "Filling in the Indo-Pacific Economic Framework," *CSIS*, January 2022.

특히 북한의 도발을 대응한 '확장억지력'을 갖추기 위해 한일이 협력해서 한미일 삼각협력이나 쿼드를 강화해야 한다는 대목은 무엇보다 주목해야 할 것이다. 윤석열 대통령이 대선과정에서 보다 심화되고 강력한 '포괄적 한미동맹'에 바탕을 둔 한미일 삼각협력 가동, 대북 정책의 재편에서 특히 대북 강경정책(선제타격, 확장억지력 포함)으로 선회, 대중 정책에서 특히 사드추가 배치, 쿼드 참여, 사드 갈등 후 한중 간 맺은 '삼불협약'의 재검토 등을 주장해왔다는 점에서 미국이 주도하는 인도-태평양전략을 거의 대부분을 수용할 것으로 보인다.54) 이 때문에 향후 동북아 지역의 갈등을 한층 더 심화시키지는 않을지 우려된다.

---

54) Yoon Suk-yeol, " South Korea Needs to Step Up: The Country's Next President on His Foreign Policy Vision," *Foreign Affairs* , February 8, 2022.

미중 전략경쟁시대 한국의 대외전략 51문답

15. 바이든 행정부는 동맹국 한국에게 무엇을 요구하는가?

김재관(전남대학교 정치외교학과 교수)

한국의 동맹국으로서 역할 | 바이든 정부 출범과 즈음하여 2021년 3월 중순 블링컨 국무장관과 오스틴 국방장관 방한에서 이뤄진 한미 간 외교국방 2+2 회담에서 밝힌 바와 같이 미국의 대외정책의 3가지 원칙의 회복(동맹·자유주의 국제주의 노선·다자주의 노선)에 근거하여 한국에게 동맹국으로서 역할을 여러 차원에서 요구하고 있다. 2021년 5월 말 한미정상회담 합의문의 경우, 일정한 한국의 성과에도 불구하고 한국 민주당의 기존 대미 대중국 균형 외교로부터 대미 경사(傾斜)외교로 전환이라는 비판도 없지 않았지만 큰 틀에서 보면 한미동맹이 강화되는 계기가 되었다.

인도—태평양 전략 공조 | 미국은 대중국 견제를 위해 '인도-태평양 전략'에 적극 공조해주길 한국에게 바라고 있다. 2021년 3월 한미 2+2 회담 뒤 채택한 공동성명에서 "70년 전 전장에서 피로 맺어진 한·미 동맹이 한반도와 인도·태평양 지역의 평화, 안보, 번영의 핵심 축"이며, 또 한·미 상호방위조약에 따른 한국 방어와 한·미 연합방위태세 강화에 대한 상호 공약도 재확

인했다. 아울러 이 한미 회담에 앞서 3월 12일에 열린 쿼드 비대면 정상회담에서 결정된 5개 항의 합의 정신[55]등의 합의안을 바탕으로 우리 정부에게 중국을 겨냥한 인도-태평양 전략에 동참을 요구하고 있다. 이것은 우리 정부에게 부담을 아닐 수 없다. 왜냐하면 인도-태평양 전략이나 쿼드의 합의 성명 내용들은 중국을 직접적으로 겨냥하고 있기 때문이다.

그동안 우리 정부는 북한과 중국에 대해 한반도 평화 프로세스와 한중 간 전략적 협력 동반자관계를 고려하여 전략적 모호성과 유연성을 견지해왔다고 볼 수 있다. 하지만 미국 블링컨 국무장관은 한미 회담에서 공개 발언으로 북한 체제를 인권을 유린하는 "억압적인(repressive) 정부"로, 중국을 "공격적이고 권위주의적"(aggressive and authoritarian) 도전 세력으로 규정하면서 공동으로 대응해야함을 강조했다. 미국은 쿼드회담과 미일 2+2회담 후 공동성명에서 북한의 핵 및 미사일 도발을 함께 막기 위해 '북한의 완전한 비핵화' 방침을 천명했으며, 중국에 대해서도 미일이 중국의 '강압적 행위'에 반대한다고 밝히면서 중국 해양경찰법부터 대만해협에서의 군사활동, 남중국해 영유권 주장, 홍콩과 신장 인권 문제까지 광범위한 분야에 걸쳐 중국을 공격했다.

하지만 우리 정부의 정의용 외교장관은 "투명성, 개방성, 포용성"과 같은 3가지 외교 방침에 따라 특정 제3국(중국이나 북한 등)을 겨냥한 외교 방침은 한반도의 안정과 평화에 도움이 되지

---

55) 5개항 합의 내용: 인도·태평양 지역 안보 증진, 법치와 민주적 가치 수호, 코로나19의 경제·보건상 타격에 대응, 국제표준 및 미래의 혁신적 기술에 대한 협력 촉진, 북한의 완전한 비핵화 전념

않는다는 입장 속에서 한미 2+2 회의 후 공개한 공동성명에서는 구체적으로 중국 적대시 표현이나 북한을 자극하는 문구를 구체적으로 적시하지 않은 채 모호하게 표현했다. 요컨대 "역내 안보 환경에 대한 도전이 커지는 가운데 규범에 기반한 국제질서를 훼손하고 저해하는 모든 행동에 반대하는 데 있어 두 나라가 함께할 수 있도록 이어주는 것은 한·미 동맹이 공유하는 가치"라고 하면서 중국을 구체적으로 적시하지 않았다. 그리하여 국제질서를 훼손하는 주체가 누구인지도 특정하지 않았다. 심지어 북한 비핵화 문구도 빠졌다. "양국 장관들은 북한 핵·탄도미사일 문제가 동맹의 우선 관심사임을 강조하고, 이 문제에 대처하고 해결한다는 공동의 의지를 재확인했다"고 돼 있다.

이러한 한미 간 표현의 차이는 쿼드 합의문과 미일 공동성명과는 극히 대조를 이루고 있다. 그 결과 한미 공동성명에서는 비핵화 표현(한국 측은 '한반도 비핵화' 표현 선호, 미국 측은 '북한 비핵화' 주장으로 대조를 이룸) 삭제 외에도 한국 측이 요구한 '한반도 평화 프로세스'와 '쿼드' 안보 협의체도 누락되었다. 하지만 이후 2021년 4월 말에 나온 미국의 '대북정책검토'(North Korea Policy Review)에서 '한반도 비핵화'로 수정 표기하고 단계적이고 조정된 실용적인 대북 정책을 추진하겠다는 전향적 접근법을 보였다.

하지만 구체적인 행동계획(action plans)이 모호해 한미 간에 계속 협상과 조율이 필요했다. 이처럼 북한 접근법뿐만 아니라 중국 접근법에서 한미 간에 이견이 분명히 노출되었고, 한미동맹의 공조에 균열이 발생하지 않을까 우려도 있었다. 하지만 한미정상회담에서 일정 정도 봉합되었다. 미국의 대중국 견제용

'인도-태평양전략'추진을 둘러싸고 사안별로 한미 간 입장 차이가 있는 것이 사실이기 때문에 한미 간 더욱 더 긴밀한 협의와 조정이 2021년 5월 21일 한미정상회담에서 이뤄졌다.

모종의 빅딜

2021년 5월 말, 한미 정상회담에서 밝힌 합의문은 3월 한미 2+2 외교국방회담과의 큰 입장 차이를 보여 한미 간에 모종의 주고 받는 빅딜이 있었음이 감지된다. 한국의 성과는 미국의 확장억지력 재확인, 한반도평화프로세스 진전을 위한 미국의 협조, 가령 미국의 실용적 조치인 한반도 비핵화를 위한 '대북정책검토'(단계적 접근법, 행동 대 행동)의 실행, 미사일 지침(800km제한)의 종료 선언, 제한적 수준의 코로나 백신 지원 개발협력 등이 있었다. 반면 미국에게 양보한 부분은 우리의 성과를 압도할 정도로 비대칭적이었다. 경제적 차원에서 반도체, 전기차 배터리 등 분야에서 우리 기업들의 무려 400억 달러에 달하는 대미투자와 함께 미국 주도의 핵심 첨단 기술패권에 일방적인 협조(반도체 등)를 하기로 한 점, 외교 안보적 차원에서 보면, 기존 한미 합의인 주한 미군의 전략적 유연성(2006년)과 '포괄적 전략동맹'(2009년)을 바탕으로 하여 중국 견제용 미국 전략인 쿼드, 남중국해 및 대만 해협의 평화유지 노선에 전격적인 지지로 선회함으로써 미국의 인도태평양 전략에 협조한다는 방침을 천명한 것은 3월의 2+2 회담과도 큰 대조를 이루고, 또 역대 민주당 정부의 미중 균형외교 노선으로부터 대미 경사로 급선회한 것으로 보인다. 이는 향후 한중 갈등의 사안이 되었다.

윤석열 대통령이 대통령 선거 과정에서 '포괄적 한미동맹' 강화의 일환으로 쿼드 안보동맹과 협력강화, 한미일 삼각공조, 경색된 한일관계 개선, 그리고 사드 사후 해결을 위한 한중 간 '3불합의' 재고, '선제타격'을 포함한 대북 강경정책 등을 거론했다는 점에서 철저히 미국의 인도-태평양 전략에 협력하는 외교 안보노선을 견지할 것으로 보인다. 그리고 2022년 5월에 개최된 한미 정상회담은 이러한 우려와 전망이 좀 더 명확하게 드러난 것으로 볼 수 있다. 그리고 우리가 이러한 바이든 정부의 '편가르기식' 진영외교에 일조하는 것이 장기적으로 동북아의 안정과 평화 나아가 한반도의 통일에 기여할지 우려된다.

16. 한미동맹의 핵심 사안은 무엇이며 어떻게 대응해야 하나?

김재관(전남대학교 정치외교학과 교수)

미국이 중국을 견제하기 위해 한국에게 압박 요구할 수 있는 많은 현안들이 존재한다. 이를 둘러싸고 한미 간에 부분적인 이견도 존재한다.

주요 내용과 쟁점   첫째, 미국은 중국 견제를 위해 '한미일 삼각안보협력'이 무엇보다 중요하기 때문에 '한일 관계 개선'을 희망하여 적극적인 중재 노력도 기울이고 있다. 한미일 삼각안보 협의체야 말로 인도-태평양 지역 보다 동아시아 지역 내 대 중국 견제 전략에서 쿼드와 더불어 핵심적인 안보협력 틀로 강조되고 있다. 이 내용은 최근 2022년 2월 미국 인도-태평양 전략 보고서에서 고스란히 담겨 있다.

둘째, 북한의 비핵화 전략에서도 한미 간에 이견이 크다고 볼 수 있는데, 미국 측은 북한의 완전한 비핵화를 목표로 대북 제재 유지와 외교적 수단을 동시에 구사할 것으로 보인다. '대북정책 검토'에서 나왔듯이 미국은 압박 보다 외교적 해법을 더 선호하는 것으로 변경했다. 따라서 우선 대북 제제 완화와 '스냅백'(Snapback) 조치를 바라는 한국이 입장과 달리 미국은 일방적인 대북 제재 완화 조치를 반대하는 가운데 북한의 태도 변화를 요구하고 있으며, 대북 접근법에서 서로 주고 받는 행동 대 행동식 단계적인 접근법이 시도될 것으로 전망된다.

셋째, 전작권 반환 문제와 관련해서도 우리 정부는 "전작권 전환 조건에 상당한 진전이 있다"는 입장임에 반해 오스틴 국방 장관은 "전환 조건들을 충족하려면 시간이 더 걸릴 것"이라고 표명해서 유예 입장을 분명히 했다.

넷째, 미국은 쿼드 정상 회담에서 결정된 5개항 합의 정신을 함께 이행하자고 간접적이고 우회적으로 요구할 것으로 보인다. 미국은 인도-태평양 전략 공조 외에도 민주주의와 법치의 가치 수호를 위해 '글로벌 민주주의 정상회의'(Global Summit for Democracy)를 통해 중국을 견제하는데 한국이 동참해주기를 요구하고 있다. 아울러 중국과의 기술 패권 경쟁에서 우위를 계속 유지하기 위해 국제표준 및 미래의 혁신적 기술에 대한 협력도 요구하고 있다. 대표적으로 중국의 화웨이 사용 중지 및 클린 네트워크 정책, 반도체 협력 등에서 공조를 요구하고 있다. 한국은 쿼드와 관련하여 중국의 반발이 예상되는 인도-태평양 전략에 동참하기 보다 갈등 소지가 비교적 적은 '기후변화', '코로나 보건협력', '기술 표준화 협력'과 같은 사안을 중심으로 워킹 그룹 차원에서 선별적으로 협력할 가능성도 없지 않아 보인다. 하지만 윤석열 후보가 대통령에 당선됨으로써 더욱 적극적으로 미국 주도의 쿼드에 협력할 것으로 전망된다.

다섯째, 미국이 공식적이고 직접적으로 쿼드+ 가입을 요청하지 않았지만, 우회적이고 간접적으로 동참을 압박해왔다. 미국은 쿼드+(한국·베트남·뉴질랜드 등)보다 당장 한미일 삼각협력이 더 급선무이기 때문에 한일 관계개선을 먼저 집중 요구한다고 할 수 있다. 한미일 삼각협력은 양자 동맹보다 더 큰 '전력 승수' 효과를 발휘할 것으로 미국 측은 보고 있다. 따라서 미국은 쿼드+ 요구보다 한일관계 개선을 매개로 한 한미일 삼각안보체제 가동에 더 집중하면서 쿼드+ 가입을 점진적으로 추진할 수 있다. 그러나 일본이 한일 갈등 사안에서 근본적인 태도 변화가 미흡함에도 불구하고 미국의 요구에 따라 성급하고 급조된 무원칙한 한일 관계 개선 노력은 오히려 국내 여론의 역풍을 맞을 수도 있다.

여섯째, 한중 양국은 사드(THAAD) 문제를 해결하기 위해 2017년 10월 31일 '한중 관계 개선 관련 양국 간 협의문'(협의문)에서 핵심 내용인 소위 '3不' 입장을 천명했다. 즉, 한국에 사드를 추가 배치하지 않고, 미국 미사일방어(MD)체계에 편입하지 않으며, 한미일 삼각군사동맹은 없을 것이라는 이른바 '3불(不) 원칙'을 확인했다. 이 가운데 세 번째 사항은 미국이 요구하는 한미일 삼각안보협력과 상충되는 측면이 있어 한미 간에 협력의 수준을 놓고 마찰이 예상된다. 이미 한일 간에 '군사정보호보협정'(GSOMIA)이 아직 폐지되지 않아 그나마 삼각안보 정보협력의 낮은 수준은 유지되고 있다고 봐야 할 것이다. 하지만 삼각협력을 삼각동맹 수준으로 격상시키는 쪽으로 나아간다면 이는 한중 간에 마찰을 빚을 것으로 보인다. 이 밖에 사드 추가 배치라든가 한미일 통합 MD 체계 추진 시도 역시 한중 갈등 요인들이다. 따라서 동북아 평화와 안정 그리고 공동번영을 위해 당장 한미일 삼각군사동맹은 피하고, 상호 만족하는 수준의 합의 아래 한일관계 개선을 통해 미국의 요구를 충족시켜 주는 쪽으로 먼저 나갈 필요가 있다.

전망 | 하지만 한미 간 협조가 대세임에도 불구하고, 여전히 한국 외교에서 미중 사이에서 균형외교 노선을 포기하기가 싶지 않을 것이다. 미중을 상대로 사안별로 우리의 핵심이익을 바탕으로 선택적 협력이 요구된다. 한국 대선 하루 전인 2022년 3월 8일 중국의 글로벌 타임스(环球时报) 사설의 지적처럼, "미국이 한국을 동북아 지정학적 대립의 전초기지(前沿阵地)로 만들려고 하고 있는 바 이는 한국의 국익에도 부합하지 않는다. 한국이 한미, 한중 관계에서 균형을 잡고 친미든 친중 어느 한 쪽으로 경도되지 않는 것이 외교적 지혜"라고 우려 섞인 지적을 했다.56) 중국의 지적은 나름대로 의미심장한 지적이 아닐 수 없다.

한중 수교 30주년을 맞이하는 올해 이러한 중국의 완곡한 지적에도 불구하고 '윤석열 정부'는 기본적으로 굳건한 포괄적 한미동맹에 기반하여 미국의 외교안보 정책에 깊이 동조할 것으로 보여 한중 갈등은 불가피할 것으로 전망된다. 한미동맹을 주축으로 하면서도 한중 전략적 협력동반자 관계를 보조축으로 삼아 한중 갈등을 가능한 최소화할 수 있는 최적의 방안을 깊이 고민해야 할 것이다.

---

56) 袁小存, "社评：中韩关系要往前走，不能朝后退," 『环球时报』, 2022年3月 8日.

17. 한미동맹의 구체적인 새부 쟁점들에 대해 어떻게 접근할 것인가?

김재관(전남대학교 정치외교학과 교수)

바이든 정부 출범과 더불어 한미 동맹의 핵심 쟁점으로 전작권 반환, 사드 추가 배치 및 한중 간 삼불 협약의 준수 여부, 중거리 핵미사일 전력(INF) 배치, 쿼드+ 가입 여부, 화웨이 철수 등 문제를 둘러싸고 한미 간 이견이 노출되고 우리 정부의 외교적 딜레마가 깊어지고 있다. 향후 이런 문제들에 대해 어떻게 접근할 것인가?

전시작전통제
권 반환 문제

2021년 3월 중순 한미 외교 국방 2+2 회담에서 양국 정책 책임자가 밝혔듯이, 우리 정부는 "전작권 전환 조건에 상당한 진전이 있다"는 입장임에 반해 오스틴 국방장관은 "전환 조건들을 충족하려면 시간이 더 걸릴 것"이라고 표명해서 유예 입장을 분명히 했다.

주지하다시피 한미 양국은 2014년 10월 연례안보협의회(SCM)에서 전작권 전환과 관련된 세 가지 조건-즉, 한국군이 연합방위를 주도할 수 있는 핵심 군사능력의 확보, 북한의 핵·미사일 위협에 대한 한국군의 초기 필수 대응능력의 구비, 미국은 확장억제 수단 및 전략자산을 제공·운영하고 안정적인 전작권 전환에 부합하는 한반도 및 지역 안보환경을 관리 등-을 합의한 바 있다.

또한 수많은 과제를 담고 있는 위 세 가지 조건 이외에도, 기본운용능력(IOC), 완전운용능력(FOC), 완전임무수행능력(FMC) 등 3단계 검증 절차를 통과해야 전작권을 반환하겠다는 것이 미국의 논리이다. 이처럼 미국은 방대하고 까다로운 전환 조건의 미충족과 3단계 검증절차 미흡을 근거로 삼아 인도-태평양 전략을 효과적으로 추진하기 위해 전작권의 실질적인 반환을 의도적으로 지연 연기시키고 있다는 추측도 가능하다. 미국의 협조와 동의 없이 우리 정부 요구대로 조기에 반환은 어려울 것으로 보이기 때문에 이른바 조건 충족을 위한 여러 준비 태세가 요구된다.

전작권 반환을 위한 조건 충족 문제를 둘러싸고 한국 국방부와 청와대의 입장도 차이를 보인 바 있다. 국방부의 경우 한미합동군사 훈련(실전 훈련의 중요성)을 실시함으로써 전작권 반환을 위한 준비 태세 및 조건을 충족시켜야 한다는 입장인 반면, 청와대의 경우 북한의 반발을 의식해 합동군사훈련 중지를 더 급선무로 보고 있어 서로 이견이 존재하고 있다.

또한 반환 조건의 충족을 위해서는 첨단 군사장비를 미국으로부터 수입하기 위해 엄청난 국방비 지출을 늘려야 하고, 이에 따라 남북 간 군사력의 비대칭성과 군축 노력에 역행하는 부작용도 고려해야 할 것이다. 설사 전작권이 반환된다 하더라도 한미동맹 체제 하에서 주한미군이 운용 중인 최첨단 지휘명령정보정찰(C4ISR) 체계로부터 한국이 완전 독립하기는 힘들고 여전히 미국에 의존할 가능성이 있어 반쪽짜리 전작권이 될 가능성이 높다. 온전한 전작권의 실효성도 우려된다. 따라서 전작권 반환은 되어야 하지만 급선무가 아니라고 판단된다.

오히려 장기적인 관점에서 2가지 선택 대안을 고려할 필요가 있다. 첫째, 전작권의 세 가지 전환 조건의 세부 내용과 3단계 검증을 명확하고 투명하게 재조정하자고 미국 측에 제안할 필요가 있다. 즉 전환 조건의 프레임을 새롭게 보다 명확히 할 필요가 있다. 이 안이 관철되지 않으면 두 번째 대안으로 현재의 연합사에 기반한 통합형 전작권보다는 과거 노무현 대통령 집권기에 시도했었고, 2020년 10월 주한미군사령관 대외협력 보좌관도 제안한 방안, 즉 자국군에 대한 작전통제권을 각자 행사하는 병렬체제로 전작권 체제를 변환시키는 것도 또 하나의 대안이 될 수 있을 것이다. 연합사 해체와 병렬체제로의 재편이다.57) 요컨대 모호하기 짝이 없는 조건에 기초한 전작권 전환이 아니라 시기에 기초한 방식으로 바꾸고, 전작권을 자주적으로 각기 단독 지휘하는 병렬체제로 전환하는 것도 미국에 무작정 끌려가지 않을 수 있고 조기에 전작권을 환수할 수 있는 대안이 될 수 있다.

| 사드(THAAD) 추가 배치와 삼불 협약 준수 여부 문제 | 이미 사드 문제를 해결하기 위해 2017년 10월 31일 한중 양국은 '한중 관계 개선 관련 양국 간 협의문'(협의문)에서 핵심 내용인 소위 '3不' 입장을 천명했다. 즉 △한국에 사드를 추가 배치하지 않고 △미국 미사일방어(MD)체계 |

---

57) 박원곤, "전시작전통제권 전환: 한미의 동상이몽," 진창수 외, 『미중경쟁시대와 한국의 대응』 (서울: 윤성사, 2021), pp. 80-85; 권혁철·김정섭, "전작권 전환 더딘 건, 박근혜 정부 '조건부 합의' 이어받는 탓," 『한겨레신문』, 2021.6.16.

에 편입하지 않으며 △한미일 삼각군사동맹은 없을 것이라는 이른바 '3불(不) 원칙'을 확인했다. 실제 '3불 협의'를 보면 "한·중은 양국 군사 당국 간 채널을 통해 중국이 우려하는 사드 문제에 대해 소통해 나가기로 합의했다"는 문구도 존재한다.

미국이 한미일 통합의 '통합대공미사일방어체제'(IAMD) 를 추진하고 있는 상황에서 사드 추가 배치 요구가 있다 할지라도 한반도 및 동북아 지역 안정과 평화 증진의 각도에서 볼 때, 추가 배치에 반대하는 것이 바람직하다고 볼 수 있다. 중국과의 3불 협약을 준수하는 것이 동북아 안정과 평화에도 기여한다고 본다. 미국을 향해서도 사드 추가 배치 반대 논거로, 사드 보다 성능이 훨씬 월등한 대만 러산(樂山) 기지에 설치된 미국 레이시온이 제조한 조기경보 레이더 시스템 '페이브 포스'(AN/FPS-115 Pave Paws)[58]가 이미 2013년에 설치된 점을 대미 협상 시 언급할 필요도 있다.

한편 중국과의 협상 시에는 중국 역시 2018년에 러시아로부터 도입한 S-400 Triumph 최첨단 미사일 방어 시스템을 갖추고 되었으므로 우리의 사드 배치를 정당화할 수 있다. 대신 3불 입장을 견지하겠다고 하면 중국 측의 우려를 불식시킬 수 있을 것으로 보인다.

그러나 만약 북한이 게임체인저 무기의 하나로서 극초음속 미

---

58) '페이브 포스'는 탐지거리 5천km로 전 중국을 감시할 수 있고, 중국의 일본·괌 미군기지 공격을 조기 탐지할 수 있으며, 유사시에는 중국군 공격에 대비하여 5중 방어막이 가능한 것으로 알려져 있다. 대만은 미국 패트리엇 300발 추가 구매 계획을 갖고 있다. 구체적인 내용은 "'중국을 한눈에'..미국에 전략가치 커진 대만 거대 레이더," 『연합뉴스』, 2020.12.7.

사일 개발 실전배치 한다면 사드 무용론이 일 수 밖에 없을 것이다. 이런 안보딜레마를 해결하기 위해 국내에 전술핵무기 배치가 거론될 가능성도 있다. 핵무장론이 다시 거론될 수 있다. 하지만 미국 쪽 입장은 한국의 자체 핵무장 보다는 '확장억지력'(핵우산체제) 차원에서 대북 억지력을 가지려고 한다. 이 입장이 주류 입장으로 향후 구체화될 것으로 전망된다.

중거리
핵미사일
전력(INF) 배치
및 쿼드 가입 여부

먼저 INF 배치는 동북아와 한반도의 안보 위기를 심화시키므로 반대하고, 대신 논점을 한국군 자주국방 능력의 제고 쪽으로 초점을 돌려 한국군의 미사일 사정거리, 레이더 탐지거리 확대 등 내부 역량 강화, 주변국 견제 능력 강화 방향으로 설정하는 것이 필요하다.

이미 앞에서 밝혔듯이, 쿼드와 관련해 쿼드 Plus(한국, 뉴질랜드, 베트남 등), 즉 쿼드 확대 가입 문제에 대해 전임 미 국무부 스티브 비건 부장관이 "시기상조"라고 언급한 바 있고, 설사 가입 요구가 오더라도 반대하는 것이 우리의 외교 원칙에 부합한다. 그리고 미국은 한미일 삼각안보협력에 더 집중할 것으로 보인다. 만약 쿼드+에 가입하고자 한다면 한미 간에 북미수교와 쿼드+ 가입을 조건으로 빅딜하는 것도 제안해 본다.

미국의 화웨이
장비의 철수 및
제재 동참 여부,
클린네트워크
가입 요구 문제

한국의 대중국 경제의존도와 실리를 고려할 때 가능한 참여하지 않는 것이 바람직하다. 화웨이 5G 장비의 경우 한국의 대기업(가령 LG U+)과 국민들이 이미 깊이 연계되어 있는데다, 국가가 기업이 스스로 결정할 문제에 대해 개입하는 것은 자유시장 경제 원칙에도 위배된다. 그러나 2020년 12월 11일 주한미군 감축을 막는 내용이 담긴 미국 국방수권법(NDAA)이 하원에 이어 상원도 통과했다. 문제는 이 법안에 화웨이 등 중국 업체의 5세대(5G) 기술을 사용하는 국가에 대해 미군 배치 여부를 재고하도록 하는 내용도 들어갔다.[59] 이처럼 미 의회가 한국처럼 화웨이 5G 사용국에 미 병력 재배치를 추진하겠다는 압박을 담은 법안이 통과됨으로써 한국의 경우, 특히 화웨이 장비를 쓰고 있는 LG U+의 경우 진퇴양난에 빠진 셈이다. 미국의 요구를 수용해 화웨이 장비를 철수할 경우 천문학적 비용이 들 것이고, 더 큰 문제는 설상가상으로 이럴 경우 사드 때처럼 중국이 무역 보복, 즉 제2의 사드 보복이 우려되고 있어 한국의 미중 사이에서 외교적 딜레마는 가중되고 있다.

한국이 화웨이를 제거하기로 한 영국이나 호주처럼 할 수 있을까? 한국이 과연 두 나라처럼 중국의 제재를 무릅쓰고 클린네트워크·민주·인권의 가치외교로 중국과 갈등을 조성하는 것이

---

59) "'주한미군 현 수준 유지' 美 국방수권법 의회 통과… 트럼프 서명할까," 『한국일보』 2020. 12. 12; "美 화웨이 압박에 난감한 LGU+.. '제2 사드 유탄' 맞을라," 『한국일보』, 2020.12.08.

바람직한가? 또한 그런 갈등을 우리가 효과적으로 관리해 나갈 수 있을까? 못할 것도 없다. 우리의 우려와 달리 미국은 LG U+ 가 화웨이 장비 사용을 지속할 경우 주한미군을 재배치할 것으로 보이지 않는다. 왜냐하면 미국의 입장에서 주한미군 주둔의 전략적 가치가 더 중요하기 때문이다. 한국은 점차 소위 '안미경 중'에서 벗어나 경제, 첨단기술, 안보, 기후변화, 코로나 방역 협력 등 전방위적 차원에서 '동맹우선전략'으로 전환할 가능성이 높아지고 있다. 하지만 25%를 상회하는 한국의 과도한 대중국 무역의존도를 고려할 때 미중 사이에서 양자택일적 대미 일변도 전략은 국익에 도움이 되지 않는다고 본다. 선택적 협력, 균형적 접근이 필요하다.

18. 대만문제를 둘러싼 미중 갈등에 한국은 어떻게 대응해야 하나?

김재관(전남대학교 정치외교학과 교수)

중국의
핵심이익

중국은 '핵심이익' 수호와 국제법 준수라는 딜레마에 직면하여 대외적으로 곤욕을 치루고 있다. 2011년 중국 국무원이 발간한 '평화발전' 백서는 핵심이익을 6가지로 구체화하여 밝혔다. 이 백서에서 처음으로 중국의 '핵심이익'과 관련된 명확한 정의를 제출하였다. 그 내용을 보면, '국가 주권', '국가 안보', '영토 보전', '국가 통일', '국가 정치제도와 사회 안정', '경제사회의 지속가능한 발전 보장' 등 6가지이다.

또한, 2015년 9월 25일 미국 워싱턴 백악관에서 진행된 미중정상회담에서 시진핑 주석은 6가지 핵심이익에서 한 걸음 더 나아가 "예로부터 남중국해의 섬들은 중국의 영토로, 우리는 우리 자신의 영토 보전의 권리와 합법적이고 정당한 해양의 권익을 보전할 권리가 있다."는 핵심이익 관련 발언을 함으로써 남중국해 영유권 분쟁에서 물러서지 않겠다는 단호한 의지를 피력했다.[60)]

과거 중국은 영토 주권과 관련하여 분명히 적시했던 영역은

---

60) "中, 美 경고에도 남중국해 인공섬 매립 지속할 것," 『YTN』, 2015.9.28.

타이완(台湾), 티베트(西藏), 신장(新疆) 위구르 문제에 국한되어 왔다. 그런데 중국의 강대국 부상과 더불어 영토 주권 범주가 확대되는 공세적인 모습이 출현하고 있다. 즉 기존의 핵심이익 범주에 '남중국해'라는 새로운 영역이 2008년 미국발 금융위기 이후 특히 2012년 시진핑 집권과 더불어 중국의 공세외교 (Assertive China)가 추진되면서 추가되고 있다. 글로벌 대국 중국의 대외정책의 목표들 가운데 가장 중요한 정책목표는 역시 중국의 '핵심이익'(core interests)을 수호하는 것이라는 점에는 이견이 없을 것이다. 즉 국가의 영토통합을 회복하고 유지하는 것; 국내정치 안정을 유지하는 것; 티베트·신장·내몽고 자치구· 홍콩· 대만 등 지역에서의 분리독립 운동에 대한 외부의 지원을 차단하는 것; 동중국해 · 남중국해 해상영유권을 수호하는 것 등이다. 이런 목표 실현을 위해 필요한 것은 국내의 안보능력의 제고, 국제외교의 무대에서의 대만의 외교력 억제, 티베트 · 신장 분리독립 세력에 대한 지원 척결, 중국의 주변세력이나 제3자인 역외국 미국으로부터의 위협을 억제할 수 있는 군사력의 증강 등이다.[61]

2020년 미 대선의 민주당 정강에서 민주주의와 인권을 강조하겠다고 분명히 적시했고, 2021년 쿼드 정상회담, 미일 및 한미 외교국방 2+2 회담, 알래스카 미중 외교당국자 회담, 그리고 나토 브뤼셀 회담에서 미국 바이든 정부는 일관되게 중국을 향해 민주주의와 법치 위반을 거론하면서 중국의 핵심이익인 홍콩, 대만, 중국 위구르족에 대한 탄압을 거론하며 국제적인 규탄을

---

61) 김재관, "남중국해 판결의 국제정치적 함의와 전망," 『국제정치논총』, 제56집 제3호(2016), pp. 332-333.

조직적으로 전개하고 있다. 아울러 미국은 '항행의 자유'를 내걸고, 남중국해 영유권 분쟁에도 지속적으로 개입함으로써 중국과 영유권 분쟁을 겪고 있는 베트남, 필리핀, 말레이시아 등 동남아 주요 국가들과의 반중국 연대 전선을 강화하고 있다. 이번 2022년 2월 발간한 인도-태평양 전략 보고서도 아세안과의 관계 강화를 언급하면서 계속 이 지역에 적극 관여할 것임을 천명하고 있다. 특히 중국의 내정간섭의 소지가 있는 홍콩, 대만, 소수민족 탄압에 대한 바이든 정부의 공개적인 관여 입장의 천명은 민주당 이념의 측면에서도 불가피한 것으로 이제 '전략적 모호성'을 견지하기도 힘들게 되었다. 이 문제가 미중 갈등의 도화선이 될 수도 있겠지만, 일정 정도 통제 가능한 범주로 여겨진다. 주목할 점은 이전 오바마 민주당 정부와 비교했을 때, 대만 문제에서 '대만관계법'(TRA) 견지 입장은 유지되었지만, 민주당 정강 정책에서 소위 '하나의 중국정책'(One China Policy)' 문구가 빠짐으로써 미중 관계 갈등의 소지를 남겼고 이를 통한 대 중국 압박을 추진할 것을 시사했다.

대만문제에 대한 한국의 대응방안

대만문제와 관련하여 미중 수교 관계 정상화 과정에서 양국이 합의한 기본원칙, 즉 '하나의 중국정책'이 트럼프 집권과 더불어 흔들리기 시작했다. 트럼프 행정부는 취임이후 대만 카드를 이용하여 중국을 자극해왔다. 트럼프는 미중 수교 이후 미국 대통령으로는 처음으로 대만 총통과 전화 통화를 한 데 이어 '하나의 중국' 원칙에 구속될 필요가 없다는 발언도 공개적으로 언급하기도 했다. 2018년 3월 미국의 '대만 여행법'을 시작으로 미국-대만간 외교관계 복원 등을 시도했으며, 2020년 3월에는 미국의 '대만법(TAIPEI Act)'을 발효했다. 미국 트럼프 정부가 '하나의 중국' 원칙을 위배하는 행위는 바이든 신임 행정부에서도 승계되어 향후 미중 관계뿐만 아니라 양안관계를 악화시킬 수 있는 아주 중요한 문제로서 동북아 긴장을 고조시킬 수 있는 사안이 아닐 수 없다.

하지만 바이든 취임 직후에 미국무부는 중국과의 파국적인 정면대결을 피하기 위해 대만에 대한 중국의 위협을 비난하면서도 '하나의 중국' 원칙을 준수한다는 전략적 유연성을 피력했다는 점에서 미국의 이중적 태도를 엿볼 수 있다.62) 이처럼 대만문제와 관련하여 바이든 정부마저도 국가 실리를 위해 '하나의 중국' 원칙을 견지하면서 대만 독립을 자제시키는 '전략적 모호성'을 견지하는 마당에 하물며 우리가 국가 실리를 저버리면서까지 '하나의 중국' 원칙을 부정할 이유가 있겠는가? 대만문제처럼 중국의 내정간섭의 소지가 큰 문제의 경우에 보편 가치와 국제규범의 입장에서 원칙적 입장 만 제한적으로 언급하는 것이 바람직하다. 체제비판은 자제해야 할 것이다. 같은 분단국가로서 '일국양제' 통일 원칙을 존중한다는 입장을 견지하는 것이 바람직하다고 본다.

---

62) "대만 위협은 비난하면서... 美국무부, '하나의 중국' 원칙 유지 확인," 『한국일보』, 2021.2.4; "中 대만 압박에 바이든 '우려' 표명...대만 "존경과 감사"," 『동아일보』, 2021.2.11.

19. 홍콩 문제를 둘러싼 미중 갈등에 한국은 어떻게 대응해야 하나?

김재관(전남대학교 정치외교학과 교수)

홍콩 문제의 복잡성 홍콩 범죄인 인도법(송환법) 제정 문제로 발단이 된 홍콩시위는 결국 중국 중앙정부가 절대 다수 홍콩 시민들의 반대 요구에도 불구하고 강경 진압과 더불어 2020년 6월 30일 홍콩국가보안법을 제정하여 동법을 7월 1일 발효시켰다. 사실 홍콩 사태를 제대로 이해하려면 여러 각도에서 볼 때 전면적인 이해가 가능하다. 홍콩 사태는 전후체제의 아시아 민주주의와 관련된 4가지 층위(자유민주주의 보편가치, 즉 인권 및 노동영역의 층위; 국가주권의 층위, 국가 간 체제의 다양한 관계의 층위; 글로벌 자본주의 체제 층위)가 복합적으로 얽혀있기 때문에 층위별로 종합적으로 볼 때 홍콩 사태를 한층 더 잘 이해할 수 있다.[63]

단순히 서구식 자유민주주의 인권담론이냐 아니면 중국식 국가주권의 관점에서 일국양제의 문제로 접근한다거나, 미중 패권 경쟁 상황 속에서 '대리전'의 일환으로 보는 것은 홍콩사태를 편협하게 이해하는 것이다. 따라서 홍콩 내 다양한 이해관계 속에서 행위자들의 의도와 목적이 서로 상충된다는 점에서 종합적

---

[63] 김희교, "전후체제의 위기와 홍콩사태," 『한중관계연구』, 제8권 1호 (2022), pp.149-176.

연구가 필요하다. 다만 이번 홍콩 시위가 송환법 문제를 발단으로 해서 시작되었기에 국내 언론에서는 주로 자유민주주의적 인권담론에 치우친 해석, 즉 홍콩 민주화 시위로 주로 소개되었다. 게다가 미국은 이번 홍콩사태를 홍콩민주화 시위로 해석하고, 의도적으로 미중 전략경쟁의 일환으로 대 중국 비판의 도구로 활용한 측면도 있다.

| 미중 갈등으로 비화된 홍콩시위 | 이번 홍콩 시위를 강경대응함으로써 중국은 홍콩 자치와 인권을 유린하고 있다는 국제적인 비난을 받게 되었다. 2020년 6월 30일 제 44차 유엔인권이사 |

회에서 영국·일본·호주·캐나다 등 27개국이 공동으로 '홍콩국가보안법' 폐지를 촉구하는 성명을 발표했으며, 미 상원은 6월 25일 '홍콩 자치법안' 통과, 하원은 7월 1일에 홍콩 민주주의 탄압과 관련된 중국 인사들과 거래한 은행을 제재하는 법안을 통과시켰다. 미국은 그동안 홍콩에 특혜를 준 '홍콩법' 폐지로 중국을 압박하고 있다. 이미 미국은 1992년 '홍콩법'을 제정하고 홍콩이 자치권을 행사한다는 전제하에 비자발급, 투자 유치, 법 집행 등에서 중국 본토와 달리 특별대우 조치를 시행해왔다.

마침내 2020년 7월 14일(현지시간) 미국 트럼프 대통령은 "홍콩 특별지위 박탈·中 관리제재 행정명령에 서명"했다. 트럼프는 "홍콩은 이제 중국 본토와 같은 대우를 받게 될 것"이라며 "특권도 없고, 경제적 특별대우, 민감한 기술의 수출도 없다"고 덧붙였다.[64]

홍콩보안법 발효 이후 파급효과를 보면, 다음과 같다. 첫째,

중국이 국제적으로 고립되고 홍콩 경제에 타격이 예상되지만 국내적으로 대내적 통합과 단결을 이룰 수 있는 계기로 작용할 것으로 보인다. 둘째, 홍콩보안법 시행을 위해 중앙정부가 '홍콩국가안보처'를 신설함으로써 그동안 홍콩특구를 지탱하던 '3대 원칙'(一国两制·港人治港·高度自治)이 무실화된 점이다. 이 원칙은 1997년 당시 협약에 따라 50년간(2047년)까지 유지되기로 했지만, 실질적으로 사라지게 되어 결국 홍콩은 '일국일제'로 변화되었다. 따라서 홍콩인들이 대륙으로부터 이탈 현상, 헥시트(홍콩 + 엑시트)가 현실화될 수 있을 것 같다. 셋째, 이번 홍콩사태로 중국의 외교적 고립이 확산되고 있다. 중국의 홍콩 강경대처에 영국은 이민법으로, 미국은 '홍콩자치법' 제정 및 서명, 난민법으로 이탈 홍콩인들을 흡수하려고 한다. 이에 따라 미중 관계는 물론 중영 관계도 악화되기 시작했고, 중국-호주 관계 역시 연이어 악화되고 있다.

중국의 후속 대응방안 | 2021년 3월 중국 양회(两会)는 9월의 홍콩 입법회 선거에서 중앙정부에 우호적인 인사만 출마할 수 있도록 출마자를 애국자로 국한시키는 이른바 홍콩식 '애국자법', 즉 '애국자가 홍콩을 통치한다'(爱国者治港)는 내용의 입법을 만장일치로 통과시켰다. 이 법은 기존의 '홍콩인이 홍콩을 통치한다는'(港人治港) 원칙을 축소 수정한 것으로 한층 더 홍콩 주민의 민주 자치와 재량권을 축소한 것으로 평가된다. 기

---

64) "트럼프 '홍콩자치법' 서명에 중 외교부 '미 기관 제재' 맞불," 『조선일보』, 2020.7.15.

실 홍콩인들은 대륙과 다른 민주적 시민문화, 시민의식, 정치문화, 제도 환경 속에서 생활해 왔다. 그러므로 중국정부가 일단 이런 차이를 현실적으로 인정하고 강경 탄압하기 보다 점진적으로 통합의 길로 나아갈 필요가 있었다. 또한 장기적으로 볼 때, 어차피 홍콩의 주권은 중국에 속해 있고 이는 변화될 수 없기 때문에 시민을 압박하기 보다 이해하고 포용할 수 있는 정책 조정이 필요했다고 판단된다.

그러나 중국 시진핑 정부는 국가 주권옹호의 관점에서 강경일변도로 홍콩 주민 자치를 훼손하고 민주 인권을 탄압한 결과 오히려 바이든 정부 주도하에 국제사회가 중국을 비난할 수 있는 빌미를 스스로 자초한 셈이 되었다. 이에 따라 그동안 중국이 축적해왔던 소프트파워 구축 노력, '매력공세'(Charm offensive)가 일시에 수포로 돌아가는 부메랑 효과를 맞게 되었다. 이제 중국과 경제적인 실리를 모색하던 EU 국가들마저도 미국과 연대하여 신장 위구르 인권탄압에 대한 대 중국 비난에 동참하고 관련 중국 인사들을 제재하게 되자 중국 역시 EU에 보복제재를 하는 등 일파만파 갈등이 확산되고 있다. 홍콩 민주화 시위 진압 및 신장위구르 인권 탄압 문제 등을 계기로 미국은 민주 인권 담론과 규범을 내세워 반 중국 연합전선, 즉 자유민주주의 진영을 규합하고 있다. 자유민주주의 진영 대 중러 권위주의 진영으로 나눠 중국을 국제적으로 고립시키는 전략으로 나아가고 있다. 중국 역시 이에 강력 반발하고 있는 상황이다.

한국의 대응방안 2020년 6월 30일 제 44차 유엔인권이사회에서 '홍콩국가보안법' 폐지를 촉구하는 회의에 한국은 참여하지 않음으로써 전략적 모호성 견지하였다. 한국은 자유민주주의 이념과 가치를 존중하는 국가이지만, 현실적으로 한중관계의 전략적 중요성을 간과할 수 없으며, 한국이 중국에 대한 '내정간섭'을 한다는 중국 측의 비난을 의식해 분명한 입장 표명을 유보했다고 판단된다. 이제까지 중국의 인권 문제와 관련하여 민간 차원과 달리 정부는 실리와 가치규범(명분) 사이에서 전자를 택했고, 북한 인권 문제 역시 동일한 차원에서 접근했다. 사안에 따라 가치 명분에 얽매이기 보다 실리에 무게 중심을 둔 외교가 때론 필요하다. 원칙있는 실용주의 접근법이 필요하다.

20. 남중국해 문제를 둘러싼 미중 갈등에 한국은 어떻게 대응해야 하나?

김재관(전남대학교 정치외교학과 교수)

남중국해 영유권 갈등의 재부상

바이든 정부 집권과 더불어 남중국해 영유권 갈등이 다시금 수면 위로 떠오르며 미중 갈등의 도화선이 되고 있다. 최근 2020년 7월 13일 필리핀 주재 중국 대사관은 "중국은 2016년 7월 필리핀이 국제상설중재재판소(PCA)에서 승소한 판결을 수용하거나 인정하지 않으며, 남중국해에서 중국의 영유권은 어떠한 경우에도 이 판결에 영향을 받지 않을 것이며.... 이 판결에 근거한 어떠한 주장이나 행동도 확고히 거부하며 절대 받아들이지 않을 것"을 밝힌 바 있다. 중국 대사관은 이 문제에 대한 갈등 해법으로 "중국은 필리핀이 어렵게 얻은 양국 관계의 건전한 모멘텀을 유지해 남중국해에서의 평화와 안정을 지키기 바란다"면서 "양자 협의 기구를 통해 관련한 문제를 해결해야 한다"고 주장했다.

남중국해 영유권 분쟁은 다시금 중국과 필리핀 관계는 물론이고 중국과 남중국해 영유권 분쟁을 겪고 있는 베트남, 말레이시아, 브루나이 등 여러 나라들, 나아가 미중 관계마저 악화시킬 수 있는 악재로 떠올랐다. 2016년 당시 PCA 판결에 대해 미국 · 일본 · 호주 · 싱가포르 등은 명시적으로 지지했으나, 한국은 당시 한중 관계의 중요성을 고려해 유보적인 태도를 보인 바 있다.

남중국해
영유권 갈등에
대한 바람직한
시각

바이든 시대 남중국해 영유권 갈등이 더욱 고조될 가능성이 높은데 한국은 이에 대해 어떤 관점에서 접근할 것인가? 첫째, 우선 비록 중국이 그 PCA 판결을 거부했음에도 불구하고, 유엔해양법 협약을 비롯한 국제법에 따라 이뤄진 PCA의 판결과 그 재판 절차는 어쨌든 존중해야 한다고 본다.

둘째, 중국은 이 판결 이후 국제규범을 준수해야만 하는지 여부, 그리고 자국이 가장 중요하게 여기는 소위 '핵심이익'을 고수해야만 하는지, 남중국해 영유권 분쟁에서 '공세적인 중국'(Assertive China) 외교 정책의 득실 여부를 냉정하게 재검토해야 할 것이다. 바이든 정부가 인도-태평양 지역안보 증진, 규칙기반질서(rule based order)와 국제규범 준수를 내걸면서 중국을 공략하고 있다. 이 상황에서 남중국해 문제 처리에서 보인 중국의 공세적인 외교는 오히려 역내 갈등을 빚고 있는 동남아 국가들에게 중국에 대한 불신과 반작용을 초래해 미국에 더 경도하게 만들 수 있다. 그 결과 역내에서 미국의 영향력을 증대시키면서 중국이 고립될 소지도 없지 않다. 이런 부작용도 중국은 동시에 고려해야 할 것이고, 영유권 갈등 문제와 관련하여 등소평의 해법, 즉 "주권 다툼은 일단 접어두고 공동개발에 치중하자"(擱置爭議共同開發)식의 실리적이고 장기적인 관점에서 접근하는 방법이 더 좋을 것이라고 판단된다.

셋째, 중국은 PCA 판결에도 불구하고, 역내 국가들을 향한 기존의 전략들, 가령 살라미 슬라이싱(Salami Slicing), 세련된 강요, 분리-지배 전략과 강온 양면의 이중 정책들 등을 구사할 것으로 예상된다. 그럼에도 중국은 분쟁을 해결하기 위해 위협적인 태세로 결정적 군사력을 사용하지 않을 것으로 보인다. 왜냐하면 그런 행동은 오히려 중국의 평화적인 국제적 이미지와 역내 외교 - 신흥주변국 외교, '인류운명공동체' 담론, 친성혜용(親 ·誠 ·惠· 容) 외교 방침- 를 실제로 훼손할 것이고, 이와 같은 일방적인 공격적 정책들은 반중국 균형동맹을 불러일으킬 것이기 때문이다.

넷째, 사실 남중국해 분쟁은 단순히 관련 국가들(중국, 베트남, 필리핀, 말레이시아 등)과의 분쟁이기도 하지만, 구조 현실주의의 각도에서 보았을 때 미중 양국의 확장된 경쟁과 대립을 반영하고 있다고 생각된다.[65] 향후 바이든 정부의 '인도-태평양' 전략과 중국의 "일대일로"(The Belt and Road Initiative, BRI) 전략 이 둘은 동남아 지역에서 서로 격돌 경쟁하면서 일련의 불안정과 위기를 촉발할 것으로 예상된다.

다섯째, 남중국해 영유권 분쟁과 관련하여 향후 필리핀과 베트남은 바이든 정부의 대 중국 압박 정책에 편승할 가능성이 높다. 하지만 중국과의 경제적 이익을 배제할 수 없기 때문에 효과적으로 갈등을 완화 관리하면서 미중 사이에서 선택적 협력을 할 가능성이 높다고 보여진다.

마지막으로 남중국해에서 국지전이나 충돌을 방지하려면 상호신뢰의 구속력 있는 제도나 레짐을 건설하고 '예방외교'를 강화하는 것이 아주 중요하다고 생각한다. 앞으로 남중국해 영유권 분쟁과 관련하여 한국은 미국의 '인도-태평양 전략'과 중국의

---

65) 김재관, "남중국해 판결의 국제정치적 함의와 전망," 『국제정치논총』, 제56집 제3호(2016).

'일대일로' 전략이 경쟁하는 과정에서 일종의 '틈새 외교'로서 '신남방정책'을 적극적이고 효과적으로 활용하면서 미중 전략경쟁에서 한국의 독자적인 주도권과 실리외교를 모색하고 공동 협력의 공통분모를 찾는 '선택적 협력'외교를 추진하는 것이 바람직하다. 남중국해 갈등이 역내 국가들 간에 원만하고 평화롭게 대화 타협의 방식으로 장기적인 관점에서 해결될 수 있도록 건설적인 가교 역할을 할 필요가 있다.

21. 신장위구르 문제를 둘러싼 미중 갈등에 한국은 어떻게 대응해야 하나?

신종호(통일연구원 선임연구위원)

중국의
내정(內政),
신장위구르 문제

신장위구르지역은 중국의 소수민족 중 하나인 신장위구르족이 집단적으로 거주하고 있는 중국 서부의 신장위구르자치구를 지칭하며, 신장위구르족은 1949년 현재의 중화인민공화국 영토에 편입된 이후 오랫동안 독립운동을 벌여 왔다는 점에서 국제사회의 많은 주목을 받아왔다.

그동안 중국정부는 신장위구르문제를 자국의 주권 및 영토문제에 해당하는 '내정(內政)'이라고 인식함으로써 신장위구르족의 독립 시도 및 서방국가들과의 연계 노력에 대해 강력한 반대 입장을 표명해왔다. 하지만 최근 미국을 비롯한 서방국가들이 신장위구르지역에서 강제노동과 강제이주 등 인권문제가 심각한 수준으로 발생하고 있다는 주장을 제기함으로써 신장위구르 문제는 중국과 서방세계의 갈등으로 확산되고 있다.

미국의 대중국
'인권' 비판과
신장위구르 문제

미국의 역대 정부는 '인권과 민주주의' 문제를 대외정책의 중요한 부분으로 설정해왔다. 그리고 1989년 중국에서 발생한 '6·4 천안문 사태' 이후에 미국 정부는 매년 '중국인권보고서'를 발간하여 중국정부의 인권정책을 강하게 비판해왔다. 중국 역시 이에 맞대응하여 '미국인권보고서'를 발간해왔다.

미국의 대중국 인권 비판은 주로 민주당 정부 집권 시기에 강하게 이루어졌으나, 미중 전략경쟁이 본격화되기 시작한 공화당 트럼프 행정부 시기에는 민주·공화 양당 모두 대중국 견제와 압박의 일환으로 중국의 인권문제를 제기하기 시작했다. 특히 미국은 신장위구르족에 대한 중국의 인권탄압이 인도·태평양지역 이슬람교도들에게 큰 위협이 되고 있고, 중국이 국제규범을 어기면서 주변국가들에게 해를 가하고 있다고 인식하고 있다.

결국 2018년 11월 미국 의회는 중국 신장위구르자치구에 대한 인권 탄압 문제를 지적하며 '2018 위구르족 인권 정책법'을 초당적으로 발의했다. 동 법안에는 트럼프 대통령이 중국 신장위구르자치구 내 소수민족을 탄압하는 중국 당국에 대해 강경한 조치를 취해 달라는 요구와 함께 '정치 재교육 수용소' 폐쇄 및 천취안궈(陳全國) 신장위구르자치구 당위원회 서기를 포함한 중국의 고위 관료들에 대한 제재 등의 내용이 포함되었다.66) 2021년 1월 출범한 민주당 바이든 행정부 역시 동년 3월에 '2020년도 국가별 인권보고서'를 발간함으로써 전임 트럼프 행정부의 대중국 인권 비판을 계승하면서 중국에 대한 강한 견제와 압박을 가하고 있다.67)

---

66) "S.3622–Uyghur Human Rights Policy Act of 2018115th Congress (2017-2018)," 115th Congress (2017-2018).

67) "2020 Country Reports on Human Rights Practices," U.S. Department of State, March 30, 2021; John Hudson, "As tensions with China grow, Biden administration formalizes genocide declaration against Beijing," *The Washington Post*, March 31, 2021,

하지만, 중국은 이러한 미국의 정책에 대해 자국의 주권을 침해하고 내정간섭을 하고 있으며 중국 사회를 분열시키려는 의도라고 반발하고 있다. 중국 정부 입장에서는 미국의 신장위구르에 대한 인권 비판이 자국의 핵심이익에 대한 간섭이자 침해라고 인식하고 있으며, 더 나아가 이러한 인권문제에 대한 비판이 향후 티베트문제까지 확대될 가능성을 경계하는 것도 사실이다. 따라서 중국 시진핑 지도부는 이미 국내적으로 형성된 '애국주의'와 '민족주의'를 기반으로 미국의 대중국 강경정책에 대응함과 동시에, 인권문제가 갖는 '인류 보편적 가치'보다는 '중국적 특수성'을 강조하는 방식을 통해 체제 안정을 도모할 것이다.

미중 인권 갈등에 대한 우리의 대응

신장위구르문제를 둘러싼 미중 갈등은 장차 양국 사이에 가치관과 이념의 대결로 확대될 가능성도 존재한다. 이 경우 한국에게는 일종의 '선택 딜레마'의 상황에 직면할수도 있고, 북한 인권문제와 관련된 '보편성'과 '특수성'의 문제로 연결될 가능성이 있다. 물론 한국은 인권문제의 '보편적 가치'에 중심을 두고 있다는 점에서 미국과의 입장 차이는 많지 않지만, 인권문제의 '특수성'과 관련하여 중국과 갈등적 상황이 발생할 수도 있다. 하지만 미중 간 양자택일이라는 '선택'의 상황에 직면할수록 한국의 입장에서는 다자주의적 접근을 통해 비슷한 입장을 가진 국가들과 연대를 통해 공동대응할 필요가 있다.

22. 한미동맹과 한중관계를 동시에 발전시킬 수 있는 방안은 무엇인가?

신종호(통일연구원 선임연구위원)

'안미경중'
해법의 불합리성

최근 미중 전략경쟁은 단순히 두 강대국의 경쟁과 갈등에 국한되는 것이 아니라는 점에서 미중 갈등에 일희일비하기 보다는 새로운 국제질서 구조의 변화에 대한 객관적인 판단을 통해 한국의 외교안보정책을 수립해야 한다. 특히 분단국가인 한국의 중장기 국가이익과 정책적 목표 등을 고려할 때 한미동맹의 역사성과 특수성을 충분히 인정한다 하더라도, 중국을 봉쇄하는 미국의 전략에 적극적으로 참여하는 방향으로 우리의 외교안보전략을 수립하는 것은 합리적인 사고라고 하기 어렵다.

따라서 기존의 '안보는 미국, 경제는 중국'이라는 이분법적 구조에서 벗어나 한반도가 미중 갈등의 대리전 지역이 되지 않도록 하기 위해서는 한미관계를 중심으로 한중관계를 동시에 관리할 필요가 있다. 특히 군사력 차원에서는 여전히 미국이 압도적인 우위를 차지하고 있지만 미중 간 종합국력 차이가 갈수록 축소되고 있는 상황에서 한미동맹과 한중관계를 동시에 발전시키는 방안에 대한 고민이 필요하다. 즉, 한미 간 긴밀한 소통과 조율을 통해 한미동맹을 업드레이드하고 이를 기반으로 중국과의 우호협력을 동시에 추구해야 한다. 다만, 과거 사드 배치 사례에 나타난 것처럼, 미중 전략경쟁이 한반도에서 전개되지 않도록 할 수 있는 전략적 사고가 필요하며, 중거리미사일 배치와 같은 민감한 어젠다가 의제화되지 않도록 사전에 소통하고 조율하려는 노력이 필요하다.

한미 가치동맹 업그레이드

한미동맹은 북한의 위협에 대응하기 위한 군사동맹으로 출발했지만, 시간이 지나면서 가치동맹을 포함한 포괄적 동맹으로 변모하여 다양한 분야에서 협력을 진행함으로써 70년 가까이 한반도의 평화와 안정을 유지하는 중요한 기반이 되었다. 하지만, 한반도를 둘러싼 대외 전략환경이 변모하고 있다는 점에서, 좀 더 균형적이고 상호보완적이며 미래지향적 한미동맹으로의 변화 혹은 업그레이드가 필요하다. 특히 사드배치와 같은 사례가 한반도에서 다시 나타나지 않도록 않도록 하기 위해서는, 미국의 대중국 군사봉쇄를 위한 네트워크에 한국이 연루되지 않을 방안을 미국과 협의할 필요가 있다. 2022년 바이든 대통령 방한 과정에서 이루어진 한국의 IPEF 참여 결정 등에서도 나타나듯이, 미국의 동아시아·한반도정책에 대해 중국이 반발할 가능성이 여전히 높은 상황이다. 따라서 미중 전략경쟁이 한반도에서의 갈등 혹은 충돌로 비화하지 않도록 하는 것이 중요하다. 특히 미국의 대중국 견제와 압박 시도에 대해 우리정부가 어느 정도 수준으로 협력하고 공조할 것인가에 대한 전략적 판단이 중요하다.

'중국 역할론' 재조정 | 그동안 한반도의 평화와 안정과 관련하여 소위 '중국역할론'에 대한 과도한 기대가 있었던 것도 사실이다. 하지만, 북한의 도발을 억제하고 한반도 평화프로세스의 역진을 방지하기 위한 중국의 건설적 역할에 대해서는 지속적으로 강조할 필요가 있다. 특히 중국은 한반도 평화정착에 기여할 수 있는 중요한 국가이자 향후 평화협정 추진의 핵심 당사자라는 점에서, 한반도 비핵화와 항구적 평화체제 구축 논의과정에 적극적으로 참여시킬 필요가 있다.

한중관계와 관련하여 양국이 공유할 수 있는 이익의 교집합을 발굴할 필요가 있고, 다자안보협력의 틀 안에서 중국과의 협력을 강화할 필요가 있다. 특히 한중 전략적 협력동반자관계의 핵심인 '장기 전략성'을 견지한 상태에서 양자 현안 뿐만 아니라 다자 지역협력을 위해 공동노력할 필요가 있다. 한중 전략적 협력동반자관계의 실질적 진전을 위해서는 양국관계의 '제도화' 진전이 중요하고, 그중에서도 정치적 신뢰 증진을 위해 중요 현안(한미동맹, 대북제재, 북핵 해법 등)에 대한 상호인식의 차이를 해소할 필요가 있다. 또한 기존의 전략소통 채널 이외에 새로운 소통 채널을 확보함으로써 신뢰 기반을 확대하고 민감한 현안을 관리하려는 노력이 필요하다. 특히 중국측은 미중 전략경쟁 과정에서 한국이 '중립적' 입장을 취할 것을 요구할 가능성이 높다는 점에서, 우리의 대중국정책의 목표를 실현하면서도 중국의 요구에도 부합할 수 있는 최적의 정책방안을 마련할 필요가 있다.

23. 한중 사회문화 갈등은 왜 발생하며 해결책은 무엇인가?

신종호(통일연구원 선임연구위원)

한중 사회문화분야 갈등 양상

1992년 수교 이후 한중관계는 경제통상분야 뿐만 아니라 사회문화 및 정치외교분야에 이르기까지 비약적인 발전을 거듭했고, 2008년에는 양국관계가 '전략적 협력동반자관계'로 격상되었다. 이후 한중관계는 양국 정상 간 상호 방문과 2015년 한중 FTA 발효 등과 같은 성과 등으로 인해 역대 최상의 관계로 평가되기도 했으나, 2016년 주한미군 사드 배치에 따른 외교안보분야에서의 갈등을 계기로 역대 최악의 한중관계를 경험하기도 했다.

한중 수교 초창기에는 경제협력을 위주로 양국관계가 급속하게 발전했기 때문에 양국 국민들 간 사회문화분야에서의 갈등은 많이 나타나지 않았고, 갈등이 발생한 이후에도 한중 간 협의를 통해 해결을 모색해왔다. 대표적으로 2000년 마늘분쟁이나 2005년 김치파동, 2001년부터 시작된 동북공정과 관련된 역사분쟁, 그리고 문화유산(단오(端午), 서원(書院) 등)을 둘러싼 한중 갈등이 있다.

하지만 최근 들어 한중 간 사회문화분야의 갈등은 범위와 양상이 이전과 다르게 전개되고 있다. 대표적인 사례가 바로 최근 김치, 한복 등을 둘러싼 논란과 함께 2022년 베이징 동계올림픽

기간 중에 나타난 한중 갈등이 있다. 특히 온라인매체의 발달과 같은 시대적인 변화를 반영하여 온라인을 중심으로 한중 양국 네티즌들이 상대방에 대한 근거없는 낭설을 퍼트리면서 사회문화분야 갈등을 조장하고 있고, 이것이 다시 정부 간 갈등으로 확산되고 있는 것이다. 한중관계가 수교 30년을 맞이하는 이 시점에서 한중 사회문화분야 갈등 원인에 대한 분석을 통해 이를 해소하기 위한 노력이 이루어질 시점이 도래했다.[68]

한중 사회문화분야 갈등 원인

수교 이후 한중 사회문화분야 갈등이 초래된 이유는 한중관계가 비약적인 발전을 이룩하게 된 원인과 관련성이 있다. 첫째, 한중관계의 역사성 및 문화적·지리적 인접성은 한중관계 발전의 중요한 요인이다. 하지만 양국관계의 역사적 유구함과 문화적 유사성 및 지리적 인접성으로 인해 사회문화분야 갈등이 발생할 수 있는 여지가 다른 나라들과의 관계보다 크다고 할 수 있다. 특히 한·중 양국은 지리적 근접성, 인종적 유사성, 공통의 역사적 경험 등으로 인해 서로에 대한 이해가 깊다는 대중적인 착시현상이 광범위하게 자리 잡고 있다. 이로 인해 변화하고 있는 상대에 대해 알려는 노력이 부족하고, 상대에 대한 오해와 왜곡이 팽배하고 있는 것이다.

둘째, 한중 경제적 교류협력에 대한 수요와 상호보완성 역시

---

68) 한중 수교 30년 평가 및 한중 간 사회문화분야 갈등에 대해서는 신종호, "한중관계 30년 평가와 한국 신정부의 대중국정책 전망," 『국가전략』, 제28권 2호(2022), PP.7-34 참조.

한중관계 비약적 발전의 중요한 동인이지만 동시에 사회문화분야 갈등의 원인이기도 하다. 즉, 한중관계가 초창기 경제협력을 목표로 양국관계를 급발전시킨 측면이 강하고, 이 과정에서 양국 간 교류협력 관계에서 필연적으로 나타날 수 밖에 없는 사회문화분야의 인식 차이와 갈등적 요인을 일시적으로 봉합했기 때문이다. 이러한 이유로 인해 시간이 흐를수록 양국 간 사회문화분야 갈등의 범위와 양상은 심각해질 수 있다.

셋째, '중국의 부상' 과정에서 한국의 전략적 가치가 부각됨으로써 한중관계 발전에 대한 수요가 만들어진 측면이 강하지만, 동시에 이 과정에서 한반도를 포함한 대내외 정세의 변화로 인해 오히려 중국이 체제안정과 내부단속 등을 위한 국내여론을 활용하고 있고 이로 인해 한중 사회문화분야 갈등이 확산되고 있는 측면도 있다. 특히 최근 미중 전략경쟁이 심화되고 있는 추세 속에서 중국 시진핑 지도부는 미국과의 경쟁·갈등에 대비하기 위해 '중국 특색의 사회주의' 이념을 강조하고 공산당 체제의 안정 및 내부 단결을 공고화할 필요성에 직면함에 따라 국내여론을 의식하지 않을 수 없게 되었고, 중국 국민들의 한국과의 사회문화분야 갈등에 지지를 보내고 있는 것이다.

위기관리
관점에서
갈등 해소

한중관계의 내실화 및 실질적 진전을 위해서는 외교안보 사안에 대한 협력 및 경제적 교류의 강화 뿐만 아니라 사회문화분야 갈등이 더 이상 확산되지 않도록 관리하는 것이 필요하다. 이를 위해서는 먼저, 양국 차원에서 상호이해의 저변을 확대하고 신뢰를 구조화하는 노력이 필요하다. 또한 양국 모두가 상대가 직면한 상황과 입장, 그리고 국익에 대한 객관적 이해의 저변을 확대하는 기초 작업에 새롭게 진력할 필요가 있다. 특히 향후 중국이 강대국으로의 부상이 가속화될수록 한국을 이해해야 할 동기는 약화될 가능성이 높다는 것을 감안하여 중국에게 한국을 제대로 이해시키고 알리는 공공외교에 한국이 보다 적극적으로 나설 필요가 있다.

다음으로, 한중 간 사회문화분야 갈등 발생 시 '위기관리' 원칙, 즉 사건 발생 초기에 갈등의 성격에 대한 신속·정확한 규정이 중요하다. 즉, 갈등의 성격상 절대로 양보 불가능한 문제인지, 아니면 초기 판단 오류로 인한 수동적 대응인지 등에 대한 정부 차원의 초기 대응과 판단이 가장 중요하다. 그래야만 협력을 통한 해결 가능성이 높은 문제는 정부 차원의 채널을 즉각 가동할 필요가 있고, 협력을 통해서도 해결 가능성이 낮은 사안(예를 들어 역사·가치 갈등)의 경우에는 실질적인 해결을 추구하기 보다는 중장기적으로 양국관계에 직접적인 영향을 미치지 않도록 관리하는 방안을 고민할 수 있을 것이다.

또한 한중 간 사회문화분야 갈등을 해결하기 위해서는 정부(외교부 등)와 비정부 행위자(지방정부, 언론 등)의 역할을 구분하여 분담하는 것이 중요하다. 특히 사회문화분야 갈등 발생 시 언론이나 국민여론이 첨예화되면 정부는 오히려 국민을 설득하고 여론을 톤다운 시키는 노력을 할 필요성이 있다.

24. 바이든 행정부의 대북정책 입장은 무엇인가?

김재관(전남대학교 정치외교학과 교수)

북한 미사일 도발

최근 북한 미사일 도발은 북미 교착 상태에서 계속 이어지고 있다. 극초음속 미사일까지 포함한 북한의 연이는 미사일 도발에도 불구하고 미국은 초당적 차원에서 대북 해법을 탄력적으로 구사하려는 것으로 보였다. 하지만 북한이 최근 3월 24일 미국까지 도달할 수 있는 화성-17호 대륙간 탄도미사일(ICBM)을 발사함으로써 모라토리움(발사유예)을 파기하는 도발을 서슴치 않고 있어 한미는 인내심의 한계에 도달한 듯하다. 문재인 정부는 트럼프식의 북미 정상 간 top-down식 접근법을 선호했지만, 바이든 대통령은 분명히 이런 접근법을 거부하고 북한의 완전한 비핵화란 원칙 속에서 bottom-up식으로 실무 차원의 협상을 통해 단계적·점진적 해법을 선호하고 있다.

아울러 유엔안보리와 동맹국들의 협조, 특히 한미일 삼각안보 협력을 통해서 북한을 압박하고 있다. 아울러 원칙적으로 북한 인권문제에 대한 분명한 비판적 입장을 견지하려는 태도도 취하고 있다. 우리 정부와 바이든 정부 간에 비핵화 접근법에서 상호 이견이 존재하고 있다. 이견을 좁히면서 해법을 어떻게 찾을 것인가?

세밀히 조정된 실용적 접근법 | 바이든 집권으로 트럼프 식 'top-down' 식 '일괄타결(grand bargaining)'식의 신속처리 해법은 힘들게 되어 최소한 1~2년 내에 북미 교착 상태의 급진전은 어려울 지도 모른다. 바이든 정부는 bottom-up식 대북 정책과 비핵화 원칙주의 및 투명한 사찰 등으로 이어질 것으로 보이기 때문에 북미 교섭은 난항이 예상되고 단기간에 성과를 내기는 힘들 것으로 보인다.

오바마 시대 때 외교 관련 주요 직책을 맡았던 앤서니 블링컨이 국무장관, 제이크 설리반이 국가안보보좌관, 커트 캠벨이 신설된인도·태평양 정책 조정관 직책으로 바이든 정부에서 재기용되어 넓게는 글로벌 차원 뿐만 아니라 좁게는 인도·태평양 지역 및 한반도 문제를 관장하고 있다.

이들은 원칙적으로 북한의 완전한 비핵화와 북한 인권문제 개선을 대북 정책의 핵심 전제 조건으로 내걸고 있다. 이를 위해 2021년 3월 12일 쿼드 정상회담과 3월 중순 미일 외교국방 2+2 회담에서 북한의 완전한 비핵화 핵심 사안으로 합의해 북한, 중국 그리고 한국 측에게 압박하고 있다. 이들의 기본 관점은 오바마 시기의 대북 정책인 소위 '전략적 인내'(strategic patience), 즉 북한체제의 성격에 비춰볼 때, 그 어떤 대북정책도 효과가 없기에 북한 스스로 변할 때까지 미국이 인내하면서 기다리는 정책을 여전히 견지하는 듯한 모양새이다.

이런 한국 측의 우려 속에 다행스럽게도 2021년 5월 21일 한미 정상회담을 앞두고 4월 말에 나온 미국의 '대북정책검토'(North Korea Policy Review)를 보면, 대북 정책에서 한미 간 이견이 상당히 좁혀진 측면이 없지 않다. 북미협상 진전을 위해 미국 측이 의도적으로 북한이 선호하는 '한반도 비핵화' 용어를 사용한 점, 기존의 북한 비핵화에서 CVID라는 원칙주의적 입장에서 한 걸음 물러나 단계적 접근법, '세밀히 조정된 실용적 접근법'(a calibrated, practical approach) 을 구사하겠다는 입장은 주목할 만한 대목이다.

구체적으로 바이든 대통령은 2021년 4월 28일 의회연설에서, "이란과 북한의 핵 프로그램에 대해 미국은 동맹국들과 긴밀히 협력해서 이 두 나라가 직면한 위협에 대해 '외교'(diplomacy)와 '단호한 억지력'(stern deterrence)을 통해 대응할 것"임을 천명했다. 바로 뒤 젠 샤키 백악관 대변인도 4월 30일 언론브리핑에서 "미국은 북한과의 외교에 가능성을 열어두고 외교적 해법을 모색하는 '잘 조정된 실용적인 접근'과 함께, '단호한 억지력' 차원에서 미국과 동맹국 및 실전배치된 군사력의 안전을 강화하는 실질적 진전을 추구할 것"이라는 점을 강조했다.

바이든 정부의 | 미국이 외교적 해법과 동시에 '단호한
한반도 비핵화 | 억지'를 강조하는 이유도 다음 두 가지
해법 | 측면에서 분석이 가능하다. 첫째, 미국
은 북한과 외교적 해법을 통한 협상 타결에 노력하겠지만 북한이 이에 응하지 않고 도발을 감행할 경우 다양한 수단(한미군사훈련, 전략자산 전개, 확장억지력 강화, 한미일 삼각안보협력 강화 등)을 통한 억지 내지 대북제재 이행 강조를 통한 압박을 지속하겠다는 것을 의미이다.

둘째, 미국은 외교적 해법을 통한 한반도 비핵화 추진 과정에

서 제기될 수 있는 동맹국 억지력 약화 우려를 해소하고 동맹국과의 협력을 강화함으로써 궁극적으로 북한도발 뿐만 아니라 역내에서 중국의 부상을 지연 내지 억제하기 위한 의도를 함께 피력한 셈이다.

<그림> 바이든 정부의 한반도 비핵화 해법

대북정책검토 그리고 뒤이은 한미정상회담을 이어지면서 미국이 심지어 한국이 역점을 둔 종전선언마저 수용하는 듯한 전향적인 미국의 태도는 한편으로 북미 교착 상태를 해소하는 데 있어 긍정적인 신호가 아닐 수 없었다. 그럼에도 불구하고 이 검토안은 구체적인 행동계획이 나와 있지 않았다. 결국 한미 간 불협화음과 엇박자가 존재했다는 점을 사후적으로 확인하게 된다.

한 걸음 더 나아가 대북 인권문제에 있어서도 몇 가지 생각해볼 문제가 있다. 요컨대 미국이 대북 인권 문제에 대해 가치 중심의 원칙적인 대북 접근법을 양보하지 않을 것이라는 점을 누차 밝혀왔다. 반면에 문재인 정부는 인권문제의 경우 전략적으로 모호하게 유연한 실용주의적 접근법을 견지한 까닭에 한미 간에 이견이 표출되어왔다.

대북 인권문제
제기

최근 한 심포지움에서 문정인 전 대통령외교안보 특보가 미국이 대북 인권문제를 계속 문제 삼을 경우 북한은 이것을 대북 적대시 정책으로 이해할 것이기 때문에 북미 협상과 비핵화 진전에 난관을 조성할 수 있다고 주장했다. 따라서 문 특보는 미국의 대북 인권문제 제기를 우려하면서 자제할 필요성을 역설한 셈이다.

하지만 이것은 우리만의 요구일 수 있다. 미국 바이든 정부는 대외정책에서 인권과 가치 외교를 여전히 중심에 두고 있다. 예외적으로 인권 이슈에서 북한을 배제하는 것은 미국으로서는 받아들일 수 없다. 왜냐하면 미국은 외교정책의 최우선 순위에 중국에 대한 견제를 가장 중시했다. 바이든 정부는 중국을 압박하기 위해 신장위구르 인권 탄압 및 홍콩 민주주의 탄압 문제 등을 대선 전부터 이슈화했고, 집권과 더불어 한층 더 대대적으로 QUAD 정상회담, EU, G7+3 외교 및 개발장관 회담 등을 통해 중국에 대한 집중 공세를 벌이고 있기 때문이다. 요컨대 대중국 견제정책의 중심에 인권 중시 정책이 놓여 있다.

이러한 미국의 외교정책 기조를 이해 못하고 우리 입장에서 대북 인권 문제에서 미국의 양보를 요구하는 것은 미국의 입장에서 보면 터무니없고 납득하기 힘들 것이다. 따라서 미국은 인권 문제에서 이처럼 일관성을 견지할 가능성이 높다. 인권과 가치외교를 중국과 북한에게 따로 적용하기는 힘들 것이다. 미국 바이든 정부는 한국 문 정부가 대북 인권 문제에서 취해 온 전략적 모호성을 지지하지 않는다. 북미 협상을 위해 대북 인권 비판을 자제하거나 양보하지 않을 것이다. 따라서 미국 외교의 기조인 중국 견제가 압도적인 중요성을 띠기 때문에 대북 인권 비판을 피해가지 않을 것이다.

이런 가운데 미국 조셉 나이 교수나 전략국제문제연구소(CSIS) 좀 햄리 소장과 같은 경우 '원칙적이고 실질적인 북한 비핵화'(a principled and substantive approach to North Korean denuclearization) 접근법을 주문하고 있는데, 좀 더 현실적이고 유연한 대북 접근법을 제안했다는 점에서 주목할 만한 가치가 있어 보인다. 우리 정부의 정책 기조와도 일정 정도 소통할 수 있는 방안이라 판단된다.

몇 가지 핵심적인 원칙들 전향적으로 볼 때 미국은 새로운 주도권을 행사할 수 있음에도 불구하고 가장 효과적인 정책은 아래와 같은 몇 가지 핵심적인 원칙들에서 벗어나서는 안된다고 주장하고 있다. 첫째, 동맹의 목표는 비록 가까운 장래의 전망은 아니라 할지라도 '완전하고도 검증가능하며 불가역적인 비핵화(complete, verifiable, irreversible denuclearization (CVID))' 원칙을 견지하는 것이다. 둘째, 잠정적으로 초점은 북한 핵 프로그램의 진전을 잠정 중지시키고 핵위협을 관리하는 핵동결 정책에 두어져야만 한다. 셋째, 북미협상은 한국과 일본 등 미국 동맹국들의 희생을 초래해서는 안되고, 대신 이들과의 긴밀한 협조와 정책 조정 속에서 이뤄져야만 한다. 넷째, 미국과 유엔안보리 대북제재는 북한의 비핵화 진전이 있는 경우에 한해 제재 완화가 이뤄져야만 하며, 이에 역행하는 방식은 안된다. 다섯째, 북한의 인권 침해 문제를 제기하는 것은 북미 정치 관계 개선에 있어

필수적인 사안이다. 여섯째, 미국은 특히 인도주의적 영역에서 남북 간 포용적 관여 정책을 지지하며, 이런 정책들은 비핵화 협상과 연계되어야 할 것이고 동시에 유엔 대북 제재 조치들과 연계되어야 한다. 일곱째, 중국으로 하여금 북한의 비핵화 과정에서 적극적인 역할을 할 수 있도록 촉구해야 하지만 중국에게 비핵화 정책을 맡겨서는 안된다고 주장하고 있다.[69]

이처럼 북핵 문제를 다룰 수 있는 완전한 접근법은 존재하지 않은 상황에서 우리 역시 6자회담 관련국들과 협의를 거쳐 차선책으로 가용할 수 있는 현실적 해법을 모색할 때이다. 미국도 일부 핵심 전문가들 사이에서 실현 가능한 단계적 접근법에 호응하고 있는 점은 주목할 만하다.

정책전망 | 이 같은 대북 인권 문제가 걸림돌이 되어 북한이 미국의 전향적인 대북 접근법을 수용하지 않을 경우, 교착 상태가 길어질 수 있다. 심지어 오바마 정부 시기의 '전략적 인내'정책과 유사한 대북 정책이 재현되지 않을까 우려된다. 게다가 바이든 정부가 쿼드 정상회담이나 미일 정상회담, G7 외교 및 개발장관 회담에서 중국과 북한을 싸잡아 공격하고 있는데다 최근 우크라이나 전쟁에서 북중이 러시아를 지지하는 입장을 취하고 있어 오히려 북중 간 공조와 단결의 분위기가 더 구체화되고 있다.

---

69) John J. Hamre, Joseph S. Nye & Victor D. Cha, "CSIS Commission on the Korean Peninsula: Recommendations for the U.S.-Korea Alliance," March 2021. pp.16-17.

]2021년은 북중 우호협조 및 상호원조 조약 체결 60주년이었다. 북미 교착상태가 지속되고 있는 상황에서 북한의 미사일 도발이 이어지지만 북중관계는 오히려 강화되는 추세이다. 이런 흐름은 북미 협상과 남북 협상에 냉기류를 조성하고 한국 주도의 한반도평화프로세스가 홀로 공전할 가능성을 높이고 있다. 설상가상으로 우크라이나 사태로 말미암아 북한의 핵무장은 내부적으로 정당화되고 미사일 도발도 계속됨으로써 한반도 평화프로세스에 먹구름이 드리워지고 있다.

'윤석열 정부'가 출범한 지 얼마 지나지 않았지만, 대북정책에서는 이전 정부보다는 더 강경한 노선을 유지할 것으로 보인다. 특히 2022년 5월 한미 정상회담에서도 나타나듯이, 지난 대선 경선 과정에서 윤석열 후보가 밝힌 대북정책과 관련된 공약-즉, '포괄적인 한미동맹'의 기조 위에서 대북 견제를 위한 '확장 억지력' (핵우산)강화, 한미일 삼각안보협력 강화, 대북 강경노선 등-은 지속적으로 추진될 것이라는 점에서,70) 한반도와 동북아 지역의 긴장이 고조될 것으로 우려된다.

---

70) Yoon Suk-yeol, "South Korea Needs to Step Up - The Country's Next President on His Foreign Policy Vision," *Foreign Affairs*, February 8, 2022.

25. 북한 비핵화의 선결 요건은 무엇이어야 하는가?

김재관(전남대학교 정치외교학과 교수)

종전선언
이슈

문재인 대통령이 2021년 유엔 총회 기조 연설에서 종전선언 재추진을 발표한 후 종전선언 이슈가 한동안 현안이 되었다. 우리 정부의 입장에서 보면, 대북 적대시 정책에 반대한다는 미국의 원칙적인 입장보다 현실적으로 대북 체제안전보장이 요구되었고, 북한 비핵화 진전을 위해서는 그 돌파구로서 구속력이 비록 부족하지만 종전선언이 필요했다. 보다 구체적으로 항구적 평화체제 수립을 위한 로드맵으로 먼저 종전선언을 출발점으로 시작해 다음으로 일부 대북 제재완화와 북한 핵동결(잠정합의)의 중간단계를 거쳐 최종적으로 '평화협정체결 북미수교'로 이어지는 3단계 과정이 요구된다.

그러나 2020년 11월 19일의 미 하원에서 '한미동맹 강화' 결의안 통과와 동시에 우리 정부의 요구 사안인 '종전선언' 결의안을 폐기시킴으로써 비핵화 접근법에서 한미 인식의 차이가 큼을 보여주었다. 문대통령이 2021년 9월 21 유엔총회 기조연설에서 종전선언을 제안했지만, 여전히 미국은 북한을 적대시하지 않으며, 외교적 관여를 지속하며, 조건 없이 대화하겠다고 밝히고 있다.

하지만 미국은 종전선언에 대해 구체적인 입장을 내놓지 않고 원론적인 입장만 되풀이 해왔다. 말과 행동이 일치하지 않는 측면이 문제가 되고 있다. 문재인 정부의 '항구적 평화체제' 수립의 첫 단추부터 한미 간에 엇박자를 보인 바 있다는 점에서, 새롭게 출범한 윤석열 정부는 향후 바이든 정부와의 시각 차이를 어떻게 좁힐 것인가?

2.0 버전의   2021년 3월 한미 외교국방 2+2 회담에
'페리-프로세스'   서도 한미 간 대북 접근법의 차이가 뚜
접근법   렷히 부각되어 향후 이러한 인식 차이
                를 어떻게 좁히며 공조할 것인가가 주
요 과제가 되었다. 비핵화 협상 전략에서 '선 비핵화 후 제재해제 보상'과 같은 이상적·원칙적 접근법 보다 북한의 안보 불안을 고려하여 동시병행적·단계적 접근법이 한층 더 현실적이며 실현 가능성이 높다.

그럼 현재 북미 교착 상태를 돌파할 수 있는 방안은 무엇일까? 2.0 버전의 '페리-프로세스' 접근법(3단계 해결 방안, 1999년 10월)도 구상해 볼 수 있을 것이다. 이 방안이 현재 북미 교착 상태를 뚫을 수 있는 보다 현실적인 접근법으로 판단된다. 먼저 1단계로 북한의 미사일 발사 중지와 미국의 대북경제제재를 해제하고, 2단계로 북한의 핵 개발 중단, 미사일 개발을 중단하며, 3단계로 북미관계 정상화, 북일관계 정상화, 한반도 평화체제를 구축하는 것이었다.

그러나 이미 북한이 핵과 미사일을 개발한 상태이므로 '핵 동결'전략부터 시작한 것도 그 하나의 대안일 수 있다. 또한 다자틀을 활용한 비핵화 해법, 가령 오바마 시기 '이란 핵 협정'(JCPOA·포괄적공동행동계획) 타결 방식을 벤치마킹해 적용하는 것도 고려해 볼 만한 사안이다. 이란 핵 합의 시 안보리 상임

(P5) +1(독일) 6자 다자협의 틀이 작동해서 핵 동결 합의를 이끌었듯이 '6자 회담'틀을 활용해 북한 비핵화 협상을 주도하는 것이다.

위에서 언급했듯이 여기서도 북한의 핵심적인 관심사인 체제 안전보장과 경제 및 에너지 지원 등과 같은 것들이 수반되어야 할 것이다. 북미 교착 상태가 바이든 집권 초기에 당장 해결되기 힘든 상황에서 비핵화 과정이 장기화될 수 있으므로 당장 현실적으로 타협 가능한 것은 제한적인 제재완화를 교환조건으로 한 북한의 핵 동결 조치를 단행하는 것이라고 본다. 이 지점에서 협상의 물꼬가 트일 수도 있을 것이다. 요컨대 향후 북한비핵화의 로드맵은 아래와 같은 행보를 그려가야 할 것이다.

<그림> 북한 비핵화 로드맵

	I. 잠정합의 단계 (비핵평화화체제 기반조성)		II. 본합의 단계	
	사전조치 (기실행)	핵활동 동결 (잠정합의)	핵폐기 개시	완전 비핵화: 비핵평화체제 완성
비핵화 조치	핵·미사일 시험 중단, 군사도발 중단	북미 잠정합의 타결, 영변핵시설 폐쇄(핵검증), 핵·미사일 활동 동결, 완전한 비핵화 약속 확인	ICBM 및 핵시설 폐기·검증	CVID 완성-비핵국으로 NPT 복귀, 평화적 핵이용 허용
북미관계	북미정상회담 개최, 한미연합 훈련 중지	제재 일부 완화, 대북적대시 종료 선언, 북미수교 협상 개시, 상호 연락사무소 개설, NSA 제공	제재 일부완화, 북·미 수교 입상, 북·일 수교 입상	북미수교, 제재해제, 유엔사 조정, 주한미군 규모·임무 조정
평화체제		4자 장관회의 개최	평화협정 입상	평화협정 체결
남북관계·군비통제	남북정상회담 개최, 남북 군사합의서, 상호연락사무소	남북기본협정 체결, 인도지원 확대, 남북군사회담, 군비통제	남북 경협 재개(금강산), 남북 FTA 협상 개시	남북 경제공동체, 남북 FTA 가동
경제·인도적 지원		인도·보건 방역지원 제공, 남·북·러, 남·북·중 물류·에너지협의-대북경협 로드맵 제시-핵폐기시 원자력 평화적 이용 지원 약속	북한, AIIB, ADB, 세계은행 가입 추진, 동북아 에너지·수송망 연결, 경수로 공급협상	북한, 국제 금융기구 가입, 개별 지원제공, 북·미 원자력협력, 경수로 제공

출처: 정용수 등, "북 비핵화 동력 살리려면 ''잠정합의'부터 체결을," 『중앙일보』, 2022. 3. 17.

최근 자유아시아방송(RFA)에 따르면 폴 라캐머러 신임 한미 연합사령관 겸 주한미군사령관 지명자는 2021년 5월 18일(현지 시간) 상원 군사위 인준청문회에 출석, '미국과 한국이 북한과는 전쟁을 하지 않겠다는 '종전선언'을 하면 군사적 측면에서 주한 미군의 임무수행 능력이 제한되느냐는 질문에 "그렇게 생각지 않는다"고 답했으며, "미국은 북한을 군사적으로 병합할 의사가 없고 게 바로 미국의 대북 정책이다"고 발언했다.71)

　　미국의 대북 메시지는 한국과 상당히 공감대를 이루는 것 같고 전향적으로 조정된 실용적 접근법을 취하겠다고 밝힌 바 있다. 하지만 구체적이고 실질적인 행보가 나오지 않고 있다. 그리고 문대통령이 그토록 기대했던 종전선언을 2021년 가을 발표한 뒤 미국이 취한 태도, 즉 제이크 설리번 국가안보보좌관 역시 종전선언과 관련하여 순서, 시기, 조건을 둘러싸고 한미 간에 이견이 있을 수 있다고 밝혔다는 점에서 이 선언이 그저 한국 만의 희망적 사고에 그친 채 결실을 거두지 못할 것임을 시사했다.

　　이처럼 비핵화의 첫 관문인 종전선언이 무실화된 상태에다, 최근 우크라이나 전쟁 전후로 북한의 미사일 도발이 계속 되어 모라토리움이 실질적으로 파기된 상황이라 향후 북한 비핵화 과정에서 큰 난항이 예상된다.

---

71) "한미정상회담 앞, 주한미군사령관 지명자 '종전선언' 발언 주목," 『뉴시스』, 2021.5.20.

26. 북한 비핵화 및 북미협상에 대한 중국의 입장은 무엇인가?

김재관(전남대학교 정치외교학과 교수)

미중 전략경쟁이 군사안보분야, 외교분야, 경제분야, 첨단기술 분야, 가치·이데올로기 분야 등 전방위적 차원에서 장기간에 걸쳐 전개될 것으로 전망된다. 등에서 패권 경쟁을 전방위적으로 장기간에 걸쳐서 전개될 것으로 전망된다. 이러한 미중 전략 경쟁이 심화될 경우 중국의 한반도(남북한) 정책은 크게 요동칠 가능성이 높다. 급변하는 국제정세의 변화, 그리고 미중 전략경쟁이 치열하게 전개되는 상황 속에서 중국의 대한반도 관련 정책은 어떤 변화와 추이를 보일 것인가?

동북아와 한반도의 안정과 평화 | 중국이 위대한 중화민족의 부흥을 이루기 위한 '중국의 꿈'인 '두 개의 백년' 목표를 달성하려면 미중관계의 안정화 뿐만 아니라 동북아의 안정과 평화가 필수적이다. 이를 위해 이제까지 중국은 한반도 문제와 관련하여 공식적으로 일관되게 3가지 원칙을 견지해왔다. 첫째, 한반도의 안정과 평화; 둘째, '한반도의 비핵화' 달성; 셋째, 대화와 협상을 통한 분쟁 및 갈등 해결이 바로 그것이다. 여기에 추가된 암묵적인 비공식적 원칙이 있다면, 한반도에 대한 영향력 유지 및 확대이다. 이러한 세 가지 원칙에 기반한 한반도 정책 추진에서 주목

할 만한 점은 평창 올림픽 이후 남북 및 북미관계가 급변하는 상황 속에서 중국이 한반도 문제에서 주변화되는 것, 소위 '패싱 차이나'(Passing China)을 막기 위해 한동안 경색되었던 북중 관계를 급속히 복원시키면서 북중 밀월관계를 다시 회복한 점이다.

쌍중단(双暂停) 과 쌍궤병행 (双轨并行)

아울러 중국은 2017년 북미 간 일촉즉발의 충돌을 막고 북한비핵화와 북미관계의 개선을 위한 정책 제안 로드맵을 제시한 바 있다. 요컨대 한미 합동군사훈련 중단과 북한의 핵·미사일 실험의 동시 중단인 '쌍중단'(双暂停)과 한반도 비핵화와 북미평화협정 논의의 동시병행 추진인 '쌍궤병행'(双轨并行)을 제기했다. 러시아도 중국과 같은 입장이었다. 이 중국의 제안대로 한시적으로 쌍중단이 이뤄져 2018년 6.12일 제 1차 싱가포르 북미 정상회담은 성공적으로 진행될 듯이 보였다.

교착 상태에 빠진 북미관계

싱가포르 정상회담 다음날인 6월 13일자 노동신문에서는 "미합중국 대통령은 조미사이에 선의의 대화가 진행되는 동안 조선측이 도발로 간주하는 미국-남조선합동군사연습을 중지하며 조선민주주의인민공화국에 대한 안전담보를 제공하고 대화와 협상을 통한 관계개선이 진척되는데 따라 대조선제재를 해제할 수 있다는 의향을 표명하였다", 또한 "조미수뇌분들께서는 조선반도의 평화와 안정, 조선반도의 비핵화를 이룩해나가는 과정에서 단계별, 동시행동원칙을 준수하는 것이 중요하다는데 대하여 인식을 같이하시셨다"라고 보도되었다.

하지만 제 2차 하노이 북미정상회담이 결렬되면서 북미관계는 계속 교착 상태에 빠진 채 대북 제재가 지속되면서 북한은 체제 유지에 어려움을 겪을 수 밖에 없었다. 이 상황에서 중국은 북한의 비핵화 문제에서 대북 압박 보다 오히려 북한 체제의 유지에 더 신경을 쓰면서 유엔 안보리 대북제재 및 미국의 독자적 대북제재에서도 소극적인 협조 자세로 일관했다. 심지어 비핵화를 앞당기기 위해서는 북한의 요구대로 오히려 대북제재 완화가 필요하다는 점을 국제사회에 부각시켰다. 이 입장에 러시아도 동참했으며, 한국 정부 역시 대북제재를 완화하는 쪽으로 정책 방향을 잡기도 했다. 이처럼 중국은 결과적으로 북한의 비핵화 진전을 지연시키면서 결국 북한으로 하여금 핵과 미사일을 모두 개발하고 분단체제를 고착화시키는 결과를 낳게 했다.

| 북한 비핵화와 인권문제 | 바이든 정부는 2021년 3월 중순 쿼드 정상 회담, 미일 및 한미 외교국방 2+2 회담, G7+3 외교 및 개발장관 회담을 통해서 미국은 중국에 대한 강경 비판과 함 |

께 대북정책에서도 북한의 완전한 비핵화와 북한 인권문제를 공식적으로 거론했다. 이런 흐름과 대조적으로 2021년 4월말에 나온 바이든 정부의 '대북정책검토'는 단계적으로 잘 조정된 실용적 대북 접근법(외교적 접근법)과 '단호한 억지' 접근법을 함께 담고 있다. 이같은 미국의 전향적인 대북 정책의 변화에도 불구

하고 만약 북한이 이를 수용하지 않고 도발을 이어갈 경우, 쉽게 북미 교착 상태가 풀리기 힘들 것이라는 전망도 나왔다. 이럴 경우 오바마 정부의 대북 정책이었던 '전략적 인내' 2.0 버전이 추진될 수도 있어 우리 정부의 한반도 평화프로세스가 난항을 거듭할지도 모른다는 관측과 우려도 나오고 있다.

게다가 '대북정책검토'가 나오기 전 미국의 이런 대중국 및 대북 강경태도에 맞서 시진핑 주석과 김정은 국무위원장은 친서교환을 통해 강력히 미국을 규탄하며 북중 간 단결을 강화해나가기로 했다. 이처럼 중국은 미중 패권경쟁이 지속되는 과정에서 전략적 자산인 북한 체제를 완충지대로서 계속 지지와 연대를 과시하면서 북한 비핵화 진전보다 북한체제의 유지를 더 우선시하면서 북핵-북한 투트랙 차별 접근법을 추진할 것으로 보인다. 바이든 정부가 북한 비핵화, 한반도 비핵화 과정에서 중국과 러시아의 협조와 협력을 요구할 것이라고 하지만 미중 전략경쟁이 심화되고 있고, 설상가상으로 우크라이나 전쟁의 파급력이 확산되는 상황에서 강대국 간 협력이 쉽게 이루어질지 미지수이다.

이번 우크라이나 전쟁의 소용돌이 속에서 중국의 대북 정책의 기조가 분명히 피력되었다. 즉 중국 왕이(王毅) 외교담당 국무위원 겸 외교부장은 2022년 3월 7일 오후 베이징 인민대회당에서 열린 전국인민대표대회(전인대) 외교 관련 기자회견에서 "한반도 문제의 뿌리는 북한이 직면한 외부의 안보 위협이 장기간 해소되지 않았고 북한의 정당한 안보 우려가 근본적으로 해결되지 않았다는 것"이라고 말했다. 아울러 그는 "쌍궤병진(비핵화와 평화협정을 병행 추진) 사고방식과 북한이 핵실험과 미사일 발사를 중단하면 미국과 유엔이 대북 제재를 점진적으로 완화한다는

단계적 동시 조치 원칙에 따라 한반도 문제의 정치적 해결을 지속 추진해야 한다"고 주장했다.[72]

이처럼 중국은 북미 교착 상태 속에서 북한 비핵화 나아가 한반도 비핵화를 이루는 과정에서 '쌍중단, 쌍궤병행' 방침에 따라 일단 먼저 대북제재 완화를 통해 단계적 동시 조치가 필요하다고 강조하고 있다. 이 입장은 중국과 러시아의 기본 입장이기도 하다. 동시에 북한의 입장과도 일치하는 관점이다.

따라서 미중 전략경쟁이 장기화 심화될 경우 중국은 북한을 '전략적 부담' 지역이 아니라 오히려 '전략적 자산', 즉 완충지대 (buffer zone)로서 핵과 미사일 보유한 북한을 전략적으로 유지 보호함으로써 이를 대미 지렛대, 대미 전초기지로 활용할 가능성이 높다. 결국 중국은 미중 전략경쟁이 심화되는 상황 속에서 북미교착상태가 이어지면 북한을 대리전의 전초기지로 삼아 한반도분단의 현상유지를 더 선호할 것으로 보인다.

---

72) "北, 中왕이 입 빌려 "美, 대조선 적대시 정책 철회해야","『뉴시스』, 2022.3.15.

미중 전략경쟁시대 한국의 대외전략 51문답

27. 중국은 왜 북한 핵보유는 반대하면서 대북제재에는 소극적인가?

신종호(통일연구원 선임연구위원)

중국은 왜 북핵 불용을 외치면서도 대북제재에는 여전히 소극적인가? 중국은 왜 한국의 전략적 가치를 높게 평가하면서도 한국을 외교·안보적으로 압박하는가? '북·중 관계 조정'과 '한·중 관계 발전'을 동시에 도모하고 있는 중국의 진짜 속내는 도대체 어떤 계산에서 나오는 것일까? 그 해답은 중국의 대외전략 변화와 한반도 정책의 딜레마에서 찾을 수 있다.[73)]

중국의 대외전략 변화와 한반도

개혁·개방 이후 중국은 '경제발전을 위한 평화롭고 안정적인 주변 환경 조성'을 대외전략 기조로 설정해왔다. 중국 지도부는 주변 정세가 불안정하면 경제 발전이라는 목표를 달성하기 어렵다고 인식한 것이다. 하지만 2021년말 시진핑(習近平) 지도부 출범 이후 중국은 기존의 '평화발전(和平發展)' 기조는 유지함과 동시에 자국의 국제적 지위에 부합하는 핵심이익(core interests)은 절대로 포기하지 않을 것이라는 점을 강조하기 시작했다.

시진핑 지도부 출범 이후 중국의 대외전략이 변화하게 된 배

---

73) 아래 내용은 신종호, "중국은 왜 북핵 반대하면서 대북제재에는 소극적인가," 『중앙일보』, 2016.10.12. 참조하여 재작성되었다.

경에는 개혁개방 이후 '중국의 부상'에 따른 중국의 국제적 위상 제고 및 영향력 증대가 중요한 역할을 하고 있다. 시진핑 국가주석이 제시한 '중화민족의 위대한 부흥'이라는 '중국꿈(中國夢)'을 실현하기 위해서는 동아시아 지역을 넘어 글로벌 차원의 영향력을 확보해야 하기 때문이다. 이러한 이유로 인해 시진핑 지도부는 이전보다 더 적극적이고 자신감 넘치는 외교정책을 추진함으로써, 미국이 주도하는 전 세계적인 질서에 도전하지는 않겠지만 적어도 역내에서만큼은 '중국의 부상'에 부합하는 위상과 영향력을 갖겠다는 인식을 갖고 있다.

하지만 시진핑 시기 중국의 대외전략 변화가 직면하고 있는 가장 큰 문제는 패권국 미국의 집요한 견제와 압박이다. 중국은 오바마 행정부가 과거 아시아에서 누렸던 지위를 회복하고자 소위 '재균형(rebalancing) 전략'을 추진하면서 미·일 동맹을 대폭 강화함으로써 중국을 봉쇄하려 한다는 의구심을 갖고 있었고, 이러한 현상이 트럼프 행정부 시기에 좀 더 강경한 형태로 나타났으며, 바이든 행정부 출범 이후에도 지속될 것으로 인식하고 있다. 이와 같은 미중 간 뿌리 깊은 상호 '전략적 불신(strategic distrust)'이 여전히 지속되고 있는 상황에서 미중 전략경쟁이 심화되고 북핵·북한문제가 결합되면서 시진핑의 대외전략과 한반도 정책에 커다란 영향을 주고 있는 것이다.

중국의
한반도 정책
3원칙 + @

중국의 한반도 정책은 크게 3가지 원칙을 갖고 있으며 오랫동안 일관성을 유지해왔다. 즉, '한반도의 평화와 안정 유지' '한반도의 비핵화 실현' '대화와 협상을 통한 문제 해결'이다. 이중에서 '한반도의 평화와 안정'이 가장 중요한 원칙이자 목표이며, '한반도의 비핵화' 역시 중요한 목표라고 할 수 있다. 그리고 '대화와 협상을 통한 문제 해결'은 이러한 목표를 실현하기 위한 수단이자 원칙이라고 할 수 있다.

중국의 한반도 정책의 3원칙 이외에 새롭게 주목할 필요가 있는 것이 바로 소위 '제4의 원칙'이라고 할 수 있는 '한반도에 대한 영향력 유지 및 확대'이다. 실제로 중국은 한반도를 자신들의 영향력 확장을 위한 '전략적 요충지'로 인식하고 있고, 이러한 이유로 인해 북한과 전통적인 우호협력관계를 유지하면서도 한국과는 전략적 협력동반자관계를 강화하고자 하는 것이다.

중국 지도부는 오랫동안 한반도 문제를 미중관계의 하부구조로 인식해왔다. 중국 입장에서는 동아시아 및 글로벌 차원에서 전개되고 있는 미중 전략경쟁의 심화로 인해 한반도가 평화발전과 핵심이익 수호를 위해 평화와 안정을 유지해야 할 대상이자 미국과의 역내 영향력 확대 경쟁을 위한 전초기지로 인식하고 있는 것이다. 예를 들어, 중국은 오랫동안 북한의 핵보유에 반대해왔고, 2013년 3차 북핵실험 이후에는 국제사회의 대북제재에도 동참하기 시작했다. 하지만 중국은 북한 체제의 안정을 위협하는 수준의 대북제재에는 거부 의사를 밝혔다. 한·미 주도로 이뤄지는 대북 압박으로 인해 북한 정권이 붕괴할 경우 미국과의 역내 영향력 확대 경쟁에서 불리한 입장에 설 수 있다고 판단하기 때문이다.

중국의
한반도 딜레마 | 한반도에 대한 3원칙 이외에 '영향력 유지 및 확대'를 중시하고 있는 중국 입장에서는 현존 패권국 미국과의 전략경쟁에 대비하여 미국의 역내 영향력을 약화시키는 게 중요하다. 이를 위해 중국은 남북한 모두와의 관계를 '유지' 또는 '관리'해야 하는 딜레마가 있고, 이것이 바로 중국 지도부가 '북중관계 조정'과 '한중관계 발전'을 동시에 중시하는 이유이기도 하다.

먼저, '북중관계의 조정'은 양국이 혈맹 관계를 기반으로 한 '특수관계'인지 아니면 국가 이익에 기반한 '정상국가관계'인지가 핵심이다. 2013년 북한이 제3차 핵실험을 단행한 이후 중국 외교부는 대북제재 결의에 적극적인 태도를 보이면서 북·중 관계를 '일반 국가 대 국가 관계'로 지칭하기도 했다. 하지만 북중 관계를 정상국가관계라 단정하기도 어렵다. 2015년 시진핑은 북한을 방문한 류윈산(劉雲山) 정치국 상무위원을 통해 북한 김정은에게 친서를 보냈고, 당시 중국은 북한의 핵무기 보유를 반대하며 북핵 문제 해결을 위한 6자회담의 재개를 희망하지만 북한을 결코 포기하지는 않을 것이라는 점을 분명히 밝혔다. 이를 통해 중국은 한반도 문제와 관련해 자신들의 전략적 이익이 침해받거나 역내에서 전략적 균형이 훼손됐다고 인식할 경우 언제든지 북한 문제를 전략적 지렛대로 활용해 자국의 역내 영향력 확대에 이용하려 한다. 상황에 따라 특수 관계와 정상 국가 관계 사이를 오가며 북중관계를 조정하려는 중국의 속내가 읽히는 대목이다.

이러한 현상은 2018년 시진핑 2기 지도부 출범 이후 북한과의 관계에서도 그대로 반영되고 있다. 즉, 총 다섯 차례의 정상회담을 통해 전통적 우호협력관계를 회복한 북중관계는 경제협력과 외부요인(특히 미국)에 대한 공동 대응을 위해 전략적으로 협력하면서 일종의 '특수관계'가 어느 정도 지속되고 있지만, 북한이 핵 고도화를 실현하고 있고 북중 간 상호 전략적 신뢰가 예전만 못하다는 점에서 언제든지 '정상국가'로 돌아갈 가능성도 남아 있다.

'한중관계 발전'은 2008년 한중 전략적협력동반자관계 형성 이후 한동안 지속되었으며, 박근혜-시진핑 시기에는 한중관계가 역대 최고 수준에 도달했다는 평가를 받으며 한국이 중국에 기울었다는 '중국경사론(中國傾斜論)'이란 신조어마저 제기된 적이 있다. 하지만 북핵과 북한 문제, 한·미 동맹, 통일 문제 등에서 한·중 간에는 여전히 적지 않은 인식 차이가 존재하고, 특히 2016년부터 시작된 주한미군의 고고도미사일방어(THAAD·사드) 체계 배치 결정 이후 중국은 강렬하게 반발함과 동시에 한국에 대한 경제보복을 행사한 바 있다.

최근 미중 전략경쟁이 심화되고 바이든 행정부의 다자주의 강화 및 동맹 재구축 정책이 강화되면서 한중관계의 발전 공간이 제약을 받을수 있다는 우려가 제기되고 있다. 그럼에도 불구하고 중국이 한국에 완전히 등을 돌리기는 쉽지 않다. 중국외교에서 한국의 전략적 가치가 증대되었고, 미중 전략경쟁 추세 심화, 중일 갈등, 남중국해 문제 등과 같은 다양한 역내 현안을 감안할 때 한국과의 관계를 계속 심화 발전시키는 것이 중국에 유리하기 때문이다. 결국 중국은 북한의 추가적인 핵·미사일 도발에는 강력히 대처하고, 한반도 비핵화를 위한 역할을 끊임없이 추구하는 과정을 역내 영향력을 강화하는 계기로 삼을 가능성이 크다.

| 과도한 '중국역할론' 경계 및 한국의 주도적 역할 모색 필요 | 시진핑 집권 이래 중국에서 한국의 전략적 중요성이 증대됐지만 사드 배치 결정 이후 한중 간 신뢰는 큰 상처를 입었다. 북중 관계 역시 김정은-시진핑 시기 들어 북핵 문제로 인해 소원해졌지만 양국은 각자의 이익에 따라 관계 개 |

선을 모색하는 패턴을 유지하고 있고, 특히 '미국요인'으로 인한 북중관계의 전략적 협력은 강화되고 있다.

북핵·북한 문제를 둘러싸고 한미와 중국의 셈법에 차이가 나타나는 이유는 중국이 한반도 문제를 미중 간 전략경쟁 관계의 하위구조로 인식하기 때문이다. 이런 상황에서는 '중국의 역할'을 과도하게 기대하기는 어렵다. 오히려 우리가 대북·통일 정책에 대한 장기적 비전을 마련해 중국에 제시함으로써 한반도 문제 해결의 주도권을 확보하려는 노력이 절실히 요구된다.

따라서 대북제재의 목표에 대한 중국과 한미의 입장을 조율해 우리 주도로 북한의 변화를 유도할 필요가 있다. 한·미·중 3각 협력의 범위를 북핵 문제에 우선적으로 적용함으로써 대북 압박 조치를 마련하되, 북미 관계 개선과 같은 외교적 조치도 동시에 제시해야 한다. 한국의 전략적 가치를 높이는 방안도 마련돼야 한다. 한중 간 신뢰 강화를 위한 노력과 함께 동아시아 다자협력에도 적극 참여함으로써 중국의 지역 전략에서 한국이 매우 중요하다는 점을 인식시켜야 한다.

28. 한국외교에서 중국이 갖는 지정학적·지경학적 의미는 무엇인가?

김재관(전남대학교 정치외교학과 교수)

한국 외교에서 중국의 전략적 가치와 중요성은 크게 한중 관계의 지정학적·지경학적 특수성에 비롯된다. 우리에게 중국의 지정학적·전략적 함의는 무엇인가?

중국은 한반도의 중요한 전략적 협력 파트너이자 역내 안정자 역할

첫째, 중국은 지정학적 관점에서 한반도의 중요한 전략적 협력 파트너이자 역내 안정자 역할을 담당하고 있다. 중국이 탈냉전 이래 그동안 견지해온 한반도 정책의 3대 원칙인 한반도의 안정과 평화, 한반도 비핵화, 대화와 협상을 통한 한반도 문제의 평화적 해결을 주창해왔다는 점에서 큰 틀에서 우리와 큰 차이가 없다. 한반도의 평화를 지지한다는 점에서 한 배를 탄 가장 중요한 전략적 파트너인 셈이다. 특히 북중관계의 특수성에 비춰 볼 때, 북한 비핵화 과정, 한반도의 항구적 평화 체제 수립과정에서 적극적인 지지세력이기도 하다. 때문에 오랫동안 6자회담 주재국 역할도 마다하지 않았다. 더욱이 중국은 우리와 같은 분단국가로서 한반도의 통일에도 우호적인 세력이라 할 수 있다.

둘째, 지경학적 관점에서도 한국이 중국의 제3위 교역국이라면 중국은 한국의 최대 교역국가로서 한국의 지속 성장에 있어 결정적인 전략적 파트너이다. 2021년 한중 무역 규모는 3.000억 달러에 달해 한미·한일·한EU 무역 합계와 맞먹는 수준이다. 한 중 교역에서 한국의 대중국 수출은 26%, 수입 21%에 달해 한국 의 대중국 무역 의존도는 거의 25%에 육박한다는 점에서 매우 심각한 상황이다. 따라서 경제 안보 차원에서 무역을 다각화할 필요성이 지적되어왔다. 그 이유는 무엇보다 한국이 미중 패권 경쟁에 연루되어 한중 갈등이 조성될 시 중국은 효과적으로'지 경학적 수단'을 활용하여 한국을 압박해왔기 때문이다. 구체적 으로 사례로 2000년 6월의 마늘 분쟁과 2016년 사드 보복이 단적 인 경제보복의 구체적 예증이라 할 수 있다.

화이부동 (和而不同)', '구동존이 (求同存異)

그럼 한국은 한중 관계의 지정학적 및 지경학적 특수성을 고려하여 대 중국 외교에서 어떤 원칙과 태도를 견지할 것인가?

'화이부동(和而不同)', '구동존이(求同 存異)의 관점에서 대중국 외교를 추진할 필요가 있다. 중국이 한국에 차지하는 전략적 가치와 중요성은 더 말할 나위가 없으나 중국은 사회주의 체제이기 때문에 우리 와 정체성의 차이가 분명 존재한다. 따라서 앞 서두에서 언급한 '다원주의적 국제주의', '자유주의적 국제주의' 이념과 5가지 외 교 원칙에 입각하여 대 중국 외교 정책을 결정하고 추진하면 된 다. 우리가 견지하는 자유 민주주의 체제의 정체성, 민주주의, 인권, 시장경제, 자유무역, 국제규범 준수 등에 대해 중국으로부터 존중을 받는 것과 마찬가지로 우리 역시 중국의 주권을 침해할 소지가 있는 문제, 가령 내정 간섭에 속한다고 볼 수 있는 중국 내 소수민족 문제, 홍콩, 대만 문제의 경우 사안별로 신중하게 '전략적 모호성'(Strategic ambiguity)과 '전략적 유연성'을 견지하여 원칙있는 실리 외교를 추진할 필요가 있다. 구체적으로 대만 문제의 경우 '하나의 중국' 원칙을 지지하고, 홍콩 문제의 경우 '일국양제'(一國兩制)의 원칙 하에 평화적인 문제 해결을 지지하며, 중국 내 소수민족 분규의 경우 내정불간섭 원칙에 따라 신중하게 언급을 조절·자제하는 것이 바람직하다.

최근 미국의 조셉 나이(Joseph S. Nye)와 같은 일급 외교 전문가들은 한국의 대중국 '전략적 모호성' 정책이 오히려 한미 핵심 동맹을 흔들면서 중국에 대한 한국 측의 취약성을 증가시킬 뿐이며, '고비용-저이득의 시나리오'(a high-cost, low-benefits scenario) 일뿐이라고 비판하고 있다.74) 하지만 이것은 미국의 입장일 뿐이다. 우리는 우리의 길과 선택이 따로 있다. 동맹에 연루된 채 중국과의 현실적인 지정학적·지경학적 실리관계를 잃을 순 없다.

---

74) John J. Hamre, Joseph S. Nye & Victor D. Cha, "CSIS Commission on the Korean Peninsula: Recommendations for the U.S.-Korea Alliance," March 2021, p.14.

29. 한국 신정부 출범 이후 한중 협력은 어떻게 이루어져야 하는가?[75]

신종호(통일연구원 선임연구위원)

한국의 제20대 대통령 선거 결과 '윤석열 정부'가 출범함에 따라, 신정부의 대외정책 방향에 대한 대내외적인 관심이 높다. 특히 올해가 한중 수교 30년을 맞이하는 해라는 점에서, 신정부의 대중국정책에 대한 관심도 높다. 윤석열 대통령은 지난 대선 선거기간 동안 한미동맹을 우선시하고 한미일 3국 안보협력을 강조했으며 특히 쿼드 가입과 사드 추가 배치 가능성도 언급하는 등 전반적으로 중국에 대해 비호감적 태도를 보여주었다. 이를 감안할 때 한국 신정부는 한미동맹 강화를 지속적으로 강조하겠지만 대중정책 만큼은 어떤 형태로든 변화 가능성이 높다. 특히 2022년 현재 한국의 대외정책 추진환경이 우호적이지 않다는 점에서, 향후 한중 협력이 순탄치 않을 가능성을 보여준다.

대외정책 추진환경	2022년 5월 출범한 신정부의 대외정책 추진환경은 다양한 차원(level)의 기회·위협요인이 병존하지만 위협요인이 더

---

75) 한국 신정부의 대중국정책에 대해서는 신종호, "한중관계 30년 평가와 한국 신정부의 대중국정책 전망," 『국가전략』, 제28권 2호(2022), pp.7-34; 신종호, "한국 학자의 시각: 한국 신정부의 대중(對中) 정책 추진 환경과 정책방향," 『성균차이나브리프』 63호, pp.81-85 등을 참조하여 재작성하였다.

강하게 작동될 가능성이 크다.

　첫째, 미중 전략경쟁으로 대표되는 국제질서 변화라는 구조적 차원에서는 위협요인이 더 강하게 작동될 것이다. 소위 '미국요인'은 한중 수교 이후 양국관계에 영향을 미치는 최대 위협요인으로 작용해 왔고, 최근 러시아의 우크라이나 침공과 그에 따른 국제질서 구조 변화의 가능성 역시 한중 양국 모두에게 전략적 고민을 안겨줄 것이다. 특히 최근 심화되고 있는 미중 전략경쟁이 좀 더 많은 분야로 확대되고 '장기화' 추세를 보일 가능성이 높은 상황에서, 한국 신정부가 미국과의 협력을 통해 한미동맹 중시와 한미일 3국 안보협력 강화 및 쿼드 가입 검토 등을 대외 정책 기조로 전면에 내세운다면 한중 협력의 진전을 제약하는 요인으로 작용할 수도 있다. 2022년 5월 한미 정상회담은 이러한 우려가 현실로 드러날 가능성을 보여주었다.

　둘째, 동아시아와 한반도 차원에서 전개되고 있는 각국의 각자도생 대외정책과 미중의 '세력권(영향권)' 확대 경쟁 역시 한중 협력을 제약하는 요인이 될 수 있다. 즉, 미국의 인도·태평양 전략과 QUAD, 최근 증가하고 있는 중국과 러시아의 대만·한국 등에 대한 방공식별구역 침범, 호주·영국·미국 3국 안보협의체(AUKUS)로 대표되는 역내 군비경쟁 양상, 대만·남중국해 문제를 둘러싼 미중 간 영향력 경쟁, 북한의 ICBM 발사로 대표되는 핵·미사일 도발 재개 등이 대표적이다. 특히 최근 북중 간 전통적 우호협력이 강화되고 있는 추세하에서, 윤석열 대통령이 대선 기간 동안 언급했던 발언-'대북 선제 타격론', 사드 추가 배치 등-이 정책에 그대로 반영될 경우에는 한중관계는 물론 남북관계에도 부정적인 영향을 미칠 가능성이 크다.

셋째, 중국과 한국의 '국가정체성' 변화도 양국 협력과 미래 발전을 제약하는 새로운 요인으로 작용할 것이다. 한중관계는 수교 당시 '우호협력관계'에서 시작하여 '21세기 협력동반자관계'와 '전면적 협력동반자관계'를 거쳐 2008년에 '전략적 협력동반자관계'로 발전해왔으나, 상호 신뢰 부족 등 다양한 영향요인으로 인해 실질적진전이 더디게 진행되어왔다. 이러한 상황에서, 중국과 한국의 격상된 국제적 지위와 영향력은 양국관계 발전을 제약하는 새로운 요인이 되고 있다. 특히 중국의 '강대국 정체성'이 시간이 흐를수록 대외정책에 더 강하게 표출되고 있다는 점에서, 올해 하반기 제20차 당대회 및 내년 '시진핑 3기' 지도부 출범을 계기로 중국의 공세적 대외정책이 한반도정책에 투영될 경우에는 한중관계에도 부정적인 영향을 줄 수 있다. 한국 역시 2021년 '선진국'으로 지위가 격상되고 국제사회에서 더 많은 영향력을 발휘하고 있는 상황에서, 당선인이 강조하는 새로운 대중정책 기조, 즉 "상호존중과 협력에 기초한 당당한 대중외교 구현"를 실천하는 과정에서 중국의 반응 여하에 따라 한중 간 마찰이나 이견이 다양한 분야에서 동시다발적으로 발생할 가능성도 배제할 수 없다.

넷째, 중국과 한국의 국내적 요인 역시 양국관계의 발전을 저해하는 요인으로 작용해왔고, 한국 신정부 출범 이후에도 이러한 경향성은 유지될 가능성이 높다. 한중 사회문화 갈등의 대표적인 사례로는 2000년 마늘분쟁, 2005년 김치파동, 2001년 시작된 동북공정 관련 역사분쟁, 최근 문화유산(단오, 서원 등)을 둘러싼 갈등, 그리고 2022년 베이징동계올림픽 판정 논란으로 표출된 민족주의 정서 등이 있다. 수교 이후 한중 사회문화적 갈등이 여전히 지속되고 갈수록 악화되는 중요한 이유 중 하나가 양국 경제협력의 비약적인 발전에도 불구하고 사회문화적 갈등을 해결하려는 노력보다 일시적으로 봉합하는 시도가 많았기 때문이다. 따라서 향후 이러한 사회문화적 갈등 해소를 위한 근본적인 해결 혹은 관리 방안이 마련되지 않을 경우 한국 신정부의 대중정책은 초기부터 난관에 봉착할 가능성이 있다.

신정부의	대선 기간 동안 '정권교체'를 기치로 내
대중정책 방향	걸었던 윤석열 대통령 입장에서는 기본

적으로 전임정부의 대중국정책 기조에 대해 비판적인 입장을 견지할 가능성이 크다. 하지만 최근 우리의 대중국정책 추진환경이 그다지 우호적이지 않다는 점에서, 그리고 최근 몇 년 간 악화되고 있는 양국의 국민 정서 등을 고려할 때, 신정부의 대중국정책은 급격한 변화보다는 점진적이고 단계적인 발전을 모색하는 방향으로 추진될 필요가 있다.

첫째, 신정부의 대중정책은 임기 내에 단기적으로 '성과'를 창출해야 하는 사안과 중장기적으로 '관리'해야 할 사안으로 구분하여 단계적으로 접근할 필요가 있다. 윤석열 대통령이 대선 기간 동안 언급했던 중국 관련 정책은 향후 실제로 정책을 입안하고 추진하는 과정에서 우리의 국익에 기반하여 정책의 목표와 실현 가능성 그리고 관련국 반응과 같은 파급영향 등을 종합적으로 고려하여 우선순위를 정해야 한다. 현재 한중 간 당면 현안에 대해서는 다양한 형식의 채널을 가동하여 선제적으로 파악할 필요가 있다. 또한 미중 전략경쟁이라는 구조적 차원과 동아시아·한반도라는 지역적 차원, 그리고 한중 양국의 국내적 차원에서 상호 연계되어 있는 다양한 리스크에 대해서는 중장기적으로 '관리'할 수 있는 방안을 마련해야 한다.

둘째, 미중 전략경쟁과 러시아의 우크라이나 침공 등으로 대표되는 글로벌·지역적 차원의 리스크가 한반도에 미치는 영향을 최소화하고 한국의 전략적 자율성을 높이기 위해서는 전략적 명확성을 견지해야 할 사안과 전략적 모호성을 유지해야 할 사안에 대한 구분이 필요하다. 그리고 이러한 구분의 기준은 당연히 우리의 정체성과 국익이 되어야 할 것이다. 예를 들어, 한국의 '국가정체성'에 해당하거나 경제적 실익이 명확한 사안에 대해서는 우리의 입장과 원칙을 명확하게 밝히는 전략적 명확성 태세를 견지할 필요가 있으며, 이러한 전략적 명확성 표명은 미국과 중국을 포함한 모든 나라에게 공통적으로 적용될 필요가 있다. 하지만, 당면한 정세 변동 가능성이 매우 크거나 상황의 불확실성이 높은 경우, 그리고 중국을 군사적으로 명확하게 겨냥하는 사안에 대해서는 일정기간 동안 전략적 모호성 태세를 유지하는 것도 방법이다.

셋째, 그동안 한중 전략적 협력동반자관계의 실질적 진전을 가로막았던 '정치적 신뢰 부족'의 문제를 해결하기 위해서는 기존의 한중 전략대화 채널-청와대 국가안보실장과 중국외교담당 국무위원 간 고위전략대화, 외교장관 간 외교안보대화, 국책연구기관 합동전략대화, 정당간 정책대화 등-을 재가동하고 이를 정례화할 필요가 있다.

넷째, 한중 사회문화 갈등 해소 및 위기관리 방안을 마련해야 한다. 사회문화 분야에서의 갈등은 국가 간 관계가 발전하는 과정에서 자연스럽게 나타날 수 있는 사안이지만, 표출된 갈등을 일시적으로 봉합하기보다는 갈등 발생의 원인을 파악하고 중장기적으로 위기관리 차원에서 관리할 수 있는 방안을 마련하는 것이 중요하다. 이를 위해서는 한중 사회문화 분야에서 나타나는 갈등의 성격이 우리의 정체성에 해당하는 절대 양보 불가한 문제인지, 아니면 협력과 소통을 통해 해결할 가능성이 있는 문제인지 등에 대한 판단이 필요하다. 만약 협력을 통한 해결 가능성이 높은 문제는 정부 차원에서 즉각적인 소통 채널을 가동하고, 협력을 통한 해결 가능성이 낮은 문제에 대해서는 실질적인 해결을 추구하기보다는 중장기적으로 양국관계에 직접적인 영향을 미치지 않도록 관리할 수 있는 방안을 마련해야 한다.

30. 신북방·신남방 정책을 지속적으로 추진해야 하나?

신종호(통일연구원 선임연구위원)

역대 정부는 한반도의 평화와 통일을 위한 우호적인 국제환경을 조성하기 위해 동북아 혹은 동아시아 국가들과의 관계를 중시하기 시작했으며, 지역 다자협력을 위한 다양한 구상을 제시했다. 역대 정부의 지역정책을 계승한 신북방·신남방 정책은 '동북아 플러스 책임공동체'라는 문재인 정부의 국정과제를 실현하기 위한 핵심정책 중 하나였다.

2022년 5월 '윤석열 정부'가 출범하면서 전임 정부의 대외정책에 대한 검토와 재구성이 이루어질 것이고, 신북방·신남방 정책도 예외는 아닐 것이다. 하지만 그동안 한국이 견지해온 동아시아 정책의 지속성을 유지하는 차원에서 뿐만 아니라, '신흥선진국'으로 도약하고 있는 한국의 대내외 정책적 수요에 부응하기 위해서는 어떤 명칭을 사용할 것인지는 상관없지만 기존의 신북방·신남방 정책의 기본적인 기조는 유지될 필요가 있다. 아래에서는 신북방·신남방 정책의 추진 배경과 기회·도전요인을 검토하고,76) 신북방·신남방 정책을 지속적으로 추진할 수 있는 방안을 제시한다.

---

76) 신종호, "신북방·신남방 정책과 동아시아," 이현출 편, 『아시아공동체론』 (서울: 건국대학교출판부, 2021), pp.189-212; 북방경제협력위원회 (http://www.bukbang.go.kr); 신남방정책특별위원회(http://www.nsp.go.kr.) 등을 참조 후 재작성하였다.

신북방·신남
방 정책 추진 배경

유럽(Europe)과 아시아(Asia)를 포함하는 유라시아 지역 국가들을 대상으로 하는 신북방정책을 추진하는 이유는 크게 세 가지를 들 수 있다. 첫째, 지정학(geopolitics)·지경학(geoeconomics) 차원에서 매우 중요한 위치에 있는 유라시아 지역의 거대한 시장과 풍부한 자원을 활용함으로써 한국경제의 새로운 성장 동력을 창출하고자 한다. 둘째, 신북방정책을 통해 러시아와 중앙아시아 5개국이 결성한 유라시아 경제연합(Eurasian Economic Union; EAEU)과 중국의 '일대일로(一帶一路) 구상'과 같은 역내 통합 및 개방 추세에 대응하고자 한다. 셋째, 신북방정책 대상 국가들과의 평화협력 노력을 통해 궁극적으로 북한의 '변화'를 추동하고자 한다.

신남방정책은 '동북아플러스 책임공동체'라는 문재인 정부의 국정과제를 실현하기 위한 핵심정책 중 하나로, 아세안(ASEAN) 10개국과 인도 등을 대상으로 정치경제와 사회문화 등 모든 분야에서 교류협력을 강화함으로써 한반도를 넘어 동아시아 차원의 평화와 협력을 실현하고자 하는 정책이다. 신남방정책을 추진하는 이유는 크게 세 가지를 들 수 있다. 첫째, 신남방정책의 핵심지역인 아세안과 인도를 중심으로 펼쳐지고 있는 거대한 경제권 탄생과 그에 따른 새로운 시장 수요(Blue Ocean) 창출 기회를 잡기 위한 것이다. 특히 아세안 10개국과 인도는 젊고 역동적인 성장지역이자 연평균 소비시장(CAGR) 성장률이 15%에 달하는 새로운 성장엔진으로 평가되고 있다. 둘째, 신남방정책을 통해 아세안 10개국이 2015년에 결성한 아세안경제공동체(ASEAN

Economic Community; AEC)와 인도의 신동방정책(Act East Policy) 등과 같은 역내 경제통합 가속화 추세에 대응하고자 한다. 셋째, 높은 경제성장률과 거대한 잠재력을 바탕으로 새롭게 부상하고 있는 아세안 10개국과 인도와의 협력을 통해 기존의 한반도 주변 4강 중심 외교를 다변화·다각화함으로써 궁극적으로 한반도의 평화와 안정 및 동아시아의 번영을 동시에 추구하고자 한다.

신북방·신남방 정책 비전과 목표

문재인 대통령은 2017년 9월 6일 러시아 블라디보스토크에서 열린 제3차 동방경제포럼 기조연설을 통해 신북방정책의 비전으로 '평화와 번영의 북방경제공동체'를 제시했다. 이는 곧 한반도가 해양과 대륙을 잇는 '가교국가'의 특성을 보유하고 있다는 점에서, 유라시아 지역으로 대표되는 새로운 경제 공간과 기회를 확장함으로써 한반도를 포함한 동북아의 평화를 구축하고 더 나아가 동북아플러스 책임공동체 및 한반도 신경제 구상을 실현하고자 하는 것이다. '평화와 번영의 북방경제공동체'라는 비전 실현을 위해 4가지 목표-즉, 역내 소다자협력 활성화를 통한 동북아 평화협력의 기반 구축, 통합네트워크 구축을 통한 전략적 이익 공유, 산업협력 고도화를 통한 신성장동력 창출, 인적·문화교류 확대로 상호이해 증진 등-를 제시하고 있다. 특히 정부는 소위 '9개의 다리(9-Bridge)' 사업을 통해 9개 분야-전력, 철도, 북극항로, 수산, 가스, 항만, 조선, 농업, 산업단지 등-에 대한 동시다발적인 협력사업을 추진하고 있다. 이를 위해 북방경제협력위원회를 발족하여 신북방정책의 추진을 지원하고 있다.

　문재인 대통령은 2017년 11월 '한국-인도네시아 비즈니스포럼' 기조연설에서 신남방정책의 비전으로 '한-아세안 미래공동체 구현: 사람 중심의 평화와 번영의 공동체'를 제시했다. 이는 곧 아세안과의 협력관계 강화를 통해 기존의 주변 4강(미, 일, 중, 러) 중심의 한국 외교를 다각화하고, 상품교역 위주의 협력관계를 기술·문화·인적교류 등으로 다양화하며, 안보적 차원에서도 한반도 문제 해결을 위한 아세안과의 공동 대응을 모색하기 위한 노력이라고 할 수 있다. '한-아세안 미래공동체 구현: 사람 중심의 평화와 공동체'라는 비전 실현을 위해 3가지 목표-즉, 사람(PEOPLE) 공동체, 상생번영(PROSPERITY) 공동체, 평화(PEACE) 공동체 등-를 제시했다.

　이러한 신남방정책의 목표는 2019년과 2020년을 거치면서 대부분 달성되었다. 한국과 아세안 간 상호방문객은 2018년에 최초로 1,000만 명을 돌파했고, 문재인 대통령은 2017년 11월부터 2019년 9월까지 아세안 10개국과 인도를 순방했으며, 2020년 2월 베트남 훈센 총리의 한국 방문을 끝으로 문재인 대통령과 아세안 10개국 정상들과의 상호방문이 마무리되었다. 특히 2019년 11월 부산에서는 '평화를 향한 동행, 모두를 위한 번영'을 주제로 한-아세안 특별정상회의가 개최되었으며, 2020년 코로나19 팬데믹 상황에서도 한국과 신남방정책 대상 국가들과의 교류협력을 여전히 유지·강화되었다.

신북방 · 신남방 정책 추진	신북방정책은 한반도를 포함한 동북아시아 지역의 지정학적 갈등을 완화하고 평화협력 환경을 조성하기 위해 제시되

제약(위협)요인 | 었고, 이 과정에서 한반도 신경제 구상과의 연계가 시도되었다. 신북방정책은 추진 초기에 경제와 안보 분야에서 우리에게 많은 기회를 줄 것으로 예상되었지만, 북핵문제와 이로 인한 남북관계 경색 국면이 장기 지속됨으로 인해 오히려 정책 추진의 위협(제약)요인으로 작용하고 있다. 여기에 더해 국제사회의 대북제재가 여전히 지속되고 있고, 미중 두 강대국의 전략경쟁으로 인해 한반도에 대한 지정학·지경학적 리스크 역시 다양화되고 복합성을 띠고 있다는 점 역시 신북방정책 추진에 제약요인이다. 신북방정책 추진 기관인 북방경제협력위원회 역시 역대 정부의 북방정책을 검토한 결과, 북한의 핵 개발 지속, 정부 정책의 불연속성, 총괄부서(control tower) 부재 등을 제약요인으로 제시한 바 있다.

신남방정책은 아세안과 인도의 높은 경제성장률과 잠재력을 적극적으로 활용함으로써 한국외교의 다양화·다각화를 시도하고 있다는 점에서 우리에게 매우 중요한 기회라고 할 수 있다. 하지만, 신남방정책 추진 과정에서 아세안이라는 지역적 특수성 및 미·중·일을 포함한 강대국들의 지정학·지경학적 갈등을 고려하지 않을 경우 우리의 전략적 자율성을 제약할 가능성도 배제할 수 없다. 특히 2020년 코로나19 팬데믹의 영향으로 인해 신남방정책은 새로운 정책 수요에 부응해야 하는 과제를 안게 되었다. 즉, 코로나19 팬데믹 이후 아세안 10개국과 인도는 보건의료 측면에서의 위기 상황과 인적교류의 제한에 따른 경제사회 활동의 위축 및 사회경제적 격차 확대 등에 직면하고 있다는 점에서, 이러한 새로운 정책 환경의 변화를 반영한 신남방정책이 추진되어야 할 것이다.

신북방 정책
지속 추진 전략 | 신북방정책은 비교적 장기 프로젝트를 중심으로 추진되어 왔으나 오랫동안 북한·북핵문제가 해결되지 않은 상황에서 더디게 진행되고 있는 것이 사실이다.

따라서 향후 신북방정책 추진과정에서 북핵문제를 어떻게 처리할 것인가에 대한 관련국들과의 긴밀한 소통과 협력이 매우 중요하다. 먼저, 민감한 외교안보 이슈가 신북방정책에 미치는 부정적인 영향을 최소화하려는 노력과 동시에 경제통상 이슈를 포함한 비전통적 안보 분야에서 신북방정책 대상 국가들과의 협력을 증진하려는 노력이 필요하다. 이와 관련하여 2021년 1월 한국과 우즈베키스탄 정상 간 (화상)회담에서 양국이 '무역협정(STEP)을 추진하겠다고 합의했다는 점은 매우 중요한 의미가 있다. 즉, 신북방정책의 핵심 협력 대상국가 중 하나인 우즈베키스탄과 다양한 분야-에너지, 인프라, 보건·의료, 디지털 산업 등-에서 협력을 확대하기로 합의함으로써 향후 신북방정책 대상국가들과의 협력 확대에도 기여할 것으로 보인다.

다음으로, 포스트 코로나19 시대를 대비하여 신북방정책의 핵심을 방역 및 보건의료 협력으로 하되, 이 과정에서 단순한 1회성 지원이나 협력이 아닌 중장기적이고 포괄적인 관점에서 해당 지역·국가들과의 보건·의료 협력 사업을 구상할 필요가 있다. 특히 문재인 대통령이 2020년 9월 23일 제75차 유엔총회 영상 기조연설에서 제안한 '동북아시아 방역·보건 협력체' 구상에 북한을 포함한 동북아 국가들(한국, 중국, 일본, 몽골 등)이 함께 참여함으로써 역내 다자 간 협력의 경험을 축적할 수 있는 기회로 삼고, 더 나아가 역외 국가인 미국의 참여를 유인함으로써 역내 긴장 완화에도 기여할 필요가 있다.

또한, 신북방정책의 경우 해당 지역·국가들과 한국과의 정치·경제·사회·문화적 상호교류 수준이 높지 않다는 점에서 남북협력을 통해 한반도의 전략 공간을 확장할 수 있는 여지가 많지 않다. 따라서 한국의 신북방정책은 경제협력 보다는 지식협력과 같은 개발협력 사업을 발굴할 필요가 있다.

마지막으로, 신북방정책의 목표를 추구하는 과정에서 한반도 신경제구상과의 선순환을 촉진해야 한다. 신북방정책은 유라시아 및 중국(동북3성)을 포함한 동북아에서의 경제적 연계 형성 및 전략공간 확보를 목표로 하고 있다는 점에서, 이 과정에서 한반도 신경제구상과의 전략적 연계를 통해 궁극적으로 북한의 '변화'를 촉진하도록 해야 한다.

신남방 정책
지속 추진 전략 │ 신남방정책은 프로젝트의 성격상 단기간에 성과를 도출하는데 상대적으로 수월하다는 특징이 있고, 2018년 신남방정책특별위원회가 발족하고 2019년 '한-아세안 특별정상회의'가 개최되는 등 추진 속도가 빠르게 진행되고 있다. 따라서 '동북아플러스 책임공동체'라는 틀 속에서 신북방·신남방정책의 추진 성과를 상호간에 전략적으로 활용할 필요성이 있다. 예를 들어, 신북방정책의 주요 추진 대상 지역인 동북아에서 국가 간 협력 경험이 많지 않다는 점에서, 동남아지역에서 축적된 협력의 경험을 동북아로 확대할 수 있는 방안이 필요하다.

다음으로 신남방정책의 해당 지역·국가의 경우 중국에 대한 무역의존도를 낮추고 시장 다변화를 목표로 하고 있다는 점에서 이에 부합하는 국가를 선별하여 선택과 집중을 할 필요가 있다. 대표적인 사례가 바로 베트남이다. 한국은 한-아세안 FTA 타결 이후 베트남과 가장 먼저 FTA를 체결했고, 베트남은 현재 한국의 3대 수출대상국으로 급성장했으나 한국의 아세안에 대한 무역과 투자 측면에서 볼 때 베트남에 과도하게 집중되어 있다는 약점이 있다. 따라서 향후에도 해당 국가에 대한 산업발전 구조와 인프라 현황 및 소비구조와 성향 등에 대한 종합적인 분석을 통해 기존의 베트남을 대체할 수 있는 새로운 타겟 국가를 선정할 필요가 있다.

신남방정책의 정책 목표를 추구함과 동시에 한반도 신경제구상과의 선순환을 촉진해야 한다. 즉, 신남방정책이 아세안과 인도 등과의 경제협력을 확대하고 한국외교의 다변화를 추구하는 과정에서 한반도 신경제구상과의 전략적 연계를 통해 궁극적으로 북한의 '변화'를 촉진하고 한반도 평화협력의 기반 조성에 기여하는 방향으로 추진되어야 할 것이다. 이를 통해 한국은 이미 한류(K-POP)와 방역(K-방역) 분야에서 이루어 놓은 성과를 뛰어넘는 'K-평화'라는 새로운 모델을 창출할 수 있을 것이다.

31. 중국의 일대일로 구상과 전략적 연계를 위해 무엇을 할 수 있는가?

신종호(통일연구원 선임연구위원)

'일대일로 구상'의 지향점 | 중국 시진핑 지도부가 2013년부터 추진하고 있는 '육상·해상실크로드(일대일로) 구상'은 주로 중앙아시아, 동남아시아 등을 지향했고 오히려 한반도와 태평양 지역 진출에는 비교적 소극적이었다 점에서 소위 '서진(西進)'정책으로 평가받았다. 여기에는 2011년 미국 오바마 행정부가 천명한 '아시아 재균형 전략' 및 2019년 트럼프 행정부의 '인도·태평양전략' 등과의 충돌을 우려하고 이를 회피하고자 하는 중국의 전략적 계산이 깔려 있다고 볼 수 있다. 그리고 2021년 바이든 행정부 출범 이후에도 미국의 대중국 견제와 압박이 전방위적으로 확대되고 미중 전략경쟁이 갈수록 심화되고 있는 상황에서 중국의 일대일로 국제협력에 대한 강조는 당분간 지속될 가능성이 높다. 따라서 '일대일로 구상'과 한국의 신북방·신남방정책 간 전략적 연계 방안을 구체적으로 모색할 필요가 있다.[77]

'신북방·신남방 | 문재인 대통령과 시진핑 국가주석은 2017년 12월 개최된 한중 정상회담에서

---

[77] 중국의 '일대일로 구상'과 신북방·신남방정책과의 전략적 연계 방안에 대해서는 다음을 참조. 신종호 외, "중국 지방정부 대외교류 현황과 시사점," 외교부 정책연구용역 결과보고서, 2021.12.

**정책'과의
협력 논의 과정**

'한중 공동발전을 위한 상호호혜적 교류협력 추진'에 합의했다. 구체적인 내용으로는 한중 산업협력 단지 조성 및 투자협력 기금 설치 등과 같은 기존 협력 사업을 재개하고, 양국 기업의 상대방 국가에 대한 투자 확대를 장려하며, 한국의 신북방·신남방정책과 중국의 일대일로 구상 간 구체적인 협력 방안을 적극 발굴할 것을 합의했다. 한중 정상회담 후속조치의 하나로 2018년 2월에 개최된 한국의 기획재정부와 중국국가발전개혁위원회 간 제15차 한중경제장관회의에서 신남방·신남방정책과 일대일로 연계 협력 강화를 위한 구체적 지원·협력 방안을 합의했다. 또한 한중 지방정부 간 협력 강화를 위해 중국 동북3성 지역을 중심으로 한중 국제협력시범구와 자유무역시범구 등 주요 거점별 협력 방안을 마련하고, 한중 산업협력단지(한국 새만금, 중국 연태.염성.혜주) 개발 및 상호투자 확대를 위한 협력을 강화하기로 하였다.

**일대일로—신
북방·신남방
전략적 연계 방안**

중국 동북3성 지방정부는 한국의 신북방정책과의 협력을 적극 타진하고 있지만, 중앙정부의 전폭적인 지원을 확보하지 못하고 있다. 2018년 9월 랴오닝(遼寧)성은 일대일로 종합시범지구 계획안을 발표했고, 지린(吉林)성도 국가발전개혁위원회와 함께 '한중 국제합작 시범구 총체적 방안'을 발표했다. 2019년 5월에는 바인차오루(巴音朝魯) 지린성 당 서기와 권구훈 대통령 직속 북방경제협력위원회 위원장이 만남을 갖고, 한중 국제합작 시범구 건설에 대한 협력 방안을 논의하였다. 하지만, 중국 중앙정부(국무원)는 지린성 창춘(長春)에 한중 국제합작 시범구를 만드는 방안과 관련하여 원칙적인 동의를 표하고 있는 수준이다. 따라서 시진핑 국가주석의 방한이 성사되어야만 이와 관련된 한중 협력의 진전을 기대할 수 있을 것이다.

한중 양국은 신북방정책과 일대일로 정책이 교차하는 중국 동북지역에서의 전략적 협력 강화 필요에 따라, '한중 (창춘)국제협력시범구' 조성 협력을 추진하고 있다. 또한 2020년 5월 중국 국무원이 해당 시범구의 총괄추진방안을 승인함에 따라, 한중 양국간 협력 분야 및 업종, 규제완화, 우대혜택 등에 대한 논의가 진행되고 있다. 다만 중국 동북지역은 민간 경제주체의 진출이 활발하지 않아 지속적인 경제둔화를 벗어나지 못하고 있는 지역인 만큼, 한중 간 협력 시너지 창출 가능 분야 및 업계 의견 등을 충분히 검토하여 협의를 진행할 필요가 있다.

장기화되는 미중 갈등 속 한국의 대중 경협전략은 투트랙 방식을 더욱 명확히 할 필요가 있다. 중앙정부는 무역·투자 등 경제협력에 있어 중요한 제도·규제 관련 큰 틀의 합의를 중국 중앙정부와 지속적으로 추진하여 우리기업의 중국 진출 환경을 개선하면서, 지방정부의 협력을 배후 지도(가이드라인) 및 지원할 필요가 있다. 중앙정부가 경제협력 및 관련 사업의 전면에 나서지 않고, 양국 지방정부 및 협회 등 이익단체 중심으로 경제협력을 추진할 수 있는 다양한 정보 및 제도 등을 지원해야 한다.

32. 대북제재 하에서 추진할 수 있는 남북협력 사업은 무엇인가?

신종호(통일연구원 선임연구위원)

새로운 방식의
남북협력 추진
필요성

2019년 베트남 하노이 북미정상회담 결렬 이후 북미 협상이 교착되고 있고 남북관계도 정체상태를 벗어나지 못하고 있다. 특히 2020년 코로나 19 팬데믹 이후 국제정치경제 질서의 불확실성이 심해지고, 미중 전략경쟁 심화와 러시아-우크라이나전쟁 등으로 인한 한반도 및 동아시아 정세의 불안정성 역시 지속되고 있다.

이러한 대내외 정세의 불확실성 및 불안정성에 대비하기 위해서는 소위 '북한발 리스크'를 관리하는 것도 중요하지만, 궁극적으로는 남북관계의 교착 국면을 돌파하고 한반도 평화와 안정을 위한 추진 동력을 충전할 필요성이 있다.이를 위해서는 그동안 남북한 또한 한국 중심의 관점에서 추진해오던 대북 협력에서 탈피하여 중국이나 러시아와의 3자 혹은 4자협력 및 국제기구와의 다자 협력을 통해 북한의 호응을 이끌어낼 필요가 있다.

대북제재
하에서 국제협력
사업 추진 분야

대북제재가 지속되고 있는 상황에서 우리가 국제사회와 함께 추진할 수 있는 남북협력 사업으로는 보건의료분야가 가장 시급하다. 특히 방역 및 보건.의료

분야는 개별국가의 노력만이 아닌 다자간 협력이 필요한 분야이다. 문재인 대통령은 2020년 9월 23일 제75차 유엔총회 영상 기조연설에서 "북한을 포함하여 중국과 일본, 몽골, 한국이 함께 참여하는 '동북아시아 방역·보건 협력체'"를 제안한 바 있다. 또한 2021년 6월 한·오스트리아 정상회담 이후 가진 공동기자회견에서 문대통령은 "한국이 글로벌 생산 허브의 역할을 할 경우에 북한도 당연히 협력 대상이 된다"는 점을 강조한 바 있다. 바이든 행정부 하에서 미국측 북핵협상 수석대표로 임명된 성 김 역시 북한에 대한 인도주의적 협력에 대해 적극 지지한다는 점을 밝혔다. '윤석열 정부' 역시 북한 비핵화에는 단호한 입장을 견지하면서도 대북 인도적 지원에 대해서는 미국과 같은 입장을 보여주고 있다.

현재는 남북관계 경색 국면으로 인해 보건의료분야 협력이 원활하지는 않다. 하지만, 2022년 들어 북한에서 코로나19 감염 환자가 발생한 것으로 보이고 북한 당국 역시 이를 시급한 현안으로 처리하겠다는 의사를 표명함에 따라, 북한이 시급하게 필요로 하는 항생제 등 필수 의약품, 감염병 예방 접종, 안전한 식수 공급 등은 미국과의 협의를 통해 지원하는 것을 고려할 수 있다. 또한 중국이나 몽골 등 제3국을 통로로 하여 북한에 지원하거나 국제기구를 통해 지원하는 방법을 동시에 모색할 필요가 있다.

대북 식량지원도 우리가 국제기구와의 협력을 통해 추진할 수 있는 대표적 협력사업이다. 국제사회의 대북제재를 주도하고 있는 유엔이나 미국정부 역시 인도적 차원의 대북 식량 제공에 대해서는 이미 긍정적인 입장을 밝힌 바 있다. 따라서 유엔식량농업기구(FAO)와 세계식량계획(WFP) 등과 같은 국제기구와의 협력을 통해 북한에 대한 식량 지원을 검토할 필요가 있다. 이 과정에서 유의할 점은 일시적이고 인도적 차원의 식량지원에서 탈피하여 중장기적으로는 북한의 농업 발전을 위한 공적원조(ODA) 형태의 개발협력 사업으로 발전시킬 필요가 있다는 점이다. 즉, 중장기 관점에서 식량지원의 다양한 목적-예를 들어, 긴급구호, 취약계층 지원, 경제개발 등-에 초점을 맞춘 '패키지형' 식량지원 프로그램을 국제기구와의 협력을 통해 마련할 필요가 있다.

유엔에서 추진하는 지속가능발전목표(SDGs)라는 국제기준을 바탕으로 이를 북한에 적용할 수 있는 사업을 구상할 필요가 있다. 특히 유엔 SDGs의 3번 목표인 건강권 확보 문제는 북한 입장에서 매우 중요한 사안이라고 할 수 있다. 다행히 북한이 '자발적 국별 리뷰(Voluntary National Reviews)'를 유엔에 제출하는 등 SDGs에 대해 긍정적이고 협조적인 태도를 취하고 있다. 따라서 북한이 유엔 SDGs의 각 항목별 목표를 달성할 수 있도록 유엔을 포함한 국제사회와 한국 정부 그리고 국제비정부기구(INGOs) 간 지속적인 협력체제를 구축할 필요가 있다.

중장기적으로 기후변화로 인한 환경적 위협에 공동으로 대응하는 차원에서 남북 환경협력을 추진할 필요가 있다. 북한은 그동안 기후변화와 관련하여 유엔과 같은 국제기구와의 협력에 비교적 개방적인 입장을 취해 온 것으로 알려졌다. 따라서 기후변화로 인한 환경적 위협에 대응하기 위한 자연재해 예방시스템 구축, 에너지 효율 개선 사업, DMZ 환경보전 사업 등을 국제기구와의 협력을 통해 추진할 필요가 있다.

북한 주민 대상의 시장경제 지식공유사업(KSP)을 좀 더 체계적이고 장기적인 형태의 프로그램으로 마련할 필요가 있다. 다만, 최근 남북관계 경색 국면을 고려할 때 기존에 한국정부와 한국개발연구원을 비롯한 유관기관에서 지식공유사업을 주도하는 것에 대해 북한 당국이 거부감을 가질 수 있다는 점을 고려하여, 중국이나 국제기구(ESCAP) 및 국제비정부기구(INGOs) 등과의 연계협력을 고려할 필요가 있다.

관광 협력의 경우에도 코로나19 상황이 어느정도 해소되면 민간차원에서 추진이 가능한 분야라고 할 수 있다. 다만, 현재 남북관계 경색 국면에서 우리정부 단독으로 사업을 진행하기 쉽지 않다는 점에서 제3국(중국 또는 러시아)을 통한 협력이 필요하다. 특히 관광 협력은 대북제재에 명시적으로 저촉되지는 않는다는 점에서 인도적 지원사업이나 학술교류 성격의 교류협력과 관광을 매칭하는 방식도 고려할 수 있다. 예를 들어, 이산가족을 대상으로 하는 북한 관광, 남북중 혹은 남북러 접경지역에서 관광분야 학술행사 개최 및 접경지역 관광 투어 등이 있다.

33. 미중 전략경쟁이 심화되면 북중관계는 어떻게 전개될 것인가?[78]

신종호(통일연구원 선임연구위원)

강대국 갈등의 북중관계에 대한 영향 | 강대국 간 경쟁과 갈등으로 대표되는 국제환경의 구조적 변화는 북중관계에 영향을 주는 가장 중요한 요인이라고 할 수 있다. 이미 냉전시기 미소 냉전체제의 지속과 1970년대 미중 데탕트로 대표되는 구조적 요인은 북중관계에 지대한 영향을 주었다. 또한 탈냉전초기 미국 단극체제 하에서 중국의 전략적 공간은 매우 제한적이었고 이를 타개하기 위해 한중수교를 결정했지만 이는 곧 북한의 강력한 반발에 직면하게 되었다.

반면 2008년 미국발 글로벌 금융위기 이후 미중 두 강대국 (G2)체제가 등장하자 중국은 자국의 '평화적 부상'을 위해 미중관계를 안정적인 협력 기조로 유지하기 위해 북핵·북한문제를 전략적 지렛대로 활용하고자 하였다. 북한 역시 자국의 안보적, 경제적 이익을 위해 그동안 강대국관계를 활용해왔고, 최근 미중 전략경쟁 추세가 장기화·구조화되는 추세 하에서도 이러한 강대국정치의 특징을 잘 활용하고 있다. 즉, 미중관계가 안정적

---

78) 아래 내용은 신종호 외, 『미중 전략경쟁과 한국의 대응: 역사적 사례와 시사점』 (서울: 통일연구원, 2021), pp.407-419; 정덕구 외, 『극중지계 1 (한국의 거대중국 극복하기, 정치외교안보편)』 (서울: 김영사, 2021), 제2부 제4장 등을 참조하여 재작성.

이고 협력의 수준이 높을 경우 북한은 미중이 북한의 비핵화와 체제안전보장에 관해 긴밀하게 협의할 것으로 기대하지만, 미중 간 경쟁과 갈등이 심화되는 경우에 북한은 동맹국인 중국의 입장을 옹호할 가능성이 높아진다.

미중 전략경쟁시대의 북중관계

최근 미중 전략경쟁 추세의 심화 역시 김정은-시진핑 집권 2기 시기 북중 양국이 전통적 우호협력관계를 회복하는데 영향을 주었다. 2017년 미국 트럼프 행정부 출범 이후 미국의 대중국 견제와 압박이 심화되고 있는 상황에서, 중국은 한반도를 포함한 주변정세의 안정을 매우 중요하게 인식했기 때문에 북한과의 우호적인 관계를 유지 내지 강화해야 하는 상황이었다. 북한 역시 미중 간 전략적 경쟁과 갈등이 심화되는 상황에서 2018년부터 2019년까지 총 다섯 차례의 정상회담을 통해 중국과의 전략적 소통과 협력을 강화했고, 2020년 코로나19 팬데믹으로 북중 간 교류협력이 단절된 상황에서도 미중 간 체제·이념문제 및 홍콩문제 등을 둘러싼 갈등 과정과 관련하여 북한은 여전히 노골적인 '중국 편들기'를 시도한 바 있다. 이처럼, 트럼프 행정부 출범 이후 미중 전략경쟁이 심화되면서 중국은 북핵·북한문제가 미중관계에 부정적인 영향을 미치지 않도록 '관리'할 필요성이 있었고, 북한 역시 2019년 하노이 북미정상회담 결렬 이후 북미협상이 장기 교착되고 있는 상황에서 같은 사회주의 국가인 중국과의 우호적인 협력관계 설정이 매우 중요해진 것이다.

2021년 1월 바이든 행정부 출범 이후에도 미중 전략경쟁 추세는 심화될 것이라는 점에서 북중관계에도 영향을 미칠 가능성이 높다. 이미 트럼프 행정부 4년 동안 미중 무역통상 및 기술패권 등 분야에서의 갈등 및 코로나19를 둘러싼 책임론 논쟁 등을 거치면서, 미국 조야(朝野)에서 중국을 전략적 경쟁자로 인식하는 초당적 컨센서스(bipartisan consensus)가 이미 형성되어 있다는 점에서 바이든 행정부 출범 이후에도 미국의 대중국 견제와 압박은 지속될 가능성이 높다. 하지만, 바이든 행정부가 중국공산당을 실존적 위협(existential threat)이나 제거의 대상으로 인식하기 보다는 중국과 전략적으로 경쟁하지만 공존(compete but coexist)해야 한다고 인식하기 때문에, 향후 미중 전략경쟁의 프레임은 다소 변화될 여지도 있다. 예를 들어, 미중관계가 경쟁과 협력이 공존하는 양상으로 전개된다 하더라도 글로벌 이슈(기후변화, 보건위생 등) 분야에서는 부분적인 협력을 추진할 가능성이 있고, 미중 전략경제대화(Strategic and Economic Dialogue)와 같은 기존의 소통 협의체도 빠른 시일 내에 복원될 수 있다. 결국, 바이든 행정부 시기 미중 전략경쟁의 심화가 북중관계에 어떤 영향을 미칠 것인가는 미국의 대중국정책이 어느 정도 수준으로 진행되고 이에 대해 중국이 어떻게 반응하고 호응하느냐에 따라 결정될 가능성이 높다.

북중관계 미래 시나리오

북중관계에 영향을 미치는 미중 전략경쟁과 같은 구조적 요인이 지속되거나 또한 북미 비핵화 협상이 장기 교착되는 상황이 지속될수록 북중 간 전략적 협력은 더욱 공고화될 것이다. 미국 바이든 행정부가 출범한 지 얼마

지나지 않은 상황에서, 북한과 중국이 상호 전략적 필요성에 의해 전통적 우호협력관계를 유지 내지 강화할 가능성이 높다.

북한은 미중 전략경쟁 심화 추세 하에서 미국의 대북 적대시 정책이 지속될 가능성이 크다고 인식하고 있다. 2021년 1월에 출범한 미국 바이든 행정부가 북핵 협상에 나설지라도 북한이 원하는 대북제재의 (부분적) 해제는 쉽지 않을 것이며, 미국 내 북한의 열악한 인권 상황에 대한 비판이 고조되면 비핵화 협상의 동력도 상실하게 될 가능성이 있다고 인식하고 있다. 이러한 상황에서 북한은 안보 및 경제적 지원을 제공해줄 수 있는 중국과의 관계를 공고히 하는 것이 매우 중요할 것이다.

중국은 북한의 비핵화 노력에도 불구하고 북미 간 핵협상의 진전이 어려운 원인은 미국의 일방주의적 입장에 있다는 인식을 갖고 있다는 점에서, 북한이 ICBM 실험 등의 도발을 하지 않는 이상 북한의 핵능력 발전을 북중 간 전략적 협력에 장애물로 인식하지 않을 것이다. 북한의 비핵화 노력과 남북관계 개선을 통한 한반도 평화 및 안정 유지는 중국의 한반도 정책과 부합하기 때문이다. 더 큰 맥락에서 미중 간 전략적 경쟁이 심화되고, 미국이 동맹 및 파트너 국가들과 연합을 형성하여 대중국 견제를 강화할 가능성이 높은 상황에서, 중국은 이에 대응하기 위해 전략적 협력국 및 전통적 우호국과 연대할 가능성이 높으며, 이에 따라 북중 간 전략적 협력이 공고화될 가능성이 높다.

결국 북한은 북미관계에 대한 우려로 인해 중국과 전략적 소통을 필요로 하고 있고, 중국은 북핵 협상의 진전이 더딘 책임이 미국에 좀 더 있다고 인식함으로써, 미중 간 전략적 경쟁 심화를 고려하여 북한을 유인할 동기가 더 크다고 할 수 있다.

34. 한중 협력을 통해 북한의 '변화'를 촉진할 수 있는 방안은 무엇인가?

신종호(통일연구원 선임연구위원)

최근 북중관계가 공고화되고 있는 가운데 이러한 변화에 대응하기 위해서는 한반도 비핵화 실현이라는 방향성을 유지하는 가운데, 한중 간 사안별 협력을 통해 북한의 변화를 이끌어내야 한다. 이를 위해서는 북한의 태도 변화와 함께 한중 협력을 통한 북한의 변화를 이끌어 내야 한다.

북한의 비핵화
'태도' 변화

첫째, 국제사회 대북제재의 근본 목적이 북한체제를 겨냥하는 것이 아니라 북한의 비핵화에 대한 긍정적 태도 변화를 유도하는데 있다는 점을 명확히 할 필요가 있다. 그리고 '북한의 비핵화 조치와 그에 따른 국제사회의 상응조치'라는 단계적 방식에 대해 중국을 포함한 국제사회와 인식을 공유할 필요가 있다. 이를 위해서는 향후 한반도 평화프로세스 재가동 과정에서 중국을 주요 당사국으로 '인정'함으로써 '중국역할론'을 적극 활용하고, 이를 통해 북한과 미국의 핵능력 감축(군축)을 통한 한반도 평화프로세스 재가동 시도에 선제적으로 대비할 필요가 있다.

**한중 협력으로
북한 '변화' 유도**

둘째, 유엔을 중심으로 하는 국제사회의 대북제재를 이행하면서도 제재에 해당하지 않은 분야에서 한중 협력을 통해 북한의 변화를 유도할 필요가 있다. 즉, 북한과 중국의 경제협력이 국제사회의 대북제재와 국제규범을 위반하지 않은 분야에서 이루어진다면, 한국의 입장에서는 오히려 중국과의 협력을 강화하여 북한이 자본주의적 방식을 학습하고 수용하도록 유도함으로써 궁극적으로 북한의 변화를 추동할 필요가 있다.

**'중국역할론'
재조정**

셋째, 향후 한반도 평화체제 구축 과정에서 중국의 건설적 역할을 요청해야 한다. 중국의 왕이(王毅) 국무위원 겸 외교부장은 2020년 5월 전국인민대표대회 기간 동안 이루어진 기자 간담회에서 북한의 비핵화 조치에 비해 미국의 실질적 대응이 부족했다는 점을 들어 '미국 책임론'을 제기한 바 있고, 동년 11월 26일 한국을 방문하여 강경화 외교부장관과 가진 회담에서도 한반도문제의 '정치적 해결'을 강조하고 남북관계 개선과 발전을 지지한다는 입장을 확인한 바 있다.

따라서 한반도 비핵화 및 평화체제 구축과정에서 북한에 대한 전략적 지렛대를 가장 많이 보유한 중국의 적극적이고 건설적인 역할을 추동할 필요가 있다. 미중 전략경쟁이 심화되고 있지만 북핵문제는 오히려 미중 협력의 공간이 될 수 있다는 점을 중국에게 설명하고 적극적인 역할을 요청해야 한다. 다만, 이 과정에서 중국에 대한 과도한 기대 보다는 한반도 평화프로세스가 역진하지 않도록 중국의 역할을 재조정할 필요가 있다.

남북중 협력과 국제기구 활용

넷째, 한중 간 경제협력을 포함한 사회문화 교류의 전면적 확대를 통해 북한과의 협력으로 확대할 필요가 있다. 중국의 일대일로와 한국의 한반도신경제구상과의 전략적 연계와 협력을 확대하고, 한중 FTA 협력의 제도화 및 4차산업혁명에 대한 공동대응을 통해 남북중 3각 협력으로 확대할 필요성이 있다.

하지만 한중 양자협력을 통해 남북중 3자 협력 사업을 추진 추진하기 위해서는 한반도문제의 핵심 이해당사자인 미국을 설득하는 것이 중요하다. 이를 위해 먼저 남북중 협력 사업이 유엔을 포함한 국제사회의 대북 제재를 철저히 준수한다는 전제 하에서 진행되는 것임을 명확히 할 필요가 있고, 제재국면에서는 비전통안보분야(환경, 기술, 교육, 학술, 연구조사, 의료 방역 등)에만 남북중 협력을 모색할 것이라는 것을 밝힐 필요가 있다.

또한 남북중 협력 사업은 가급적 다양한 국제기구(WB, GTI, ADB 등) 및 국제비정부기구(세이브 더 칠드런, 적십자 등) 등과 함께 진행할 필요가 있다. 마지막으로, 미중 전략경쟁이 장기화·구조화되고 있는 추세를 감안하여 북미관계 개선이 궁극적으로는 미국의 대중국 견제에 중요한 기반이 될 수 있다는 점을 관련국에 설파할 필요가 있다.

35. 한반도 평화를 위한 한미, 한중 협력방안은 무엇인가?

신종호(통일연구원 선임연구위원)

2018년 '한반도의 봄' 이후 북미 협상이 장기 교착국면에 들어섰다. 2021년에는 미국 바이든 행정부가 출범하고 북한도 제8차 당대회를 통해 '자력갱생'을 강조하며 정세를 '관리'하고 있다. 특히 미중 전략경쟁이 동아시아 지역을 넘어 글로벌 차원으로 확대되고 여기에 관련국들이 연루되고 있다. 이러한 상황에서, 한반도 평화프로세스 역시 진전을 이루지 못하고 있다. 그럼에도 불구하고 '평화와 번영의 한반도'를 위한 긴 여정은 멈추지 않아야 한다는 점에서 한반도 평화프로세스 재가동을 위한 관련국들의 다양한 차원의 노력이 필요한 시점이다.79)

한반도 평화프로세스 재가동 여건	한국은 그동안 북한의 비핵화 의지에 대한 확신하에 북미·남북관계 정상화를 기대해왔다. 문재인 대통령은 2021년 1월 18일 신년 기자회견을 통해, 북한의

평화·대화·비핵화에 대한 의지를 확신하고, 2018년 6월 싱가포르에서 열린 1차 북미정상회담 합의에 기반한 북미관계 정상화를

---

79) 아래 한반도 평화프로세스 재가동을 위한 정책방안에 대해서는 다음을 참조. 신종호 외, 『뉴노멀시대 미중관계 변화와 한국의 대북·통일전략』 (서울: 통일연구원, 2019); 이기태 외, 『한반도 평화 실현을 위한 주변국 협력 방안』 (서울: 통일연구원, 2021).

강조했다. 즉, 한국은 트럼프 행정부의 성과인 북미·남북대화의 계승·발전을 중시하고, 북한의 핵증강을 저지하기 위한 비핵화와 평화 구축 회담 재개를 강조했던 것이다.

하지만, 최근 북한의 잇따른 미사일 도발과 미중 전략경쟁의 심화, '윤석열 정부' 출범에 따른 한미 동맹 강화, 그리고 러시아-우크라이나 전쟁의 장기화 추세 등으로 인해 한반도 평화프로세스를 재가동할 수 있는 여건은 갈수록 약화되고 있는 것도 사실이다. 그럼에도 불구하고 북한의 비핵화를 위한 다양한 차원의 해법을 마련함과 동시에 갈수록 심화하고 있는 미중 전략경쟁을 한반도 문제와 분리하려는 노력을 통해 한국 전략적 자율성을 확보할 필요가 있다. 특히 미중 전략경쟁의 장기화 추세에 대한 대응과 동시에 독자적인 남북관계 개선 및 발전을 추구할 필요가 있다.

북한은 미국 바이든 행정부 출범 이후 북미 협상 장기화 추세에 대비한 '관망' 전략을 수립하고 미국의 '조치(action)'를 보고 '대응(reaction)'하는 전략을 수립했다. 2021년 1월에 개최된 조선노동당 제8차 당대회에서 북한은 새로운 북미관계 수립의 핵심으로 '강대강, 선대선' 원칙을 제시함과 동시에, 중국 등 사회주의 국가와 협력을 강조했다. 또한 북한은 '책임있는 핵보유국'으로서 핵무기 불남용 원칙을 확언했지만, '국가 핵무력 완성'과 '자위적 국방력 강화'를 언급하며 미국을 압박하기도 했다. 따라서 북한은 상황에 따라 비핵화 보다는 '핵군축'을 협상 의제로 제시할 가능성도 배제하기 어려운 상황이다.

한미
협력 방안

바이든 행정부 출범 이후에도 미중 전략경쟁은 심화될 것이라는 점에서 북미 협상에 대한 영향 역시 기대와 한계가 동시에 존재한다. 다만, 미국은 바이든 행정부 외교안보팀 인선 결과 및 국내외 현안의 시급성 등으로 볼 때, 북핵문제 해결에 대한 우선 순위가 높지 않을 가능성도 있다. 블링컨 국무장관과 웬디 셔먼 국무부 부장관을 포함한 외교안보팀 대부분이 한반도 문제 전문가이지만 일부는 대북 제재론자로 평가받고 있기 때문이다.

또한 바이든 행정부 출범 초기 대내 정책의 핵심을 '하나된 미국의 통합'으로 설정하고, 대외정책 역시 미국의 '글로벌 리더십' 회복에 집중하고 있다는 점에서 한반도문제를 정책의 우선 순위로 설정하지 않고 있는 상황이다. 물론 최근 바이든 행정부 외교안보 핵심 인물들(블링컨 국무장관, 네드 프라이스 국무부 대변인, 린다 그린필스 유엔주재 미국대사 등)이 미국의 대북정책과 관련하여 북한의 비핵화 원칙을 여전히 강조하고 있다는 점에서 트럼프 행정부의 입장을 일정 부분 계승하는 측면도 있다. 하지만 바이든 행정부는 미국 국민과 동맹의 안전을 중시하며 이 과정에서 미국과 동맹이 같은 입장에 있는 것이 중요하다는 점을 강조하고 있다는 점에서 트럼프 행정부의 탑다운 방식의 접근법과 다르게 북핵문제를 접근할 가능성도 있다. 특히 바이든 외교안보팀이 군비 통제 입장에서 '이란 핵 모델'을 강조하고 있다는 점에서 북핵문제 해결을 위한 단계적 접근 방식을 중시할 가능성도 있다. 다만, '군축' 관련 '조건'과 '수준'에 대해서는 더 많은 의견 조율 시간이 필요해 보인다. 특히 미국은 중국을 포함하여 동맹국(韓, 日 등)과 협력을 통한 북핵문제 해결 가능성을 제시하고 있다는 점을 주목할 필요가 있다.

따라서 바이든 행정부 외교안보팀과 밀접한 전략적 소통을 통해 전임 트럼프 행정부 시기에 이룩한 북미 협상의 성과(특히 북미 간 싱가포르 합의)를 계승할 것이라는 대북 메시지를 창출하기 위한 더 많은 노력이 필요하다. 또한 남북관계 개선을 통한 한반도 긴장 완화와 평화체제 구축 노력이 북핵문제를 해결하고 미중 전략경쟁을 완충할 수 있다는 점을 미중 양측에 설득하려는 노력이 필요하다.

한중 협력 방안

최근 미중 전략경쟁 가속화 및 북중관계 공고화 추세를 고려하여 한반도 평화프로세스 재가동을 위한 '중국역할론'이 제기되고 있다. 미중 전략경쟁 심화 추세 및 북중관계 공고화 과정에서 북한의 지정학적 가치가 제고되고 있다. 중국은 기본적으로 한반도의 '현상 유지'를 선호하기 때문에, 북한이 미국과 협상을 하되 중국과의 지속적인 전략적 소통을 하는 것이 가장 바람직한 상황으로 인식한다. 따라서 중국은 북한이 '사실상의 핵보유' 전략을 추구하거나, 비핵화 협상을 통해 '친미'국가로 거듭나는 것에 대해 반대 입장을 갖고 있다. 따라서 한반도 비핵화 및 평화체제 구축과정에서 북한에 대한 전략적 지렛대를 가장 많이 보유한 중국의 적극적이고 건설적인 역할이 필요한 시점이다. 이미 2020년 5월 전인대 기간에 왕이 외교부장은 "북.미 간 소통과 대화를 통한 한반도 문제의 해결"을 강조한 바 있고, 동년 11월 26일 방한 시에도 "한반도 문제의 '정치적 해결'"을 강조하고 "남북관계 개선과 발전을 지지"한다는 입장을 확인한 바 있다.

한반도 평화프로세스 재가동을 위한 한중 협력의 목표는 '한반도 평화와 안정 유지'에 두고, 이를 통해 북한의 도발을 억제하고 한반도 평화프로세스의 역진을 방지해야 한다. 이러한 목표를 실현하기 위한 한중 협력의 방식과 관련하여 다음과 같은 점을 고려할 필요가 있다. 즉, 국제사회의 대북제재는 기본적으로 유지해야 겠지만 대북 인도적 지원은 병행해야 하고, 한중 간 비전통적 안보 분야(방역·보건의료, 관광 등) 협력을 통해 남북중 3각 협력으로 확대할 필요가 있으며, 한중 협력을 통해 남북미중 간 소다자협력으로 전환할 필요가 있다. 다만, 중장기적으로 한반도 평화프로세스 재가동을 위한 본격적인 다자협상-예를 들어, 4자회담 혹은 6자회담 등-의 추진을 준비할 필요가 있다.

36. '강대국 정치'에 대응하기 위한 주변국 협력 방안은 무엇인가?

신종호(통일연구원 선임연구위원)

미중 전략경쟁 심화에 따른 갈등의 장기화 추세에 대비하고 한반도의 평화와 안정을 지속하기 위해서는 주변국과의 관계 개선을 통한 외교 다변화가 중요하다.

<table>
<tr><td>주변국 관계
개선의
역사적 사례</td><td>주변국과의 연대와 협력의 중요성은 이미 냉전 및 탈냉전 시기 강대국-약소국 관계에서 드러난 바 있다. 예를 들어, 냉전시기 쿠바는 미소 양극체제 하에서</td></tr>
</table>

비동맹운동으로 대표되는 '제3의 공간'을 찾아내는 방식을 통해 상대적인 전략적 자율성을 확보하고자 노력했고, 탈냉전시기 인도 역시 남아시아에서 '파키스탄-중국-러시아' 대 '인도-미국'이라는 대결구도가 가시화되는 상황에서 '남아시아지역 우선 정책'과 주변 동남아시아 국가들과의 관계 강화 및 다자주의 외교 등을 통해 자국의 입장을 강화하려는 시도를 하고 있다.[80] 중국 역시 미국의 견제와 압박에 대응하기 위해 '일대일로' 국제협력을 통한 주변국과의 관계를 중시하고 있다.

이러한 냉전시기의 쿠바 및 탈냉전시기의 인도 사례는 한국의

---

80) 자세한 내용은 신종호 외, 『강대국 경쟁과 관련국의 대응: 역사적 사례와 시사점』 (서울: 통일연구원, 2020), pp.168-200, pp.341-394, pp.485-489 참조.

대외전략에 많은 시사점을 주고 있다. 즉, 미중 전략경쟁의 심화 국면에서 상대적 약소국이 직면할 수 밖에 없는 긴장 고조의 위험과 '방기'의 공포로부터 벗어나기 위해서는 어느 한 나라에 경사되는 정책을 추구하기 보다는 '전략적 자율성'을 강화하려는 노력을 통해 궁극적으로 한국의 위상과 영향력을 높일 필요가 있다는 점이다.

일본 등
주변국 관계
개선 필요성

미중 전략경쟁 심화에 따른 갈등의 장기화 추세에 대비하고 한반도의 평화와 안정을 지속하기 위해서는 주변국과의 관계 개선을 포함한 외교 다변화가 중요하다. 특히 일본과 동남아시아 및 유럽연합(EU) 등으로 대표되는 주변국과의 관계 개선을 통해 한국의 전략적 입지를 강화할 필요성이 있다.

먼저, 일본과의 관계 개선의 필요성이다. 한미동맹과 한·미·일 협력의 필요성에 대한 공감대를 바탕으로 일본을 포함한 주변 국가들과의 관계 개선을 모색하되, '한반도 평화 우선'이라는 원칙을 강조할 필요가 있다.

또한, 한반도의 평화와 안정 및 동아시아의 번영이라는 목표를 달성하기 위해 역대 정부에서 추진했던 다양한 지역정책-유라시아이니셔티브, 신북방·신남방정책 등-을 성공적으로 계승·추진하기 위해서는 주변국과의 연대와 협력이 중요하다. 이를 위해서는 빠르게 성장하고 있는 동남아시아와 강대국 세력균형의 핵심 축인 유럽연합을 중시할 필요가 있다.

37. 러시아의 국제적 위상에 대한 한국의 외교적 대응전략은 무엇인가?

박상남(한신대학교 국제관계학부 교수)

우크라이나 전쟁과 러시아의 패권 전략

러시아가 우크라이나를 무력 침공함으로써 국제사회가 위기에 직면하고 있다. 우크라이나는 러시아 보다는 서유럽의 일원이 되는 방향에서 자신들의 미래를 설계하고자 한다. 반면, 러시아는 우크라이나를 자국의 영향권으로 편입시키려 한다. 우크라이나 전쟁은 이 두 가지가 충돌하면서 엄청난 인명, 군사, 경제적 피해를 초래하고 있다. 이번 전쟁으로 우크라이나가 입은 막대한 피해는 물론 러시아 역시 정치, 경제적으로 심각한 타격을 받을 것으로 전망된다. 우크라이나 전쟁은 러시아의 전략적, 군사적, 경제적 한계를 여실히 보여주고 있다. 설사 러시아가 이번 전쟁에서 소기의 목적을 달성한다 하더라도 얻는 것 보다는 잃는 것이 더 많을 전망이다. 그러나 전쟁의 결과와 상관없이 러시아는 국제사회에서 여전히 중요한 국가로 남을 것이다. 특히 분단과 북핵 위기에 놓인 한반도의 평화와 안정을 위해 러시아는 매우 중요한 행위자이다. 따라서 대러시아 정책을 중장기적 관점에서 설계할 필요가 있다.

이번 전쟁 양상에 따라 국제정치와 경제의 흐름은 많은 영향을 받을 전망이다. 향후 전망에 대한 다양한 시나리오가 나오고 있지만, 아래에서는 크게 두 가지로 나누어 설명하고자 한다.

첫째, 전쟁이 우크라이나의 나토가입 포기와 동부돈바스 지역의 분리 독립 내지 러시아 편입 등으로 귀결된다면 이는 푸틴의 부분적인 승리로 평가될 것이다. 물론 푸틴이 원래 내세웠던 전쟁목표에는 미치지 못한 데다 러시아군의 부실한 실상이 들어남으로서 러시아의 체면과 위상은 많은 손상을 입을 것이다. 그러나 나토가입을 고집하고 동부지역을 포기하지 않던 우크라이나의 입장이 많이 후퇴한 것은 전쟁의 성과로 선전될 것이다.

반면 국제사회에서 세계평화를 위한 미국과 서방의 능력과 역할에 대한 의문 또한 사라지지 않을 전망이다. 미국과 서방은 외교, 군사적으로 전쟁을 예방하지 못했고 연일 이어지는 민간인의 대량 학살에도 속수무책이다. 전쟁 개시 전부터 바이든 미국 대통령의 직접적인 군사적 불개입 선언이 결국 러시아의 침공을 불러왔다는 비판은 타당한 면이 있다. 물론 미국과 나토가 무기지원, 경제제재라는 수단으로 우크라이나를 지원하고 있지만, 전쟁의 참상을 막지 못한 책임에서 자유롭지 않을 것이다. 결과적으로 러시아의 힘에 의한 문제해결 시도를 묵인한 것이다. 부분적인 전쟁성과로 푸틴체제가 지속된다면 미국과 러시아 갈등관계는 더욱 격화될 가능성도 크다. 한계를 보인 미국의 전쟁억지력에 불안을 느낀 다른 국가들도 각자도생을 추구할 것이고 군비경쟁과 핵무기 보유시도가 확대될 가능성도 있다. 이를 잘못 관리하면 혼돈의 국제질서가 도래할 가능성이 크다.

두 번째는 우크라이나가 성공적으로 저항하면서 장기전이 지속되고 러시아군이 별다른 성과 없이 철수하거나 푸틴정권이 약화되는 경우이다. 러시아를 비롯한 강대국의 위상이 약화되고 약소국들의 입지가 강화되면서 국제관계가 군사 행동의 한계를 절감하고 평화적 문제 해결을 선호하는 방향으로 전개될 가능성이 있다. 푸틴의 국내정치 입지도 주요 변수가 될 것이다. 만약 러시아 온건파가 주도하여 우크라이나와 서방과의 악화된 관계를 청산하고 화해를 모색한다면 국제질서는 중대한 변화가 예상된다. 이 경우 일부의 예상대로 신냉전이 강화되기 보다는 오히려 서방의 주도권이 강화될 가능성도 있다. 그렇게 되면 중국의 고립이 심화되고 미·중·러 역학관계도 변화할 가능성이 있다. 비록 전쟁을 막지는 못했지만 무기지원과 경제제재를 주도했던 미국과 서방의 위상이 강화 될 것이다. 이에 반해 러, 중 권위주의 동맹은 상대적으로 영향력이 약화될 가능성이 있다.

이렇듯 전쟁 양상에 따라 러시아의 국제적 위상과 국제관계는 많은 영향을 받을 것이다. 그러나 그 어떤 경우이던 광대한 영토와 막대한 지하자원, 아시아와 유럽을 연결하는 지리적 조건, 과학기술, 군사력은 물론 지정, 지경학적으로 러시아는 한국에게 여전히 중요하고 전략적 가치가 있는 국가이다. 특히 탄도미사일과 핵무기 고도화를 멈추지 않고 있는 북한을 관리하고 동아시아 안정과 중국의 영향력을 견제하기 위해서도 러시아와의 협력은 중요하다. 이번 전쟁이 러시아의 호전성을 약화시키고 대외정책의 유연한 변화를 추동한다면 한·러 양국의 경제협력은 오히려 새로운 계기를 만들 수 있다.

즉 위기가 기회가 되면서 양국 관계는 새로운 발전단계로 진입할 가능성도 있다. 따라서 단기적으로는 이번 전쟁이 한러 관계에 부정적으로 작용하겠지만 중장기적으로는 여전히 서로를 필요로 하는 전략적 관계로 나아가도록 관리해야 한다. 한반도와 동아시아 평화에 기여하고 미중 양국의 대립을 완화하는 균형자로서의 러시아의 전략적, 경제적 가치를 한국은 충분히 고려하여 대외정책에 반영할 필요가 있다.

냉전시기 미국과 함께 세계를 양분하며 세계적인 강대국이었던 소련은 1991년 냉전붕괴 이후 15개 공화국으로 분리되면서 소멸하였다. 신생국 러시아는 옐친시기 자본주의로 체제를 전환하고 친 서방정책을 추진하며 서유럽국가의 일원이 되길 원했던 적도 있다. 그러나 미국과 유럽은 러시아를 여전히 잠재적인 적대국가로 취급하며 자신들의 구성원으로 받아들이기를 거부했다. 1990년대 옐친 시대 러시아는 국력이 급격히 약해지면서 빈국으로 전락하는 듯 했다. 그러나 2000년 강대국 러시아 재건을 표방한 푸틴이 집권하면서 기간산업을 다시 국유화하고 국가를 재정비하면서 다시 힘을 찾고 있다. 대외적으로도 중국과 연대를 강화하고 첨단무기 개발 경쟁을 주도하면서 미국이나 서방국가 등과는 대립각을 세우고 있다. 또한 자신들의 권위주의 체제를 세계에 확산시키며 제2의 이념경쟁을 연상시키는 대외정책을 전개하고 있다. 우크라이나 크림반도 병합에 반대하는 서방국가들의 대러 경제제재에도 아랑곳 하지 않고 러시아식 국가자본주의를 강화하고 있다. 급기야 푸틴은 이제 러시아가 독자적인 영향력과 힘을 지닌 세계적 강국으로 복귀했음을 우크라이나 전쟁을 통해 선언하려 했던 것으로 보인다.

현재의 러시아는 분명 30년 전과 다른 모습이다. 군사, 안보, 외교, 경제적으로 러시아의 영향력은 전 세계에 미치고 있다. 코로나19 백신을 세계 최초로 개발함으로써 러시아 기초과학기술이 여전히 세계적 수준임을 과시하였다. 무엇보다도 북핵문제, 중국의 부상, 미중 대결구도로 불안정한 동아시아 국제환경에서 완충자로서 러시아의 역할은 여전히 필요하고 중요하다. 이번 우크라이나 전쟁으로 부침은 있겠지만 중장기적으로 러시아의 전략적 가치를 한국은 적극 활용할 필요가 있다.

러시아에 대한 평가절하와 전략 부재

현재 한국 대외정책의 가장 큰 문제점 중에 하나는 미국과 중국에 가려 러시아가 평가절하되고 있다는 점이다. 반면 미국은 물론 유럽, 중동, 중국 등은 러시아를 가장 중요한 협력파트너로 설정하고 대외정책의 최우선순위에 두고 있다. 그러나 한국의 대외정책에서 러시아는 상대적으로 소외되고 있다. 이는 매우 예외적인 현상으로 한국의 전략적 사고의 부족을 보여주는 일면이다. 한국의 삼성, 현대 등은 러시아에 진출해서 국민기업으로 인정받을 만큼 성공을 거두었으나 정부차원의 전략적 성과는 미미하다. 양국은 수교 이후 31차례의 정상회담을 갖는 등 우호적인 관계 설정에 성공하였으나 보다 본격적인 협력시대는 열지 못하고 있다. 문재인 정부의 신 북방정책은 코로나 등으로 인해 본격 추진되지 못했다는 아쉬움이 있다. 여기에는 서방의 대러시아 경제제재로 인한 비즈니스 환경의 제한, 북핵문제로 남·북·러 협력이 추진되지 못했다는 점 등이 중요한 원인으로 거론된다. 우크라이나 전쟁도 상황을 더욱 악화시키고 있다. 그러나 중장기적으로는 전화위복이 될 가능성도 있어 시나리오별 대비책이 필요하다. 러시아는 한국의 새로운 공급망 구축에 자원과 생산재는 물론 기초과학, 유라시아 물류망 건설분야 등에서 훌륭한 협력 조건을 갖고 있다. 이는 한국의 입장에서 세계 어느 나라도 대신할 수 없는 러시아

만의 전략적, 지리적, 경제적 가치이다. 따라서 수교 30주년을 지나고 있는 한-러 관계는 전략적으로 재구성되어야 한다.

러시아의
전략적 가치를
적극 활용 필요

먼저 미·중·러 3강 체제를 형성하고 있는 러시아의 국제적 잠재력을 한국대외전략의 지렛대로 적극 활용해야 한다. 특히 동아시아에서 중국의 성장이 가속화 될수록 한반도에 대한 간섭과 패권주의가 강화될 가능성이 있다. 더욱이 미중관계의 대립과 경쟁이 격화되면서 한국의 입지는 더욱 어려워지고 있다. 따라서 한국은 러시아를 중국의 패권주의를 견제하고 미중 대립을 완화할 수 있는 전략적 옵션으로 활용할 필요가 있다.

러시아 역시 동아시아에서 자신들의 존재감을 강화하기 위해 신동방정책을 추진하고 있다. 특히 중국과 밀월관계를 형성하면서도 동시에 경계하는 러시아의 이중적 고민을 고려하면서 한러 관계를 설정해야 한다. 러시아는 동아시아에서 유일하게 한국과만 3개월 비자면제협정을 맺을 만큼 우리를 안전한 협력파트너로 인식하고 있다. 따라서 한국은 러시아를 동아시아에서 지정학은 물론 경제적 완충자, 균형자로 적극 활용하는 전략이 필요하다.

38. 한러 경제협력의 필요성과 우리의 전략적 목표는 무엇인가?

박상남(한신대학교 국제관계학부 교수)

교역량과 인적교류 증가, 남북러 협력은 미진

수교 이후 약 30년 동안 한러 경제협력은 꾸준히 확대되었다. 초기 약 8억 달러에서 2021년 기준 약 274억 달러로 급증하며 러시아는 한국의 9위 교역국이 되었다. 한국은 주로 공산품을 수출하고 에너지, 광물자원을 수입하고 있다. 때문에 양국의 교역은 유가변동과 서방의 대 러시아 경제제재 등 대외변수에 따라 큰 변동성을 보이고 있다.

현대, 삼성, LG, 롯데 등 한국 민간기업의 현지 직접투자 등으로 자동차·전자제품·식품가공과 유통, 호텔 서비스업 등에서 성공적인 성과를 보이고 있다. 그러나 한국의 대러 투자는 대외투자액의 0.5%로 여전히 미미한 수준이다. 주요 원인은 현지의 투자여건과 미국 등의 러시아 경제제재 등이 걸림돌로 작용하고 있다. 러시아의 한국 투자는 더 빈약한 상황이다.

1991년 한러 수교와 2014년 비자 면제협정 등으로 인해 인적교류가 확대되었고, 코로나 19 이전에는 관광객 수가 약 80만 명에 이를 정도로 급증했다. 또한 유학, 의료 관광 등의 목적으로 한국을 방문하는 러시아인들은 유럽국가 중에서 가장 많으며, 코로나 19 사태가 종결되면 더욱 발전할 것으로 전망된다. 러시아의 신동방정책, 극동지역 개발계획과 한국의 신북방정책 등이 상호 호응하면서 가스 등 에너지 수송망, 전력망 구축과 철도 연결 등 남·북·러 3각 협력이 논의되었으나 북핵문제 등으로 답보상태에 머물러 있다.

지정학적 변수와 경제적 세력균형 필요

양국의 경제협력은 엄청난 협력 잠재력과 시장다변화 필요성 등으로 발전할 여지가 크다. 양국 국민의 상호 호감도가 상승하고 인적 교류확대로 좋은 토양이 형성되고 있다. 반면 북핵문제와 미중대립 등 동아시아 긴장국면과 우크라이나 전쟁이 변수가 될 전망이다. 뿐만 아니라 러시아가 자국 내 수입 대체산업 육성정책을 추진하고 중국산 물품 수입이 증가하는 것도 우리 기업에게는 불리한 여건이 될 수 있다.

무엇보다도 중국 경제가 성장하면서 한국, 러시아는 중국의존도가 심화될 것을 깊이 우려하고 있다. 현대국제사회는 안보적 세력균형뿐만 아니라 경제적 세력균형도 국가존립에 중요한 요소가 되고 있다. 중국이라는 블랙홀에 종속 또는 흡수되지 않고 독자적인 시장과 산업을 유지하면서 발전하는 것이 한국과 러시아 정부의 주요 과제로 부상하고 있다. 이미 러시아는 구 소련권 국가들을 다시 결합하여 유라시아경제연합을 만들어 중국을 견제하고 있다. 이처럼 중국경제에 대한 의존도 심화는 한러 양국 모두에게 최대 위협이 될 가능성이 크다.

한러 경제협력 강화로 제 3의 유라시아 시장공동체 건설

한국경제의 제1시장은 미국, 일본, 유럽, 동남아 등 서방과 태평양 국가들이다. 제2의 시장은 중국인데 점차 비중이 높아지면서 한국경제의 예속이 우려되고 있는 상황이다. 따라서 경제적 세력균형과 시장 다원화를 위해 제3의 시장을 개척하여 한국경제의 협력벨트를 다원화해야 한다. 러시아, 몽골, 중앙아시아 5개국, 우크라이나 등을 아우르는 유라시아 북방 경제협력 벨트를 구축하는 것은 한국경제의 발전과 세력균형에 새로운 기회가 될 것이다.

러시아 등 북방지역 시장이 중국에 잠식되기 전에 한국이 이들 국가들과 경제공동체를 구축하고 공동의 발전모델을 만드는 것도 적극 모색할 필요가 있다. 이를 위해 먼저 한국경제와 러시아 경제의 연계성을 강화할 필요가 있다. 또한 러시아가 주도하고 있는 유라시아 경제연합에 한국이 회원국으로 가입할 필요가 있다. 제조업 경쟁력이 강한 한국이 양보하더라도 러시아, 유라시아 국가들과 과감하게 경제공동체를 건설하는 것은 새로운 경제협력벨트 구축은 물론 세력균형을 도모하는 방안이기도 하다.

양국의 협력분야는 여전히 블루오션일 만큼 방대하고 다양하며 잠재력이 크다. 이를 활용하기 위해 제조업 현지 진출, 공동의 디지털 경제플랫폼 구축, 4차 산업혁명에 대비한 첨단기술의 공동연구와 벤처단지 건설, 투자 리스크를 줄이기 위한 양국정부의 제도적 개선과 중소기업들의 진출을 돕기 위한 금융 인프라 구축 등이 시급한 과제이다. 중장기적으로 시장통합을 위한 인적교류 활성화와 교육, 문화교류도 한국이 선도할 필요가 있다.

Ⅳ. 경제통상분야 핵심쟁점

39. 향후 5년 대외경제부문의 주요 이슈는 무엇인가?

최필수(세종대학교 국제학부 교수)

우리가 직면한 복잡해 보이는 대외경제 이슈들은 그 배경에 따라 5개의 범주로 구분할 수 있다. 각각의 범주는 글로벌 차원의 변화와 미중간 경쟁이라는 두 개의 배경을 가진다.

미중
디커플링과
글로벌 공조
약화에 따른
공급망 불안 대응

첫째, 미중간 디커플링이 벌어지고 글로벌 공조가 약해짐에 따라 공급망 불안이 나타나고 있는 것이 우리 정부가 대응해야 할 가장 시급한 대외경제 현안이다. 상호 신뢰와 상업적 동기로 맺어진 가치사슬(Value Chain)이 흔들리고 그 자리에 정치적 배타성을 전제로 한 안전한 공급사슬(Supply Chain)의 필요성이 나타나고 있는 것이다. 미중간 불신에서 비롯된 이러한 현상은 코로나 팬데믹으로 인해 더 극적으로 드러났다. 코로나로 인한 락다운(lock-down)을 가장 먼저 실행한 중국은 곧 전 세계적인 공급망 충격을 일으켰다. 2020년초 우리나라도 중국산 부품 하나(와이어링 하네스)가 없어 자동차 생산라인이 멈춰선 바 있다. 우리의 가치사슬 혹은 공급사슬이 사실은 매우 취약하다는 것이 드러난 것이다. 이는 2019년 일본의 반도체 소재 수출제한 위협과 2021년 요소수 사태에서도 나타났다. 전자는 일본의 계산된 공격이었고 후자는 중국의 실수였지만 우리나라는 경제의 근간이 흔들릴 수 있는 심각한 위기를 느꼈다. 식량과 에너지와 자원을 해외에 의존하고 있는 우리로서는 이러한 위기에 철저히 대응해야 한다. 이를 위해서는 단기적으로 취약 품목 리스트를 잘 관리해야 하고 장기적으로는 국가의 외교통상 정책을 재정비해야 한다.

WTO를 대체할 국제통상질서에 대비

둘째, 다자주의가 위축되고 미중간 통상 규범 경쟁이 벌어지는 상황에서 우리의 자리매김을 새로이 해야 한다. 다자주의의 구현체인 WTO는 미국의 보이콧으로 2019년 이후 상소기구의 활동이 정지되어 있다. WTO의 위기는 이미 차세대 무역 규범을 정립했어야 할 도하라운드(DDR)가 20년 넘게 공전하고 있는 것에서부터 예견돼 왔었다. 최근에는 디지털 무역의 부상으로 새로운 무역규범의 필요성이 더 커졌음에도 WTO는 그러한 공동의 이슈를 다룰 힘을 잃은 채 선진국 대 개도국으로 나뉘어 국유기업·산업보조금 등 이해관계의 합을 이룰 수 없는 다툼을 벌이고 있다. 이런 상황에서 G7과 같은 민첩한 협의체의 역할이 눈에 띈다. 최근 글로벌 법인세 제정은 미국이 G7에 제기하여 합의를 이룬 뒤 G20를 거쳐 세계 136개국이 합의하는 식으로 이뤄졌다. 이미 G7에 옵저버로 참여한 바 있는 우리는 최근 높아진 국격을 바탕으로 준(準)G7 국가로 자리매김하는 동시에 G7과 같은 또다른 협의체가 탄생할 것인지 주목하여 대응해야 한다. 또한 중국·대만·영국 등이 추가 가입신청을 하고 있는 CPTPP에도 가입을 추진하여 개방형 통상국가로서의 정체성을 확고히 해야 한다.

일대일로·B3W·글로벌게이트웨이 – 개도국 영향력 경쟁 대응

셋째, 개도국 개발수요와에 중국과 선진국의 자금이 투입되고 있는 구도를 적절히 활용하여 우리의 해외 경제저변을 확대해야 한다. 중국의 일대일로는 개도국의 인프라 개발수요에 중국 자금이 적극적으로 대응하는 식으로 구현돼 왔다. 이것이 개도국에 대한 중국의 영향력 확대로 이어짐은 물론이다. 미국은 이에 대해 비판적인 견해를 밝혀오다가 2021년 6월 B3W(Build Back Better World)이라는 경제개발 원조 프로그램을 G7에 제안했다. EU도 2021년 12월 비슷한 맥락의 "Global Gateway"를 천명했다. 개도국들에게 "중국 돈 받지 말라"고 하던 것이 효과가 없자, "우리가 더 좋은 돈을 주겠다"고 하게 된 것이다. 향후 개도국들은 중국과 미국, EU의 경쟁적인 자금공여의 혜택을 누릴 수 있다. 중요한 것은, 이러한 자금이 수많은 해외건설 프로젝트로 이어지고 수많은 협력 파트너 수요로 이어진다는 것이다. 해외 경제저변 확대를 상시 과제로 가지고 있는 우리로서는 놓칠 수 없는 기회이다. 신남방·신북방 정책도 해외 경제저변 확대에 다름 아니다.

디지털 진영화에 비배타성 견지

넷째, 디지털 전환의 급변 속에서 미중 간 디지털 진영 형성에 현명하게 대응해야 한다. 인공지능의 비약적 발전이 촉발시킨 4차 산업혁명은 5G에서 6G로 이어지는 통신기술의 발전과 데이터 기술의 발전에 힘입어 더욱 가속화되고 있다. 새로운 기술은 곧 새로운 기술표준을 요구하게 되고 미국과 중국은 이 경쟁에서 승기를 잡기 위해 치열하게 다투고 있다. 이러한 기술진보에 나름대로 기여하고 있는 우리나라는 미중 모두와 튼튼한 제조업으로 연계되어 있으며 수준 높은 혁신역량을 갖추고 있다는 장점을 살려야 한다. 특히 중국이 디지털 실크로드라는 개도국 위주의 전략을, 미국이 인도태평양경제프레임워크(IPEF)와 같은 선진국 위주의 전략을 구사하고 있는 사이에서 국가와 기업이 적용시킬 수 있는 비배타적 프레임을 창출해야 한다. 국가가 채택하는 표준과 기업이 납품하는 표준은 달라도 되기 때문이며, 기업들마다 다른 표준과 협력하는 것도 가능하기 때문이다.

탄소중립 연착륙

다섯째, 선진국의 압력을 받고 있는 탄소절감 목표 실현과 우리나라의 실물경제가 충돌하지 않도록 관리하는 동시에 국제적 탄소절감 목표에 공조해야 한다. 탄소절감은 유럽이 주도하고 미국이 호응하여 중국과 개도국을 압박하는 형태로 진행되고 있다. 기후위기를 막아야 한다는 대의는 분명하지만, 한편으로는 탄소 이슈가 일종의 무역장벽으로 작용하여, 선진국의 환경기술을 상업적으로 가능케 하는 역할도 한다. 중국을 비롯한 개도국은 국제적 공조를 위해서는 선진국의 기술·자금 지원이 필요하다고 주장하고 있는데 우리의 입장도 이와 다르지 않다. 더욱이 준비 안 된 급격한 탄소절감은 자칫 실물경제와 일상생활에 충격을 줄 수 있다. 2021년 가을 중국에서 나타난 전력난이 반면교사이다.

탄소중립 과제는 공급망 안보 과제와도 연관돼 있다. 중국 등 우리와 밀접한 공급망을 맺고 있는 나라가 탄소중립을 실천하면 그것이 우리에게 공급망 위기로 전이되기 때문이다. 2021년 말

요소수 사태의 본질도 그것이다. 탄소중립 실천의 국제공조는 우아한 목표가 아니라 우리의 사활이 걸린 문제이다.

〈표〉 우리가 직면한 대외경제 주요 이슈의 5가지 범주와 정책과제

배경		주요 이슈	→	정책과제	배경	
美中차원	디커플링	미중 디커플링 공급망 안전, 경제안보	→	미중 디커플링과 전략산업 보호주의 대응	글로벌공조 약화에 따른 공급망 불안	글로벌차원
	무역통상 규범 경쟁	마비된 WTO 민첩한 G7 CPTPP 가입	→	국제통상질서 개편에 대응	다자주의 위축	
	개도국 영향력 경쟁	일대일로(中), B3W(美), Global Gateway(EU)의 병립	→	개도국 인프라 건설 경쟁을 이용한 해외 경제저변 확대	개발수요와 자금공급의 불균형	
	기술패권 경쟁	인태경제프레임워크·클린네트워크(美)와 디지털 실크로드(中)의 병립	→	디지털 경제블럭화 대응	디지털 전환	
	환경규범 경쟁	탄소제로와 실물경제의 충돌 가능성 국제적 탄소절감 공조	→	탄소제로 연착륙 도모	기후변화 대응	

40. 트럼프의 대중국 무역통상 공격은 효과적이고 정당했나?

최필수(세종대학교 국제학부 교수)

트럼프의 대중국 무역통상 공격은 거칠고 직관적이었다. 과연 그것이 정말 효과가 있었는지에 대해서 아직 통일된 의견은 없는 상태다. 더구나 그 정당성을 묻는 사람은 거의 없다. 그러나 이 질문들은 매우 중요하다. 실리와 명분이 있어야 그러한 정책이 계속될 것이기 때문이다.

트럼프의 대중국 공격: 무역부문의 실패와 투자부문의 성과

트럼프 행정부의 대중국 공격의 효과는 매우 논쟁적이다. 미중 무역전쟁이 본격화된 2018년부터 코로나 위기를 공유한 2020년까지 미국의 대중국 무역적자는 분명히 개선됐다(4,431억 달러→3,658억 달러→3,325억 달러). 이는 트럼프가 바라던 결과이긴 하지만 그 원인은 복잡하다. 관세인상으로 인한 수입 감소도 있겠지만 미국의 상대적 소득이 떨어지고 위안화가 강세를 보인 탓도 있기 때문이다. 더욱이 미국의 대중 수출은 감소내지는 정체 상태이다. 미국 제품을 강매하려던 무역합의는 대체로 지켜지지 않았다. 즉 트럼프가 바라던 결과가 나왔지만, 그 원인은 트럼프의 의도가 실현되지 않아서라는 매우 역설적인 상황이 벌어진 것이다. 더욱이 2021년 들어 무역적자는 3,905억 달러로 다시 증가했다.

무역부문에서 이러한 실패와 달리 투자 부문에서는 일정한 성과를 거두고 있다. 중국 기업의 해외 인수합병을 효과적으로 저지하고 있기 때문이다. 사실 일찍부터 중국 기업의 해외 인수합병은 경계의 대상이 돼왔고 2000년대 초반부터 중국을 경계하는 산업계와 정치계의 분위기 때문에 중국의 해외 인수합병은 좌절되기 일쑤였다. 트럼프는 이것을 더 강력하게 제도화했다. 대미외국인투자위원회(CFIUS)의 권한을 강화하고 외국인투자위험조사현대화법(FIRRMA)를 발효시킨 것이다. 특히 각국의 반독점법에 따라 중요한 국제 인수합병은 주요국들의 재가를 받아야하기 때문에 중국은 미국 기업뿐 아니라 유럽 등 제3국에서의 인수합병에도 어려움을 겪고 있다.

제재 리스트와 중국의 기술독립 각성 초래

제재 리스트에 의한 제재도 중국 기업에게 고통스러운 것이지만 정작 미국 기업들의 피해가 우려되어 철저히 이뤄지지 않고 있다. 대표적으로 미국은 2020년 하반기에 화웨이에 대한 철저한 봉쇄 방침을 제도화했지만, 동시에 화웨이에 대한 납품을 산발적으로 허용했다. AMD, 인텔, 삼성, 퀄컴 등이 화웨이 수출을 놓고 미국 상무부의 허가를 받은 것이다. 물론 이러한 허가가 개별적이고 특수한 경우들이긴 했지만, 미국이 화웨이를 고사시키려면 그에 수반된 미국 기업의 희생도 있다는 사실이 드러내는 계기가 됐다. 심지어 상무부에서는 5G 표준 수립에 참여하기 위해 미국 기업이 화웨이와 협력하는 것을 막지 않겠다고 밝히기도 했다. 그러나 이러한 개별적인 현상에도 불구하고 미국이 희생을 무릅쓰고 중국 기업들을 보이콧할 수 있는 제도를 갖췄다는 점에서는 중국에게 분명한 위협이 되는 것은 사실이다.

미국의 규제의 가장 큰 부작용은 중국으로 하여금 기술독립 각성을 일으켰다는 것이다. 중국은 미국과 선진국의 앞선 기술력을 인정하고 그것을 조달받아 로열티를 지불하면서 생산력을 유지해 왔다. 그런데 미국이 자국 기술을 중국에게 보이콧 한다면 중국은 부득이하게 자체 기술 확보에 나설 수 밖에 없다. 이것은 미국에게 뼈아픈 손실이고 중국에게 크나큰 고통이다. 중국이 주요 기술에 대한 자립에 성공할지는 미지수이다. 그 결과가 미국에게 이익이 될지도 장담할 수 없다. 대표적으로 반도체 부문에서 대중국 기술 보이콧을 분석한 보스톤컨설팅그룹(BCG, 2020)의 보고서에 따르면 미국의 보이콧은 결국 중국 시장을 잃고 한국과 유럽 등에게 어부지리를 안겨줄 것이다.

의심받는 미국의 정당성

트럼프 행정부의 대중 공격은 국제사회에서 정당성을 획득하지도 못했다. 무역 행위의 정당성을 판단하는 WTO의 분쟁해결기구(DSB)는 미국이 중국 제품에 부과한 보복관세가 WTO 최혜국 조항 위반이자, WTO의 분쟁해결 절차를 거치지 않은 것이라고 지적했다. 또한 파리기후협약과 세계보건기구(WHO)에서 탈퇴하는 등 세계의 리더로서 해서는 안되는 행동을 했을 뿐 아니라, 이란과의 핵합의를 깨고 해외 미군을 철수하는 등 우방의 안보를 무시하는 조치들을 취했다. 중국과의 무역협정도 그것이 미국만의 일방적인 것이었기에 타국 입장에서는 중국 시장에서 미국의 배타적 우위를 받아들여야 한다는 것으로 비춰졌다. 화웨이 제재도 2013년 스노든 사태를 통해 자국민과 외국민을 가리지 않고 도감청을 해온 것이 드러난 미국이 보안 이슈를 제기한다는 것 자체가 아이러니다.

원칙에 입각한 우리의 대응 필요

서론에서 제기한 다섯가지 원칙(다자주의 견지, 현상에 발맞춘 대응, 사연별 접근, 비배타성 견지, 자주적 연대 결성)은 이런 상황에서 우리의 경제통상 분야 정책의 가이드라인이 된다. 많은 나라들은 미국 예외주의를 인정하거나, 미국이 정당하지는 않지만 중국의 부상은 억눌러야겠다는 판단을 한 것으로 보인다. 그러나 또다른 나라들은 중국 제재가 실제적인 비용을 치르는데까지 이른다면 미국에게 정당성 입증을 요구할 것이다. 가령 틱톡을 쓰지 말라는 정도라면 동참할 수 있지만 이미 설치한 화웨이 장비를 돈 들여 철거하라는 데까지 가면 확실한 안보 위험의 증거를 대야 한다. 또한, 중국이 몰락하는 것이 아니라 기술독립과 함께 새로운 진영을 형성할 가능성에 대해서도 생각해봐야 한다. 우리가 공정·공영·공존의 원칙을 표방하고 다섯 가지 경제통상 정책 방향을 견지하는 것은 그래서 중요하다.

41. 화웨이 통신장비 배제는 근거가 있으며 가능한가?

최필수(세종대학교 국제학부 교수)

트럼프의 중국 견제 중에서 가장 대표적인 사례이자 타겟이 화웨이이다. 과연 화웨이는 그렇게 의심스러운가? 화웨이에 대한 공격은 성공할까? 화웨이 통신장비를 사용하고 있고(LGU+) 년간 100억 달러 이상을 화웨이에 납품했던 우리로서는 반드시 짚고 넘어갈 질문이다.

보안 이슈는 근거가 약하나 지배구조는 불투명함 | 미국이 다른 나라에 화웨이 통신장비 철거를 강제하려면 확실한 근거를 제시해야 하는데 현실적으로 설득력이 없다. 화웨이 도입에 앞서 영국(BT)은 2009년에 심천 본사에서 실사 작업을 거친 바 있으며, 미국 하원도 2012년에 화웨이와 ZTE에 대한 집중 조사를 벌였지만 혐의를 입증하지 못했다.

화웨이는 2020년 6월 스페인 인증기관인 CCN에서 CC(Common Criteria) 평가보증 4등급(EAL4+)을 받았는데 이는 네트워크 장비분야의 최고 레벨이다(ISO 15408). LGU+도 2020년 1월 화웨이 장비를 포함한 5G 기지국의 정보보호 관리체계 국제인증을 받았다(ISO27001). 기술적으로 단순 중계 기능에서 유의미한 정보 유출이 일어나기는 어려우며 백도어 공포도 근거가 없다.

한편 미국은 그동안 체계적으로 도감청을 해왔다. 북한·중국

• 러시아의 해킹 혐의는 드러날 정도로 허술한 것이었다고 보는 것이 정확하다. 중국이 자국 데이터를 보호하겠다는 네트워크 보안법을 제정했지만, 미국은 외국 데이터를 가져오겠다는 CLOUD[81]) Act를 제정했다. 중국은 2020년 9월 데이터 주권을 앞세운 "글로벌 데이터 안보 이니셔티브(Global Initiative on Data Security)"를 제창했다. 요컨데 화웨이 설치 여부는 보안과 별 관계가 없으며 우리가 알지 못하는 미국이나 중국의 정보기관의 활동이 보안 이슈의 핵심이다.

그러나 하나의 기업으로서 화웨이는 지배구조가 불투명하다는 약점이 있다. 비록 화웨이가 투명성 논쟁을 의식하여 지분구조와 재무구조 등을 공개하고 있긴 하지만 상장기업이 아니기에 그 정보 수준은 미흡하다. 정확히 누가 몇 퍼센트의 지분을 가지고 있는지, 자금의 출처가 어디인지 속시원한 정보를 알기 어렵다. 창업자의 배경이 인민해방군이란 것도 의심을 키운다. 투자자들에게 휘둘리기 싫어서 상장을 하지 않는다는 화웨이의 전략은 한 편 이해할 수 있지만 불투명성에서 오는 불안감은 화웨이가 안고 가야할 몫이다.

화웨이 통신장비 철거는 쉽게 이뤄지지 않을 것

미국은 지속적으로 동맹국들에게 화웨이 장비사용을 중단할 것을 요구했다. 형식 논리상 5G부터 사용하지 않는 것과 기존 4G까지 철거한다는 옵션이 있을 수 있으나 현실적으로 이 둘은 밀접히 연관돼 있다. 4G와 5G를 완전히 다

---

81) Clarifying Lawful Overseas Use of Data

른 시스템으로 구축하는 것은 불가능하기 때문이다. 결국 이는 단순히 5G에서 화웨이를 사용하지 않는 차원이 아니라 기존에 깔린 4G망까지 철거해야 한다는 의미이다.

이에 따른 막대한 비용으로 인해 많은 나라들이 화웨이 배제에 참여하지 못하고 있다. GSMA(유럽 통신업계 협회)는 화웨이 제재에 따른 전체 유럽의 손해액을 620억 달러로 추정했다. Supchina(2019)는 이 추산이 매우 보수적이라고 평가한다.[82] 기존 통신망을 철거하고 새로 구축하는 비용까지 고려해야 하기 때문이다.

<표> 주요국들의 화웨이 배제 여부에 대한 입장(2020년 말 현재)

미국, 덴마크, 호주, 인도, 일본, 베트남	배제	강경 ↑
영국	2027년까지 제거, 통신업계는 반대	
이탈리아	배제 검토 중	
EU	회원국에 자발적 시행 권고('20.1.)	
프랑스	마크롱 대통령, 비배제 선언	↓ 실용
한국, 독일, 뉴질랜드, 인도네시아, 체코, 캐나다, 아일랜드	기업별 결정 혹은 미결정	
스위스, 스웨덴, 네델란드, 에스토니아, 남아공, 러시아, 말레이시아, 바레인, 벨기에, 필리핀, 태국, 폴란드, 아일랜드, UAE	채택 및 계속 도입	

출처: 산업연구원(2020)과 언론보도를 종합하여 저자 작성

---

82) "U.S.-China Supply Chains And Innovation: The Risks The Huawei Hawks Don't Understand," *Supchina*, June 18, 2019.

영국이 그럼에도 불구하고 2020년 7월 화웨이 설비를 2027년까지 철거한다고 발표했다. 그러나 보다폰(Vodafone)을 대표로 하는 통신업계는 이에 반발하고 있다. 직접적인 철거비용 25억 파운드는 물론 5G 구현 2~3년 지연에 따른 수백억 파운드의 기회비용까지 치러야 하기 때문이다. 독일과 프랑스도 미국의 취지에 공감하여 화웨이를 배제한다고 했다가도 막상 특정 국가들 배제하지 않겠다던가, 업계의 자율에 맡긴다던가 하는 쪽으로 한발 물러서고 있다.

| 우리의 대응방안 | 화웨이 통신장비 철거는 가능한 피해야 한다. LGU+가 화웨이 통신장비를 철거하려면 5G 장비 교체에 수천억, 4G 교체에 수조 원이 소요될 것으로 보인다. |

그 비용을 정부가 댈 것인가? 업체에게 부담시킬 것인가? 그래서 LG의 주가가 하락하면 주주의 손실은 누가 보상할 것인가? 이는 모두 답없는 질문이다. 미국이 비용을 보전해주지도 않는다. 만약 미국이 화웨이 철거를 강요해서 우리나라에 직접적인 손실을 입힌다면 같은 선택의 기로에 선 다른 나라들과 연대하여 대응할 수도 있다. 한편 최근 독일은 5G 통신망 구축 정책을 수립했다. 이것은 형식상 정부가 특정 업체를 거부할 권한을 부여한 것이나 실제로 그것이 이뤄지기는 어려운 장치들도 아울러 갖추고 있다. 유럽의 다른 나라들은 독일이 실제로 화웨이 배제에 나서지 않을 것이라고 보고 있다.

42. 미중 디커플링은 어떻게 진행되고 우리는 어떻게 대응할 것인가?

최필수(세종대학교 국제학부 교수)

바이든 행정부와 중국의 14·5계획 모두 핵심 산업의 국산화를 지향하고 있다. 이것이 미중 디커플링 현상의 핵심이다. 그 배경은 무엇이고 어디까지 진행될지 파악하는 것은 우리나라 산업정책에 극히 중요하다.

미국과 중국의 불신이 초래한 디커플링 ｜ 바이든은 취임 직후 주요 품목(반도체, 배터리, 희토류, 의약품)에 대한 미국내 공급망을 검토하라는 행정 명령에 서명했다. 이 품목들은 미국이 기술은 장악하고 있지만 생산은 해외에 위탁하고 있는 것들이다. 더 저렴한 생산원가를 찾아 설비를 이동시킨 기업 전략의 결과이기도 하다. 이러한 전략으로 미국 기업은 고부가가치 수익을 누렸지만 핵심 품목을 해외에 의존하는 취약성도 같이 커졌다.

중국도 제14차 5개년 규획(2021~2025)에서 '국내대순환'을 내세우며 핵심 산업에서의 자립을 추구하고 있다.[83] 사실 중국의 기술자립은 2006년부터 공식적으로 추진돼 왔다. 그런데 2015년

---

83) 최필수·이현태, "쌍순환 구상과 14·5계획에 나타난 중국의 산업정책과 한국의 대응방안," 『중소연구』, 제44권 4호(2021), pp. 151-196.

선포된 '중국제조 2025'라는 계획에 자립 시간표가 구체적으로 제시돼 있었고 이것이 서방의 심기를 건드려 제재를 자초한 것이다. 다만 중국은 많은 생산 설비들을 자국 내에 갖추고 있다. 비록 외국기업이 외국기술로 생산하는 것일지언정 중국 내에서 생산되고 있는 것이다. 이는 세계의 공장으로서 중국의 위치를 공고히 하는데 기여했지만 핵심기술을 해외에 의존하고 있다는 취약성은 극복하지 못했다.

<표> 중국제조 2025에 나타난 중국의 주요 분야 국산화율 목표(%)

구분	2020	2025	2030
신에너지 자동차	70	80	-
첨단 선박부품	60	80	-
신재생에너지 장비	-	80	-
고급 CNC 기계와 제조 설비	70	80	-
로봇 핵심 부품	50	70	80
로봇	50	70	-
산업용 로봇	50	70	-
최첨단 의료기기	50	70	-
클라우드와 빅데이터	40	60	-
스마트 제조 IT	40	60	-
대형 트랙터와 수확기	30	60	-
산업 소프트웨어	30	50	-
핸드폰 칩	35	40	-
대형항공기	5	10	-

출처: 国家制造强国建设战略咨询委员会(2015)

미국의 생산 취약성과 중국의 기술 취약성은 그동안 문제가 되지 않았다. 글로벌 가치사슬(GVC) 속에서 상호의존은 필연적이고 심지어 바람직한 것으로 이해돼 왔었기 때문이다. "실리콘밸리(기술)-월스트리트(자본)-중국(생산)"의 3각 편대는 서로 부가가치를 나눠 먹으며 윈윈(Win-Win)의 균형을 지켜왔다.

이 균형을 먼저 깨뜨린건 중국이라고 할 수 있다. 앞서 언급한 대로 체계적인 기술자립의 계획을 세우고, 무서운 속도로 그것을 실현시켰기 때문이다. 특히 5G로 대표되는 통신설비 부문에서 중국은 가성비를 넘어서 최고 성능과 기술을 갖추기에 이르렀다. 이 균형이 지속되지 못한다는 것을 깨달은 실리콘밸리도 反트럼프 전선에서 이탈하여 대중 공격에서만은 행정부와 같은 목소리를 내기에 이르렀다.

디커플링의 선택적 부문

양국 정부의 계획만 보면 당장이라도 두 나라가 결별할 것 같다. 그러나 현실은 좀 더 복잡하다. 일단 중국에 진출한 미국 기업의 대부분(80% 가량)이 미국으로 철수할 의향이 없다고 답했다. 불과 몇 년 전까지 양국은 서로의 최대 교역 대상국이었고 2021년에도 양국의 교역량은 6천9백억 달러에 이르렀다. 전년보다 1천억 달러 이상 증가한 것이다. 즉 미중 교역에서 미중 디커플링은 전혀 관찰되지 않는다. 캐서린 타이 USTR 대표도 리커플링(Recoupling)이라는 완화된 표현을 썼다.

그렇다면 디커플링은 어느 부문에서 이뤄질 것인가? 양국이 전략적 산업으로 인식하는 부문에서 그렇게 될 것이다. 바이든

이 검토하라고 한 네 품목과 중국이 독립 시간표를 제시한 10여 개 품목이 그것이다. 그렇다면 어느 부문에서 양국 관계가 지속 될 것인가? 비전략적 산업에서 그렇게 될 것이다. 2016년 중국 가전업체 하이얼은 미국 GE 가전부문을 인수했다. GE가 미국의 상징적인 기업이고 가전부문이 GE의 모태였으므로 중국이 이를 인수했다는 것에 많은 의미를 부여할 수 있다. 그런데 중요한 것은 이때 미국의 외국인투자심사 기능이 작동하지 않았다는 것 이다. 가전산업이 전략적 산업이 아니기 때문이다. 즉 앞으로도 미국은 중국으로부터 철강·석유화학 제품이나 생활잡화 및 내 구소비재를 계속 수입할 것이다.[84]

이러한 전략적 구도에서 중요한 변수가 하나 있다. 그것은 바 로 중국의 내수시장이 대체불가능한 규모로 성장하고 있다는 사 실이다. 이는 미중 양국기업 모두에게 중요한 의미를 지닌다. 중 국기업은 중국시장을 바탕으로 버틸 수 있다. 미국기업은 중국 시장을 버리기가 너무나 아깝다. 테슬라가 세계 최대의 전기차 시장을 버린다거나 애플이 총 매출의 15%를 차지하는 중국을 포기할 리가 없다. 즉 전략·비전략 산업을 막론하고 기업의 이 윤동기로 인해 정부의 전략동기가 온전히 실현되기는 어려울 것 이다.

취약물자의
공급망 확보 필요

미중간 디커플링은 결국 전 세계의 국 제공조를 약화시킬 것이므로 대외의존 도가 높은 우리나라는 취약 물자에 대

---

84) 최필수·김재관·문익준·신종호, "미중 전략경쟁시대 중국의 변화와 경기도의 대응방안", 경기도청 연구용역 결과보고서(2021.8.31.).

222 미중 전략경쟁시대 한국의 대외전략 51문답

한 공급망 확보 대책을 마련해야 한다. 최근 미국과 중국이 각자 진영을 구축하기 시작하면서 글로벌 공조의 가능성은 약화되고 있다. 미국의 동맹 조달(Ally-Shoring), 일본·호주·인도 등 쿼드 국가의 SRI(Supply Chain Resilience Initiative), 중국의 홍색공급망(紅色供給網) 등이 그것이다. 미중 모두와 공급망으로 엮여 있으면서 민주주의를 표방하는 우리는 이러한 여건과 가치를 지렛대 삼아 공급망 안보에 나서야 한다.

43. 중국의 일대일로와 서방의 개도국 인프라 건설 전략에 우리는 어떻게 대응해야 하나?

최필수(세종대학교 국제학부 교수)

중국의 일대일로에 대응하여 서방에서 다양한 개도국 인프라 건설 계획들이 발표되고 있다. 그 의미는 무엇이고 우리는 어떻게 대응해야 하나?

일대일로, B3W, 글로벌 게이트웨이

일대일로는 2000년대 말부터 본격화된 중국의 대외진출을 새로이 포장하여 명명한 것으로 2013년 선포되고 2017년 중국 공산당의 당장(黨章)에 삽입됐다. 일대일로가 발표된 후 중국은 서방을 압도하는 대외원조를 기록 중이다(그림). B3W(Build Back Better World)는 미국이 2021년 6월 G7 정상회담에서 제안한 것이다. 이 계획은 저개발국의 인프라 건설 수요가 40조 달러라고 보고, 미국이 수십억 달러를 동원하여 이에 대응하겠다는 것이다. 여기에 더해 2021년 11월 EU는 '글로벌 게이트웨이(Global Gateway)'라는 이름으로 2027년까지 3천억 유로가 투입될 역외 인프라 투자 계획을 발표했다.

우리나라는 교역과 투자, 건설 수주 등을 통해 해외 저변을 계속 넓혀 나가야 한다. 이를 위해 해외의 개발자금 제공 프로그램은 매우 중요한 고려 요소가 된다. 아직 구매력과 재정이 충분치 않은 개도국에 접근하려면 우리나라 스스로의 자금력이 반드시 필요한데, 이들 전략을 레버리지로 활용할 수 있기 때문이다.

<그림> 2013년 전(위)과 후(아래) 주요국의 국제개발자금 투입량

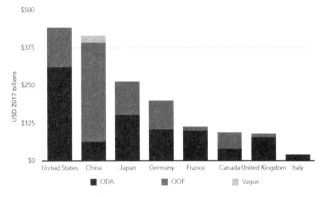

Figure 1: International development finance from China and the G7, 2000-2012

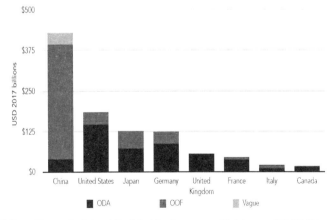

Figure 2: International development finance from China and the G7, 2013-2017

출처: Banking on the Belt and Road: Insights from a new global dataset of 13,427 Chinese development projects(Aid Data Sep. 2021)

각 계획의
특징과 한국과의
협력 요인

중국은 최근 일대일로의 속도조절에 나서고 있다. 2019년 제2차 일대일로 정상회담(BRI Summit)을 통해 '고품질발전'을 표방한 것이다. 그 일환으로 개도국의 재정상황을 먼저 검토한후 투자하겠다는 부채 평가 가이드라인도 제시했다. 이제 수익성을 고려하지 않고 자금을 쏟아붓는 행태는 점차 사라질 것이다. 이는 서방의 비난을 의식한 것이기도 하다. 서방은 중국의 일대일로가 재정여건이 약한 국가에게 과도한 채무를 지우고 독재와 인권탄압을 일삼는 나라에게도 자금을 지원한다고 비난해왔다.

일대일로를 비난하며 시작한 B3W와 글로벌 게이트웨이도 자연스럽게 수원국(受援國)에게 양호한 재정상태와 높은 거버넌스 기준을 요구할 것이다. 그 기준은 중국보다 한 단계 높을 가능성이 크다. 즉 중국은 열악한 개도국을, 서방은 양호한 개도국을 돕는 역할분담이 이뤄질 수 있다. 코로나가 끝나고 해외투자가 본격화되는 시점이면 각자의 특징이 드러날 것이다.

중국과 서방의 개도국 투자계획은 모두 한국과 협력을 추진할 여지가 있다. 대형 인프라 투자에는 리스크를 분산시킬 수 있는 금융 및 시공 파트너가 필요하기 때문이다.

또 하나 고려해야할 요소는 한반도와의 연계성이다. 여기서 일대일로가 중요하다. 중국의 요녕성이 제기하는 동북아경제회랑이나 길림성이 제기하는 두만강개발(창지투 長吉圖)은 모두 한반도와 직접적으로 연계된다. 북한과의 긴장 완화를 통해 대륙과 연계하는 것은 보수·진보를 막론하고 꿈꿔왔던 우리나라의 이상이다.

이슈 쪼개기와
비배타성 견지

일대일로, B3W, 글로벌 게이트웨이는 모두 배타적이지 않다. 우리나라가 전적으로 무엇에만 참여한다고 표명하는 것도 부적절할 뿐더러 그렇게 요구받지도 않는다. 인프라 건설은 기획, 발주, 수주, 납품, 조달, 운영 등 매우 복잡한 형태로 이뤄지고 우리는 그중에서 우리가 할 수 있는 것을 하면 된다. 중국을 견제하기 위해 일대일로에 참여하지 말아야 한다거나, 투명하고 수익성이 나는 것만 참여해야 한다는 담론은 이렇게 복잡한 비즈니스 현실을 외면한 발상이다. 불투명한 프로젝트에 출자하는 것은 위험하지만, 그 출자의 댓가로 우리나라 기업이 해외공사를 수주할 수 있다면 얼마든지 고려해 볼 수 있다. 최대한 비즈니스의 논리로 이슈들을 탈전략화, 탈진영화 해야 한다. 인태전략의 당사자인 일본도 2018년 일대일로와의 협력을 천명한 바 있으며 독일과 프랑스 등 많은 나라들이 중국과 제3국 공동진출에 나서고 있다.

44. 미중 기술 표준 경쟁에 어떻게 대응해야 하나?

최필수(세종대학교 국제학부 교수)

첨단기술 분야에서 미국과 중국은 서로 다른 표준 진영을 구축할 것으로 보인다. 미국은 IPEF(인도태평양경제프레임웍)와 클린 네트워크를, 중국은 디지털 실크로드를 추진한다. 우리는 어떻게 대응해야 하나?

클린 네트워크의 배경과 실체

미국은 트럼프 시절 클린 네트워크(Clean Network) 혹은 클린 패스(Clean Path)라는 개념을 꺼내 들었다. 신뢰할 수 있는 깨끗한 네트워크를 구축하자는 말이고, 중국이나 러시아와 같은 적성 국가를 배제하자는 말이다. 화웨이를 철거하라는 것과 같은 맥락이다. 트럼프 행정부는 중국을 견제하기 위해 블루닷네트워크(BDN), 경제번영네트워크(EPN) 등을 제창했고, 그 중 하나가 클린 네트워크이다.

클린 네트워크는 통신설비, 소프트웨어와 App, 개인정보, 데이터망, 통신 케이블 등에서 명시적으로 중국을 배제하는 것을 목표로 한다. 미국은 깨끗한(clean) 파트너의 사례로 한국의 SKT, KT와 함께 아시아와 유럽의 21개 업체를 제시했다. 그러나 이들 업체들을 어떻게 우대한다는 것인지, 이들 외의 업체는 어떻게 제재한다는 것인지 분명한 방침은 없다. 바이든 행정부는 IPEF에 클린 네트워크의 문제의식을 담아 추진하고 있다.

프레임의 유형
판단 | 클린 네트워크에 가입하라는 요구는 중국을 배제하자는 것이기 때문에 우리가 섣불리 받기 곤란하다. 일본도 트럼프 재임시 폼페이오의 클린 네트워크 참여

제안을 거절한 바 있다. 우리나라도 클린 네트워크가 의미하는 바가 구체적으로 무엇이고, 다른 나라들은 어떻게 할 것인지 충분히 관찰한 후에 태도를 결정해야 하다.

가령 클린 네트워크 혹은 IPEF에의 참여가 현재 협상 진행 중인 한중일 FTA의 불참을 의미한다면 어떻게 할 것인가? 미국이 제시하는 기구가 다자체제인지(WTO와 같은), 지역체제인지(CPTPP와 같은), 배타적인지(USMCA와 같은), 비배타적인지(CPTPP와 같은)에 따라 우리의 입장이 달라질 것이다. 만약 CPTPP처럼 관세·투자협력이라면 굳이 거부할 이유가 없지만 USMCA(NAFTA를 대체한 새로운 북미자유무역협정)처럼 비시장경제국에 대한 배타성에 참여하라는 것이라면 고민이 필요하다.

<표> 미국발 협력체제의 성격이 가질 경우의 수 및 사례

구분	비배타적	배타적
다자체제(Multilateralism)	WTO	IPEF
지역체제(Regionalism)	TPP	USMCA

미중 간
표준경쟁과
우리의 선택

미국이 클린 네트워크라는 배타적 프레임을 추진한다면 중국은 '디지털 실크로드'라는 형식상 非배타적인 프레임을 추진한다. 디지털 실크로드는 중국의 통신·디지털 기술 표준을 연선국가에 보급하고 중국의 인공지능 기술을 활용한 스마트 시티를 확산하는 것 등을 포함하고 있다. 만약 디지털 실크로드가 형성된다면 화웨이의 5G는 물론 베이떠우(北斗)와 같은 중국의 위성통신망이 아시아와 아프리카 일대에 크게 보급될 것이다. 이렇게 중국식 표준이 굳어지면 거기에 묶이는(Locked-in) 효과가 발생하므로 디지털 실크로드 역시 배타적 성격이 있다.

서방은 하드웨어와 소재 및 통신기술 표준에 있어 앞선 기술을 가지고 있다. 그런 의미에서 디지털 거버넌스에 대한 선도력을 가지고 있다. 또한 성숙된 높은 구매력이 있는 매력적인 시장이다. 그러나 4G가 잘 구현되어 5G 설치를 게을리하는 것과 같은 '높은 수준 균형의 덫'에 빠질 가능성도 있다.

반면 중국측은 종합적인 기술력은 부족하나 소프트웨어와 인공지능에 강점이 있다. 또한 빠르게 성장하는 역동적인 시장을 가지고 있으며, 기존 인프라가 부족하므로 도리어 새롭고 우월한 표준을 부담없이 장착할 수 있다.

만약 미국과 서방이 한 축으로, 중국·러시아와 개도국이 한 축으로 디지털 표준을 형성한다면 한국은 어떻게 대처할 것인가? 그것은 "우리나라가 어느 표준을 따라야 하는가?"라는 질문과 함께 "우리나라 기업이 어느 표준에 납품할 것인가?"라는 질문에 답해야 한다는 것을 의미한다. 전자의 질문은 배타적 선택이지만 후자의 질문은 비배타적인 다선형(多選形) 선택이다. 또한 전자의 질문은 국가의 선택이지만 후자의 질문은 기업의 선택이다. 이 두 질문을 구분하면 양자선택의 틀에 스스로 갇히지 않을 것이다.

<표> 서방과 중국의 디지털 표준 경쟁 요소

美·서유럽·일본	중·러·개도국
성숙한 기술과 노하우	인공지능과 데이터 플랫폼
디지털 거버넌스 선도력	디지털 거버넌스 발언권 약함
성숙된 높은 구매력	빠르게 성장하는 시장
높은 수준 균형의 덫에 빠질 가능성	새롭고 우월한 스탠더드 정착 가능

45. 무섭게 성장하는 중국의 산업경쟁력은 어느 수준까지 도달했나?

최필수(세종대학교 국제학부 교수)

중국의 과학기술은 세계 최고 수준인 미국에 근접했을까? 어떤 부문에서 그러하고 어떤 부문에서 그렇지 않을까? 이를 올바르게 이해하는 것은 향후 벌어질 미중간 기술패권 경쟁의 양상을 이해하고 우리의 산업을 자리매김하는데 매우 중요하다.

첨단분야와 제조업에 강한 면모 독일의 대표적인 중국연구 전문기관인 MERICS(2019)는 중국의 과학기술 및 산업 경쟁력을 가리켜서 "허리가 취약하다"고 평가한다. 즉 바탕이 되는 조립·제조 능력은 강하고, 데이터 플랫폼 등 첨단분야에는 강한데 중간 소재와 부품 분야가 취약하다는 뜻이다. 이를 차례대로 알아보자.

중국의 조립·제조 능력이 강하다는 것은 중국이 세계의 공장으로 부상했다는 것에서 잘 나타난다. UN산업개발기구(UNIDO)가 발표하는 세계 산업경쟁력 퍼포먼스(CIP) 지수에서 중국은 거의 줄곧 독일에 이어 세계 2위를 기록하고 있다. 중국은 주요 업종의 거의 모든 품목에서 생산량과 소비량에 있어 세계 1위이다. 효율적인 물류 시스템과 풍부하고 우수한 노동력, 그리고 거대한 내수시장이 클러스터를 이루면서 나타나는 효과이다. 그중에서 순수하게 자국기업의 역량은 크지 않을 수 있지만 어쨌건 중국이라는 나라의 경쟁력이 그렇다.

중국의 미답지 첨단기술 역량은 생각보다 강하다. 인공지능, 빅데이터, 통신기술을 아울러 데이터 플랫폼이라고 부르는데 이들 모두 중국의 경쟁력은 미국에 견줄 수준이다. 특히 딥러닝 기술이 알려진 후 알고리즘을 구현할 뛰어난 과학자보다 인공지능 스스로 학습할 수 있는 데이터의 양이 중요해진 나머지 중국의 도약이 두드러진다. 안면인식, 음성인식 등 인공지능 실용화의 관건이 되는 분야에서 중국 기업들이 기술의 선두를 지키고 있다. 통신기술에서도 화웨이를 비롯한 중국 기업들이 세계 정상급 설비와 제품을 만들어내고 있다. 우주탐사, 양자통신, 디지털통화, 모바일결제 등도 중국이 앞서고 있는 분야이다. 이러한 현상은 인공지능 관련 분야에서 중국의 논문 수와 특허출원 수가 세계 1위를 차지하게 됐다는 것으로 증명된다. 2021년 5월 15일에는 톈원(天問) 1호가 화성에 착륙하기도 했다. 이는 미국·러시아에 이어 세계 3번째 기록이다.

물론 여전히 미국은 세계 최고의 인재들이 모이는 나라이고, 상위 1% 과학자의 역량은 미국이 압도적으로 강하다. 과학기술은 상업화되기도 하지만 군사기술로 전용되기도 하는데 그런 면에서 세계 최다 국방비를 쓰고 있는 미국의 경쟁력은 압도적이다. 중국이 쏟아내는 과학기술의 유량(flow)이 미국의 저량(stock)을 추월한다는 것은 가까운 시일 내에 어려워 보인다.

**취약한 허리:
부품과 소재**

반면 중국의 약점은 허리, 즉 부품과 소재이다. 휴대폰은 만들지만 통신 구동과 영상을 구현할 핵심 칩은 만들지 못한다. 거의 모든 디바이스에 들어가는 메모리칩도 자체 기술을 가지고 있지 못하다. 전기차는 만들고 배터리 생산 자원은 장악하고 있지만 핵심 기술은 여전히 해외에 의존하고 있다. 이상의 요소들을 종합한 중국의 혁신지수는 세계 12위로 평가된다[85]. 참고로 우리나라는 세계 5위이다.

**중국의 추격
방식: 국가
자본주의와 민간
혁신의 결합**

그렇다면 중국은 어떤 방식으로 선발 주자들을 추월하고자 하는가? 먼저 정부가 제공하는 인내자본(patient capital)을 들 수 있다. 자본주의 국가의 자본은 분기별로 실적을 요구하는 까다로운 자본이다. 반면 중국의 자본은 국민들의 높은 저축률과 정부의 권위적인 동원능력으로 공급되는 인내자본이다. 금리수준이 낮고 섣불리 회수되지 않는다. 중앙정부 재정, 지방정부 재정, 학계와 기관의 각종 기금들이 그 구체적 내용이다.

둘째로 민간의 치열한 경쟁과 창업 열망이다. 미국의 실리콘밸리와 중국의 중관촌에 모두 통달한 리카이푸(2019)는 중국의 기업가들을 따라쟁이(copycat)가 아니라 검투사라고 평가한다. 수익을 내고 상대방을 쓰러뜨리기 위해서라면 법의 테두리 오가

---

85) Global Innovation Index 2021.

며 무엇이든 하려 하기 때문이다. 이에 덧붙여 국내외에서 쏟아져 들어오는 벤처 캐피탈이 아주 작은 혁신도 상업화시키기 위해 혈안이 돼 있다.

셋째 중국의 시장 자체이다. 중국에서는 작은 혁신도 큰 상업적 기회를 낳는다. 시장이 방대하기 때문이다. 다른 나라에서는 소비자 금융을 모아 봐야 소비자 금융이지만 중국에서는 소비자 금융이 모이면 펀드가 된다. 새로운 앱이 개발돼서 히트를 치면 수억 명의 유저가 모인다. 틱톡의 경우 출시된지 불과 100일만에 1억 명의 유저를 모았다.

중국의 시장과 기술을 적극적으로 활용

이러한 세 가지 요소가 중국의 과학기술 및 산업경쟁력을 구동하는 엔진이다. 우리 입장에서는 이 모두가 기회이자 위험요인이다. 적절한 혁신을 중국 시장에서 구현할 수 있고, 중국의 자본을 유치할 수 있다면 우리 경제에 큰 활력이 될 것이다. 이를 위해서는 중국 자본이나 인수·합병되는 것에 대한 선입관을 버려야 한다. 어차피 기술과 혁신은 가장 큰 시장에서 가장 효율적인 자본투자를 받아 구현돼야 한다. 알리페이가 카카오페이에 투자한 사례가 그렇다.

46. 최근 WTO 개혁의 이슈는 무엇이고 우리는 어떻게 대응해야 하나?

최필수(세종대학교 국제학부 교수)

국제무역기구(WTO)는 무역통상을 규정하고 강제하는 세계 유일의 기관이다. 중국은 2001년 WTO에 가입한 이래 그 틀 안에서 세계 경제에 편입해 순조로운 발전을 구가했다. 그런데 최근 중국이 과도한 특혜를 누려왔다고 느낀 선진국들이 기존 WTO 체제를 개혁하자는 움직임을 보이고 있다. 무엇이 문제가 되고 있는가?

WTO 개혁의
주요 이슈

2018년 무렵부터 미국·EU·일본은 WTO 개혁 문제를 제기해왔다. 2020년 1월에도 공동성명을 냈다. 이들이 제기하는 문제는 다음과 같다. (1) 개도국을 어떻게 규정하고 어떻게 보호할 것인가 (2) 자국의 정책집행을 WTO에 어디까지 투명하게 공표해야 하는가 (3) 국유기업을 어디까지 인정하고 특혜를 어디까지 허용할 것인가? (4) 산업 보조금을 어디까지 인정할 것인가86). 선진국들은 개도국 특혜를 줄이고, 보다 투명하고, 국유기업을 더욱 제재하고, 산업보조금을 더욱 규제하는 방향을 원하고 있으며 중국은 이에 반대하고 있다.

---

86) 이천기·엄준현·강민지, "WTO 개혁 쟁점 연구: 국영기업, 산업보조금, 통보," 대외경제정책연구원 중장기통상전략연구, 19-03(2019).

우리나라의 입장 우리나라는 이미 2019년에 개도국 지위를 포기했다. 선진국의 요구에 선제적으로 대응한 것이다. 그러나 나머지 문제에 있어서는 좀 더 신중해야 한다. 결국 (1)~(4)의 문제는 정부가 자국 산업을 육성하는 행위를 어디까지 용인할 것인가 인데 우리나라도 보호주의적인 입장에 서 있는 면이 크다. 특히 산업보조금 이슈에 있어서 우리나라도 삼성전자 등에게 막대한 보조금을 주고 있으므로 섣불리 선진국 편을 들 수 없다[87]. 만약 선진국의 WTO 개혁이 실현되어 중국이 피해를 입으면 우리가 그로 인해 반사이익을 얻을지 동반피해를 겪을지도 아직 분명치 않다. 즉 우리가 더 준비되고 득실이 더 분명해질 때까지 어느 편에 서는 것을 삼가야 한다.

WTO의 약화 혹은 유명무실화 WTO 개혁의 향방이 어떻게 될 것인가 라는 것보다 더 근본적인 문제가 있는데 그것은 바로 WTO 자체가 약화되거나 유명무실하게 될 수 있다는 것이다. 2021년 2월, 우리나라의 유명희 통상교섭본부장과 경쟁하던 나이지리아의 응고지 오콘조 이웨알라 전 재무장관이 제7대 WTO 사무총장으로 선출됐다. 그러나 이 최초의 여성 사무총장이 마지막 사무총장이 될지도 모른다.

미국을 중심으로 한 선진국과 중국을 중심으로 한 개도국이 맞서고 있는 한 WTO 협정 개정이 순조롭게 이뤄질 가능성은

---

87) OECD, Measuring distortions in international markets: The semiconductor value chain, 2019. 12.

거의 없다. WTO 전체 협정문은 만장일치로 개정돼야 하기 때문이다. 도하 라운드(DDA)가 20년 가까이 성과가 없는 것도 이러한 이유 때문이다.

그뿐만 아니라 무역분쟁을 심사할 상소기구의 위원이 2019년 12월부로 한 명 밖에 남지 않아서 그 기능이 사실상 정지상태였다. 그 한 명마저 2020년 11월에 퇴임하여 상소기구 전체가 공석이다. 미국이 새로운 위원 선임을 보이콧했기 때문이다. 그동안 WTO의 판결이 미국에게 불공정했다고 주장해온 결과다. 미국의 보이콧은 트럼프가 아니라 오바마가 시작했었다는 점에서 바이든이 이를 번복할 것 같지도 않다. 1995년에 GATT를 해체하고 WTO를 결성한 이유가 강제성 있는 판결을 구현하기 위함이었다는 것을 상기해보면 WTO의 수명은 다 했다고 해도 과언이 아니다. 앞으로 WTO는 해체 혹은 유명무실화될 것이다.

그 빈자리를 선진국 중심의 연합체와 중국 중심의 연합체가 양분할 수 있다. 이는 아직은 근거가 없는 과감한 가설이지만 높은 개연성을 지니고 있다. 중국 못지 않은 WTO의 수혜자였던 우리나라로서는 더 험난한 통상환경에 직면할 것이 분명하다.

한편 최근 들어 미국이 과연 진지하게 반보조금 전선에 서 있는 것인지 의심스러운 상황이 연출되고 있다. 바이든이 2조3천억 달러의 인프라 투자 계획 중 3천억 달러가 제조업에 투자될 것이라고 밝힌 것이다. 이것은 선진국 전선에서 채택하는 반보조금 주장과 모순된다. 바이든이 삼성과 SK 관계자를 불러 앉혀놓고 미국에 반도체 설비를 투자하라고 노골적으로 요구한 것도 자유시장경제 질서와는 거리가 멀다.

결국 WTO 개혁 논의도 진영 논리에 빠진 진흙탕 싸움이 될 가능성이 있다. 철강·알루미늄 같은 저가 제품에는 중국에게 공정경쟁을 요구하고, 반도체·배터리와 같은 전략산업에는 각자 도생 보호주의를 구사한다면 제대로 된 공정경쟁 설득이 될 리가 없다.

냉정한 관찰과 대응

이런 상황에서 우리가 어떤 진영에 서겠다고 표방하는 것은 명분도 실리도 없는 일이다. 여러 진영으로 갈라질 수 있는 국제통상질서를 냉철하게 관찰하고, 우리에게 유리한 다자의 틀이 최대한 유지하도록 노력할 필요가 있을 뿐이다. 그 속에서 우리나라 나름대로의 정교한 산업정책을 구사할 필요가 있음은 물론이다.

47. EU의 대미·대중 입장은 무엇인가?

최필수(세종대학교 국제학부 교수)

EU와 중국이 2020년말 포괄적투자협정(CAI)을 체결했다. 그와 거의 동시에 EU 지도부는 중국을 겨냥한 대서양 동맹을 결성하겠다는 움직임을 보이고 있다. 상반된 것처럼 보이는 두 행동에 담긴 유럽의 의도는 무엇인가?

중국시장 확보와 중국견제를 동시에 추진하는 유럽

EU와 중국 사이의 CAI는 오랫동안 협상해온 것이긴 하지만 그 발표시점이 상당히 놀라웠다. 미국이 트럼프의 대선불복으로 어지럽던 시점에 유럽이 중국과 손을 잡고 미국의 뒷통수를 친 것처럼 보였기 때문이다. 미국은 실제로 이 소식에 당황했고, 그럴만한 이유도 있다. 유럽이 밝힌 CAI의 취지가 중국시장에서의 유럽의 열세를 만회하기 위해서 라는 것이었기 때문이다. 즉 2020년초에 발효된 미중 1차 무역합의가 중국 시장에서 미국에게 특혜를 주고 있으므로 CAI를 통해 이를 만회해야 한다는 것이다. 중국 입장에서도 굳이 미국에게만 특혜를 줄 필요 없으므로 미국에게 열어준만큼 유럽에게도 열어준 것이라고 볼 수 있다. 즉 유럽은 중국시장이 필요하고, 따라서 중국에게 우호적으로 접근하려 한다. 유럽은 정기적으로 <EU-중국 전략 전망(EU-China – A

strategic outlook)>을 펴내며 중국과의 협력 및 견제 아젠다를 꾸준히 추진하고 있다. 단 CAI는 신장 인권탄압 문제와 맞물려 유럽의회를 통과하지 못하고 있다.

한편 EU 사무국은 CAI 체결과 거의 동시(2020년 12월)에 <새로운 EU-미국 글로벌 변화 아젠다(A New EU-US Agenda for Global Change)>를 제시했다. 바이든의 승리를 계기로 범대서양이 공통의 가치와 이익을 위해 협력해야 한다는 취지였다. 이 아젠다는 코로나 대응, 2050년 탄소제로를 목표로 한 기후변화와 생물다양성, 기술·무역·표준협력, 민주주의·지속가능개발·인권증진 등에 걸쳐 있다. 특히 EU는 바이든이 제안한 민주주의 정상회담을 수용하고 권위주의·인권유린·부패에 적극적으로 대응할 것이라고 밝혔다. EU는 미국과 중국을 다루는데 이견도 있지만 "중국에 관한 EU-미국 대화(EU-US Dialogue on China)"가 주요한 논의 기제가 될 것이라고 밝혔다. EU-미국 정상회담을 2021년 상반기에 열 것을 제안하기도 했다.

기후변화 아젠다 관철을 통한 친환경 기술우위 활용

EU의 움직임은 양대 국가 모두에게 강력한 영향력을 준다. 미국이 중국과의 전략대화를 중단한 것에 비해, EU는 그것을 유지하면서 미국에 비해 상대적으로 온화한 파트너로 자리매김하려 한다. 미국에게는 민주주의 정상회담과 같이 미국이 듣고 싶어하는 말을 해주면서도 중국을 다루는 방법이 다를 수 있다는 식으로 애를 태운다. 미국과 중국은 모두 EU를 자기 편으로 돌리기 위해 전략적 양보를 하게 돼 있다.

EU의 이러한 행보에는 가치를 관철하려는 이념적 동기도 있겠으나 기후변화 논의의 통상 규범화를 통해 실리를 도모하려는 실용적 동기도 있다. 유럽은 대체 에너지를 비롯한 기후변화 관련 기술에 가장 앞서 있다. 독일 경제 주간지 비르츠샤프트보케(Wirtschafts Woche)는 10대 핵심기술 중에서 미국과 중국이 각각 5개(AI, 반도체칩, 항공기, 배터리, 우주여행)와 4개(고속철, 양자통신, 네트워크 기술, 결제시스템)씩 앞서 있다고 평가한다. 유럽이 유일하게 앞서 있는 한 분야는 수소 에너지이다[88]. 만약 전 세계가 기후변화 대응을 목표로 신재생 에너지를 사용하고자 한다면 유럽의 존재감이 커지게 된다. 반대로 전 세계가 화석연료를 계속 사용한다면 앞서 있는 유럽의 친환경 기술의 가치가 떨어지게 된다. 심지어 유럽 내부의 환경규제가 발목을 잡아 기업 활동에 차질을 빚을 수도 있다.

결국 유럽이 미중 사이에서 관철하고자 하는 핵심적인 가치는 기후변화와 탄소중립이 될 것이다. 유럽이 탄소중립에 관심이 없는 트럼프 행정부와의 협력에 소극적이었던 이유도 그렇게 설명될 수 있다. 만약 유럽이 미국이 주장하는 '가치'에 공감했었다면 범대서양 동맹 제안을 트럼프 때 했어야 했다. 유럽은 기후변화 이슈에서 대화가 통하는 바이든의 당선을 기다렸다가 대중국 공동 압박에 나선 것이다.

---

88) "글로벌 핵심기술 누가 더 많나⋯미·중 5대 4 '불꽃 튀는 승부'," 『중앙일보』, 2021.3.19.

기후변화와
탄소중립을
매개로 한 협력의
고리 활용

향후 중국과 미국은 유럽을 잃지 않기 위해 유럽이 희망하는 탄소중립 달성을 위해 노력하게 될 것이다. 중국은 2060년, 우리는 2050년까지 탄소중립을 달성하겠다는 선언을 했다. 제조업 위주의 경제구조를 가지고 있는 한국과 중국 입장에서는 이 목표 달성은 상당히 도전적인 과제이다. 더구나 한국과 중국은 그렇게 제조된 제품을 유럽과 미국에 수출하여 그들의 환경오염을 대신해 배출해주고 있는 셈이다. 이러한 환경은 한국에게 두 가지 상호모순된 과제를 안겨준다. 유럽의 탄소중립 요구에 부응하여 우리 스스로의 오염배출을 줄이기 위해 중국과 함께 노력해야 하는 과제가 그 하나이고, 유럽 요구의 위선성과 모순을 드러내기 위해 중국과 공조해야 하는 과제가 다른 하나이다. 오염배출 감소는 우리 스스로를 위해서라도 달성해야 하지만, 그것을 위한 기술지원과 자금지원은 유럽과 선진국에서 얻어낼 소지가 있기에 이렇게 복잡한 과제가 발생한다.

48. 국제적 압박 속에 추진되는 탄소중립을 어떻게 무사히 실현할 것인가?

최필수(세종대학교 국제학부 교수)

탄소중립은 인류적 연대 차원에서 반드시 추진돼야 하지만, 철저한 준비를 통해 그렇게 해야 한다. 탄소중립이 실물경제와 충돌할 가능성과 유럽이 구사하는 논리 및 그 헛점까지 이해해야 종합적인 대응이 가능하다.

탄소제로와 실물경제의 충돌 가능성

유럽이 선도하고 미국이 따라가고 한국과 중국 등 주요국이 거의 모두 참여하고 있는 기후변화 NDC(온실가스감축목표) 설정은 쉽지 않은 과제다. 필연적으로 탄소를 배출하는 석유화학·철강·시멘트 산업을 골고루 보유한 우리나라는 탄소중립 실천과정에서 산업기반의 근간을 건드려야 한다. 전력생산 역시 친환경 재생에너지의 비중을 늘리는건 좋으나, 태양광과 바람은 예측하기 어렵다는 냉혹한 현실에도 대비해야 한다.

현실과 탄소중립 추진 사이의 충돌을 겪은 대표적인 나라가 중국이다. 시진핑(習近平) 중국 국가주석은 취임 이후 경제·정치·문화·사회와 함께 생태문명(生態文明)을 오위일체(五位一體) 건설 목표로 설정할 정도로 환경문제를 중시하고 있다. 게다가 글로벌 탈탄소 추세에 발맞추고 대기오염에 대한 인민들의 불만을 잠재우기 위해 상당히 야심찬 탄소감축 정책을 실시하고 있다. 그러나 앞서 언급한 산업과 전력 부문의 대안을 충분히 검토하지 않았고, 그 결과 2021년 가을 국지적인 전력난을 겪었다. 만약 우리나라에서 그런 일이 벌어졌다면 야당을 중심으로 탄소중립 자체에 대한 복고주의적 반발(backlash)이 벌어졌을 것이다.

기후변화 담론의 정치외교적 요소

앞서 EU 관련 문제에서 살펴봤듯이 기후변화와 탈탄소 담론에는 정치외교적 요소가 짙게 드리워있다. 이 담론은 유럽이 주도하고 미국이 호응하여 중국을 비롯한 개도국을 압박하는 형태로 구현되고 있다. 여기엔 담론 그대로의 순수한 동기와 함께 유럽의 앞선 환경기술을 상업화하고 환경규제를 보편화하여 불이익을 상쇄하려는 실용적 동기도 있다. 유럽은 높은 환경보호 인식을 가진 계층이 정치세력화 되어 그 가치를 제도화하고 국제적으로 확산하고자 하는 것이다. 유럽은 대체 에너지를 비롯한 기후변화 관련 기술에 앞서 있으므로 만약 전 세계가 기후변화 대응을 목표로 신재생 에너지를 사용하고자 한다면 유럽의 존재감이 커지게 된다. 반대로 전 세계가 화석연료를 계속 사용하면 앞서 있는 유럽의 친환경 기술의 가치가 떨어지고, 유럽 내부의 환경규제가 발목을 잡아 기업 활동에 불이익으로 작용할 것이다.

결국 유럽이 미중 사이에서 관철하고자 하는 핵심적인 가치는 탄소중립이 될 것이다. 유럽이 탄소중립에 관심이 없는 트럼프 행정부와의 협력에 소극적이었던 이유도 그렇게 설명된다. 유럽은 기후변화 이슈에서 대화가 통하는 바이든의 당선을 기다렸다가 대중국 공동 압박에 나선 것이다. 중국도 유럽의 친환경 아젠다가 대의에 부합하는데다 미국과의 갈등에서 유럽을 적으로 돌리지 않기 위해 탄소중립 아젠다를 거절할 수 없다. 유럽은 탄소국경조정세 등을 통해 탄소배출에 체계적으로 불이익을 줄 것이다.

| 자체적인 탄소중립 노력과 병행해야할 국제공조 노력 | 결국 향후 한국·중국·미국은 유럽이 주도하는 탄소중립 달성을 위해 노력하게 된다. 이는 인류적 당위이자 정치외교 역학의 귀결이다. 이에 따라 한국과 미국은 2050년, 중국은 2060년까지 탄소중립을 달성하겠다고 선언했다. 한국 |

은 2018년에 이미 탄소배출 정점을 찍었고[89], 중국은 2030년에 정점을 찍겠다고 밝혔다. 제조업 위주의 경제구조인 한국과 중국의 입장에서 이 목표는 상당히 도전적 과제이다.

이에 대해 유럽은 △자기들도 고탄소 단계를 거쳐 저탄소 산업구조 고도화를 이뤘으며 △아직도 탄소배출을 외주화했을 뿐 탄소 소비를 줄인 것은 아니므로 개도국의 탄소배출 감축을 기술적·재정적으로 더 지원해야 한다. 한국과 중국은 탄소를 배출하여 제조된 제품을 유럽과 미국에 수출하여 그들의 환경오염을 대신해 배출해주고 있다. 대표적인 탄소배출 업종인 철강제품의 경우 2020년 EU는 한국과 중국으로부터 각각 2억, 60억 유로 이상을 순(純)수입했다(아래 <표> 참조). 이런 상황에서 탄소

---

89) 이 점에 대해서는 아직 논란의 여지가 있다. 2018년 이후 탄소배출이 다시 증가할 수도 있기 때문이다.

배출 감축 책임은 탄소 생산국(韓中)뿐만 아니라 탄소 소비국 (EU)도 나누어 가져야 합리적이다.

<표> 2020년 철강제품(HS-CODE 73) EU-韓中 교역액

(단위: 백만 유로)

구분	한국	중국
수출	428	2,667
수입	664	8,671
순수입	236	6,004

출처: 한국무역협회 데이터를 이용하여 저자 작성

**탄소중립과
공급망 리스크
관리**

게다가 탄소중립은 공급망 리스크와 밀 접한 관계가 있다. 우리나라는 2021년 겨울 요소수 사태를 통해 그 예고편을 목도했다. 중국이 탄소절감 추진 과정 에서 전력난이 발생하고, 그 과정에서 석유화학 제품의 수출을 통제하자 우리나라에 요소수가 부족해진 것이다. 이런 상황에서 요소수와 같이 취약한 공급망에 노출된 품목들을 몽땅 국산화하 자는 주장은 옳지 않다. 우리 자신도 탄소중립을 실천해야 하기 때문이다. 탄소중립 실천 속에서 공급망 리스크를 관리하는 문 제는 최대 교역국인 중국을 포함한 주요국과의 정책 공조, 국내 생산, 수입선 다원화, 탄소배출량 거래, 그리고 친환경 기술개발 이라는 고차방정식을 풀어야 나올 것이다.

49. RCEP과 IPEF의 대결구도에서 우리는 CPTPP에 가입해야 하나?

문익준(국민대학교 중국학부 교수)

RCEP(역내포괄 적경제동반자협정)
RCEP(역내포괄적경제동반자협정)은 중국이 주도하여 아세안 10개국과 한국, 일본, 호주, 뉴질랜드 등 15개국이 서명한 세계 최대 규모의 자유무역협 정(FTA)이다. 2019년 11월 4일 협정이 타결되었으며, 2022년 2월부터 발효되었다. RCEP의 큰 의의는 세계 최대 규모의 FTA라는 점이나, 한계는 1) 낮은 한국과 일본의 개방 수준, 인도의 미가입 2) 노동, 환경 챕터 부재 3) 투자 분쟁 해결 절차와 우회 조치 금지에 관한 규정 부재 등이다.

IPEF 출범과 한국
미국은 2022년 5월 23일 IPEF(인도태 평양경제프레임워크)을 출범시켰다. 미국, 한국, 일본, 호주, 뉴질랜드, 인도, 브루나이, 인도네시아, 말레이시아, 필리핀, 싱가포르, 태국, 베트남 등의 13개국이 참여하여 연결된 경제, 회복력 있는 경제, 청정경제, 공정한 경제의 4대 핵심 의제도 확인하였다. 첫째, 연결된 경제(Connected Economy)에서는 디지털경제협력을 포함한 포괄적이며 자유롭고 공정한 무역이슈들을 다룰 것으로 예상된다. 데이터의 국경간 이동과 보호, 데이터

지역화, 첨단 디지털기술에 대한 국제 표준뿐만 아니라 무역원활화, 규제, 경쟁, 농업, 노동, 환경 등의 방대하고 전문적인 내용들을 포함하고 있다. 둘째, 회복력 있는 경제(Resilient Economy)에서는 주로 주요 원자재, 반도체, 핵심 광물 및 청정에너지 기술에 관련된 탄력적이며 통합적인 공급망 구축을 목표로 하고 있다. 조기경보시스템이나 핵심 품목의 이력추적제도 논의될 것으로 보인다. 셋째, 청정경제(Clean Economy)에서는 제로 청정에너지, 탈탄소, 사회 인프라를 통해서 기후변화에 대응하기로 하였다. 넷째, 공정한 경제(Fair Economy)에서는 탈세와 부패를 막기위한 노력을 제시하면서 효과적인 세금부과, 돈세탁 방지, 뇌물방지제도 이행 등을 다루고 있다.[90]

현재는 구체적인 운영방식도 정해지지 않아서 모호한 점들이 여전히 존재하지만, 18개월 이내로 장관급 회의를 통해서 정식으로 출범시킬 예정이다. 한국 정부는 미국이 주도하는 새로운 경제통상 협력체인 IPEF에 적극 참여하여 새로운 시대에 걸맞는 규범제정자(rule maker)로 나아가야 할 것이다. IPEF는 기존의 통상협정과는 달리 경제와 안보를 모두 고려한 새로운 형태의 통상협정이 될 것이다.

---

90) The White House, "FACT SHEET: In Asia, President Biden and a Dozen Indo-Pacific Partners Launch the Indo-Pacific Economic Framework for Prosperity," MAY 23, 2022.

CPTPP(포괄적 ·점진적 환태평양경제동 반자협정)	CPTPP(포괄적·점진적 환태평양경제동 반자협정)는 일본, 캐나다, 호주, 브루나 이, 싱가포르, 멕시코, 베트남, 뉴질랜드, 칠레, 페루, 말레이시아 등의 총 11개국 이 참여한 경제동맹체이다. 원래 TPP (환태평양경제동반자협정)로 미국이 주

도하였으나, 2017년 1월 트럼프 행정부의 탈퇴 선언으로 인해서
일본이 주도하여 CPTPP로 명칭을 변경하고 2018년 12월 30일
발효되었다. CPTPP의 장점은 첨단기술, 지식재산권, 디지털 경
제와 같은 새로운 비즈니스 중심이며 투자, 서비스, 전자상거래,
정부조달, 국영기업, 노동, 환경, 규제 일관성, 투명성 등을 개별
챕터로 하면서 높은 수준을 유지하고 있다. 또한, CPTPP는 미국
이 탈퇴하였으나 TPP의 내용을 최대한 유지하고 있으며 미국의
입장이 반영된 조항들을 삭제하지 않고 유예시켰으나, 현재 바
이든 정부는 재가입을 하지 않겠다는 입장이다.

CPTPP와 RCEP의 상호보완적 관계	일본이 주도하는 CPTPP와 중국이 주도 하는 RCEP을 비교해 보면, CPTPP의 개 방수준이 높다. CPTPP는 지역 내 무역 상품의 96%에 대한 관세를 철폐하는 대 신, RCEP은 전체 상품의 약 90%만 관세 를 철폐하는 것으로 합의하였다. 더구

나 관세 철폐 기간도 품목에 따라 20년도 포함되었다.

RCEP과 CPTPP는 대결적인 구도가 아니라 상호보완적 관계
로 인식해야 한다. 이는 미국과 중국에 치우치지 않고 대중국,

대중국 레버지리, 헷징(위험회피) 전략을 추진함으로써 역내 평화조성자, 안정자 역할을 할 필요가 있기 때문이다. 현재 RCEP과 CPTPP에 동시 가입한 국가는 일본, 호주, 뉴질랜드, 싱가포르, 말레이시아, 부르나이, 베트남의 7개국이다. 이미 7개 국가들이 RCEP과 CPTPP에 동시에 가입되어 있기 때문에 한국의 CPTPP 참여는 크게 문제가 되지 않을 것이다. 현재 한국이 한미 FTA와 한중 FTA를 동시에 체결하고 있는 상황으로 이해해야 한다. 이외에도 미중과 별도로 한·일·호주·인도 외에 아세안 국가(10개국)들과 함께 제3의 다자협력체를 모색할 필요가 있다. 미·중외 역내 제3의 다자주의 대안질서의 건설, '범아시아 평화경제공동체' 건설로 미·중에 치우치지 않을 수 있다.

〈표〉 CPTPP와 RCEP의 비교

구분	CPTPP	RCEP
상품무역	- 최대 96% 관세 철폐	- 20년 이내에 관세 90% 철폐
서비스	- 대부분 서비스 부문이 회원국 기업들에게 개방 - 미개방 분야 또는 제외된 분야는 상업적으로 의미가 없는 분야	- 개방에 포함된 서비스 분야의 범위는 제한이 크지 않음 - 다른 서비스 분야는 미개방
투자	- 네거티브 리스트 - ISDS를 포함한 모든 투자자에 대한 강력한 보호	- 회원들 간의 역내 투자 증가 기대 - 네거티브 리스트 방식 - ISDS는 발표 3년후 추가 조항에 대한 회권국의 승인시 포함
지식재산권	거의 모든 지식재산권 범주에 새로운 지식재산 조항을 추가	지식재산권 보호 및 집행에 대한 기준을 제고

출처: 김수동, 정선인, "CPTPP의 미래와 우리의 대응방안," 『KIET 산업경제』, 2021년 1월.

한국은 TPP부터 8년이상 가입을 검토해 왔고, CPTPP의 경제적·전략적인 가치를 고려하여 2022년 4월 15일 CPTPP 가입을 서면결의하였다. 2021년에 영국, 중국, 대만, 에콰도르가 가입을 신청하면서 급변하는 통상환경에 대응하기 위해서 선제적으로 참여하기로 결정하였다.

중국의 CPTPP | RCEP과 CPTPP는 상호보완적 관계이므
가입 신청 | 로, 한국이 RCEP에 가입한 상황에서 CPTPP에 가입을 하는 것을 전혀 문제가 되지 않는다. 이는 중국의 정책에서 도 살펴볼 수 있다. 중국 정부는 2021년 정부업무보고에서 RCEP 뿐만 아니라 CPTPP에도 적극 참여할 것이라고 공식으로 발표하였다. 이어서 2021년 9월 16일에는 정식으로 가입신청을 요청하였다. 중국도 RCEP과 CPTPP를 대결적인 구도가 아니라 상호보완적 관계로 보고 있다. 그러나, 실제로 중국이 미국이 참여할 가능성이 높은 CPTPP에 적극적으로 참여할 가능성은 여전히 낮으며, 오히려 한중일 FTA를 목표로 높은 수준의 개방에도 참여할 의지를 강하게 보이고 있는 것으로 분석된다.

중국이 실제로 가입할 가능성이 낮은 이유는 다음과 같다. 첫째, 문제가 되는 지식재산권과 데이터 이전, 환경보호, 국유기업 개혁 등 분야에서 CPTPP의 기준에 가까워지고 금융개방, 환경보호 등 분야에서는 합의가 필요하며 5~10년이 걸릴 것으로 예상된다. 둘째, 위와 같은 까다로운 조건 이외에도 가입을 위해서는 기존 CPTPP 회원국들에게 각각 동의절차를 거쳐야 하는데, 모든 회원국에게 만장일치로 가입 동의를 받기가 쉽지 않다. 셋

째, 트럼프가 맺은 미국-멕시코-캐나다 협정(USMCA)에 의해, 멕시코와 캐나다는 非시장경제국인 중국과 자유무역협정을 맺을 수 없다. 그렇다고 멕시코와 캐나다가 중국에서 시장경제지위를 부과할 가능성이 낮기 때문에, 사실상 중국의 CPTPP 가입가능성은 매우 낮으며, 많은 시간이 소요될 것으로 예상된다.

50. 한국의 대중 의존도는 너무 높은가?

문익준(국민대학교 중국학부 교수)

한국의 중국 수출의존도는 25.8%

2021년 한국의 중국 수출의존도가 25.8%나 되는 상황에서 인위적으로 중국 의존도를 낮추고 수출 다각화를 추진해야 된다는 의견들이 대두되고 있다. 한국과 중국의 무역관계는 한국이 중국에 중간재를 공급하는 역할을 담당하고 있는 가공무역 중심이기 때문에, 한국의 대중국 수출증가율과 중국의 대세계 수출증가율은 몇 년 전부터 동조화 현상을 보이고 있었다. 즉 중국의 대세계 수출이 증가할수록 한국의 대중국 수출이 증가하고 중국의 대세계 수출증가율이 낮아지면 한국의 대중국 수출증가율도 낮아지는 현상을 보였다.

중국의 수출증가율과 한국의 대중국 수출증가율의 동조화 현상

중국의 수출증가율과 한국의 대중국 수출증가율을 비교한 아래 <그림>을 살펴보면, 중국의 수출증가율과 한국의 대중국 수출증가율은 대체로 동조화 현상을 보이고 있다. 만약 중국 정부가 산업구조 조정을 통해서 중간재를 해외가 아니라 중국 국내에서 점차 조달하기 시작한다면, 탈동조화 현상은 심화될 것이며 한국에 미치는 영향도 커질 것이다. 따라서 중국기업들이 국내에서 조달하는 상황이 되면, 자연스럽게 한국의 대중국 수출 의존도는 감소할 것이다.

<그림> 중국의 수출증가율과 한국의 대중국 수출증가율(단위: %)

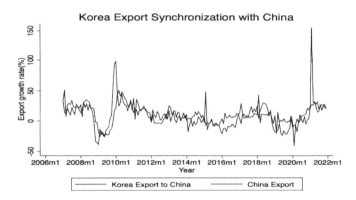

한국의 국가별
수출
비중(2021년)

중국은 현재 한국의 제1무역상대국이다. 2021년 한국의 수출은 6,444억 달러, 수입은 6,151억달러이며, 무역수지는 293억달러로 13년동안 연속으로 흑자를 기록하고 있다. 아래 <표>에서 2021년 한국의 수출입을 국가별로 분류하였다. 중국(25.2%), 미국(14.8%), 베트남(8.7%), 홍콩(5.8%), 일본(4.6%)이 1~5위를 기록하였다. 특히 대중국 수출액과 비중은 각각 1,629억달러와 25.2%로 가장 높은 비중을 차지하고 있다. 이는 미국(14.8%), EU(9.8%)을 합한 24.6%보다도 높다. 홍콩 재수출의 상당부분이 다시 중국으로 흘러가는 것을 감안하여 홍콩(5.8%)을 합할 경우에는 31.0%로 의존도가 크게 상승한다. 이는 미국(14.8%), EU(9.8%), 일본(4.6%)을 합한 비중인 29.2%보다 조금 높은 것으로, 대중국 수출의존도는 다른 어떤 국가보다도 높은 편이다. 국가별 수입비중은 중국(22.5%), 미국(11.9%), 일본(8.8%), 호주(5.3%), 사우디 아라비아(3.9%)이 1~5위를 기록하였다. 대중국 수입액은 1,386억달러로 전체 수입액 비중은 22.5%를 차지하면서 가장 큰 비중을 기록하였다.

<표> 한국의 국가별 수출 비중(2021년 기준)

순위	수 출			수 입		
	국가	금액	비중	국가	금액	비중
1위	중국	1,629억 달러	25.2%	중국	1,386억 달러	22.5%
2위	미국	959억 달러	14.8%	미국	732억 달러	11.9%
3위	베트남	567억 달러	8.7%	일본	546억 달러	8.8%
4위	홍콩	375억 달러	5.8%	호주	329억 달러	5.3%
5위	일본	301억 달러	4.6%	사우디	243억 달러	3.9%
	전체 수출	6,444억 달러		전체 수입	6,151억 달러	

출처 : 무역협회(kita.net)에서 저자계산

글로벌 생산네트워크 │ 중국의 높은 수출의존도는 글로벌가치사슬 차원에서 자연스럽게 형성된 글로벌 생산네트워크 관점에서 봐야 한다. 정부가 인의적으로 대중국 의존도를 낮출 필요는 없으며, 부작용이 나타날 가능성이 높다. 중국의 산업

고도화에 의해서 중국이 국내에서 원자재를 조달하게 되면, 한국의 대중국 의존도가 낮아질 것이다. 그러나, 중국 의존도가 낮아질 상황을 미리 예상하고 이에 대한 대비책을 미리 강구해야 할 것이며, 신남방정책, RCEP 가입 등이 이에 해당된다.

높은 중국무역의존도는 세계적인 현상

전 세계에서 한국만 유달리 중국에 유난히 높은 무역의존도를 보이고 있는 것은 아니다. 중국에 대한 높은 무역의존도는 세계적인 현상이며, '세계의 공장'으로 군림한 중국에 많은 국가들이 중국에 생산을 의존하고 있기 때문이다. 수입의존도의 경우에도 선진국인 일본 23.2%, 미국 21.6% 등으로 한국(19.9%)보다 높다. 이외에도 동남아시아의 많은 국가들인 캄보디아(35.1%), 호주(24.5%), 인도네시아(24.1%), 라오스(21.9%) 등도 한국보다 높은 대중국 수입의존도를 보이고 있다. 따라서 한국만이 전체적인 대중국 무역의존도를 인위적으로 낮출 필요는 없다.

요소수 부족 사태를 교훈으로 수입 다변화 추진

그러나, 최근의 요소수 부족 사태에서 보듯이, 특정 상품의 높은 대중국 무역의존도는 향후 문제가 될 수 있다. 산업용 요소수의 경우에는 대중국 수입의존도가 97.6%에 달하는 것으로 분석되었는데, 우리가 미리 중국정책의 변화를 미리 예상하고 수입 다변화 노력을 사전에 진행했어야 했다. 한국무역협회에 의하면, 2021년 1~9월까지 한국의 대중국 상위의존도 상위 100개 품목에는 망간, 알루미늄 마그네

슘, 에스컬레이터, 엘리베이터, 밥솥, 토스터, 선풍기, 조기, 미역, 버섯 등의 다양한 산업군이 포함된 것으로 분석되었다.[91] 이러한 항목들 중에서 우리의 경제안보에 심각한 타격을 줄 수 있는 품목들에 대해서는 수입 다변화 전략을 미리 세워야 한다.

---

91) "중국서 70%이상 수입품목만 79개," 『서울경제』, 2021.11.15.

51. 중국의 디지털 화폐 도입에 대해 우리는 어떻게 해야 하나?

문익준(국민대학교 중국학부 교수)

중국은 일찍이 디지털 화폐(CBDC, Central Bank Digital Currency)를 도입하고 테스트를 통해서 공개시험을 확대하고 실제 사용을 앞두고 있다. 이는 중국 내 지급 결제 중에서 모바일 결제서비스가 높은 비중을 차지하고 이중의 94%가 민간기업인 텐센트와 알리바바가 점유하는 특이한 구조 때문이다. 중국의 높은 수준에 반해 한국의 CBDC 수준은 초기 단계이며, CBDC와 관련된 연구를 시작하여 기술 주도권 경쟁에서 밀리지 않도록 해야 한다.

중국의 디지털 화폐(CBDC) 도입 현황은 인민은행의 주도로 2014년에 시작되었다. 연구 목적은 화폐 관리비용 절감, 위조 및 자금세탁 방지, 민간 지급결제사업자에 대한 과도한 의존도 축소, 위안화 국제화 등을 위해서이다. 2017년 인민은행 내 TF팀에서 연구소로 격상하면서 2019년 7월까지 74건의 관련 특허를 출원하면서 기술력을 축적하였다. 이러한 특허와 기술력을 바탕으로 2020년 4월에는 선전, 쑤저우, 청두 등의 여러 도시에서 시범사업을 비공개로 진행하고 실제 화폐를 테스트하였다. 이러한 테스트 결과를 토대로 2022년까지 법정 디지털 화폐를 정식 도입하기 위해서 대규모 공개시험을 확대하고 있다.

디지털 화폐(CBDC)의 기능 CBDC는 위안화와 동일한 법정통화이며, 인민은행이 CBDC를 발행 및 환수하고 민간으로의 공급은 민간 상업은행과 이동통신사 등이 담당하는 2단계 방식이다. 즉 중앙은행에서 상업은행으로, 상업은행에서 개인과 법인으로 유통되는 2단계 운영방식으로 중앙은행이 독점적으로 발행한다. 상업은행은 중앙은행에 준비금을 의무적으로 예치하게 하여 시중 통화량(M0)은 같은 수준을 유지한다. 디지털 위안화는 현금처럼 익명성이 보장되나, 테러, 탈세, 자금세탁 등의 경우에는 자금흐름을 추적할 수 있도록 설계되어 있어서 제한적인 익명성을 지니고 있다. 또한, 이중 오프라인 결제(Double Offline Payment) 기술을 도입하여 인터넷 네트워크에 연결되지 않아도 전자지갑이 설치된 휴대전화는 근거리 소통 방식으로 사용이 가능하다. 중국은 특허뿐 아니라 이미 관련된 법률인 [중국 암호법]과 [중국 인민은행법] 개정 초안을 발표하여 관련된 법률도 이미 개정하였다.

CBDC을 포함한 디지털화폐 확산이 달러 중심의 국제금융시장 질서에 미치는 영향은 제한적일 것으로 전망된다. 기축통화의 조건인 자본시장 개방, 위안화 신뢰도 제고 등이 없는 상황에서 대외적인 영향은 크게 없으나, 알리페이, 위챗페이 등과 같이 중국 국내에서 주로 사용될 것으로 예상된다. 코로나 19 바이러스로 인해서 실물화폐의 보조적 수단으로 발행속도는 더욱 빨라질 것으로 전망된다.

한국은행의
디지털 화폐
테스트

한국은행도 2021년 1월부터 파일럿 테스트에 도입하면서도 높은 현금 수요, 경쟁적 지급서비스 시장, 높은 국내 금융포용 수준 등을 디지털 화폐를 발행할 필요성이 없다고 한국은행은 밝히고 있다. 그러나 선진국과 중국 등 주요국 대응이 빨라지면서 새로운 지급결제수단, 중국 위안화의 디지털 금융패권 경쟁을 촉발하는 매개체가 될 수 있다고 지적하면서 관련된 기술개발과 시도는 계속 진행되어야 한다.

중국의 디지털 화폐가 성공적으로 정착되어 디지털 위안화의 규격과 기술이 국제 표준으로 채택될 가능성을 배제할 수 없는 상황에서 관련된 암호기술 사업이나 특허 확보 등을 통해서 기술 주도권 경쟁에서 밀리지 않도록 해야 한다. 중국 이외의 다른 선진국들과 암호화폐 연구를 시작했으며, 국제기구인 IMF도 전 세계 중앙은행에 암호화폐 연구 및 발행 검토를 촉구했으며, 심도 깊은 연구를 진행 중이다. 향후 디지털화폐는 발행될 가능성이 크기 때문에, 우리도 디지털화폐 연구 및 기술 대응, 법적 이슈 등에 대해서 검토하고 적극 추진해야 한다.

참고문헌

김재관, "남중국해 판결의 국제정치적 함의와 전망," 『국제정치논 총』, 제56집 제3호(2016), pp. 332-333.

김희교, "전후체제의 위기와 홍콩사태," 『한중관계연구』, 제8권 1 호(2022), pp. 149-176.

리카이푸. 박세정·조성숙 옮김. 『AI 수퍼파워』 (서울: 이콘, 2019).

미어샤이머(John J. Mearsheimer) 저, 이춘근 역, 『The Great Delusion: 미국 외교의 거대한 환상』 (서울: 김앤길북스, 2021).

박원곤, "전시작전통제권 전환: 한미의 동상이몽," 진창수 외, 『미 중 경쟁시대와 한국의 대응』 (서울: 윤성사, 2021).

산업연구원. 『미래전략산업브리프』 제14호. 2020.8.

스티븐 M. 월트 지음 김성훈 역, 『미국 외교의 대전략』 (서울: 김 앤김 북스, 2021).

신종호, "2021년 양회(兩會)를 통해 본 중국의 대미 장기전 태세와 함의," (통일연구원 Online Series CO 21-10, 2021.3.17.

신종호, "신북방·신남방 정책과 동아시아," 이현출 편, 『아시아공 동체론』 (서울: 건국대학교출판부, 2021), pp. 189-212.

신종호, "한국 학자의 시각: 한국 신정부의 대중(對中) 정책 추진 환 경과 정책방향," 『성균차이나브리프』, 제63호, pp. 81-85.

신종호, "한중관계 30년 평가와 한국 신정부의 대중국정책 전망,"

『국가전략』, 제28권 2호(2022), pp. 7-34.

신종호 외, 『한반도 평화번영의 비전과 전략』 (세종: 경제인문사회
　　연구회, 2019).

신종호 외, 『뉴노멀시대 미중관계 변화와 한국의 대북·통일전략』
　　(서울: 통일연구원, 2019).

신종호 외, 『강대국 정치와 관련국의 대응』 (서울: 통일연구원,
　　2020),

신종호 외, 『미중 전략경쟁과 한국의 대응: 역사적 사례와 시사점』
　　(서울: 통일연구원, 2021).

신종호 외, "중국 지방정부 대외교류 현황과 시사점," 외교부 정책
　　연구용역 결과보고서, 2021.12.

이기태·신종호·배정호·우평균·이재현·우정엽·최윤미, 『한반도 평
　　화 실현을 위한 주변국 협력 방안』 (서울: 통일연구원, 2021).

이천기 · 엄준현 · 강민지, "WTO 개혁 쟁점 연구: 국영기업, 산업보
　　조금, 통보," 대외경제정책연구원 중장기통상전략연구,
　　19-03(2019).

전재성, 『동북아 국제정치이론』 (서울: 한울, 2020).

정덕구 외, 『극중지계 1 (한국의 거대중국 극복하기, 정치외교안보
　　편)』 (서울: 김영사, 2021).

제성훈, 이혜정, 김재관, 『신한반도체제 실현을 위한 미중러의 세
　　계전략연구』 (세종: 대외경제정책연구원, 2019).

조은정, "신전략무기감축협정(New START) 연장 합의의 의의와 제
　　언," 국가안보전략연구원(INSS), 『이슈브리프』, 제242호.
　　2021.2.5.

최필수 · 이현태, "쌍순환 구상과 14 · 5계획에 나타난 중국의 산업
　　정책과 한국의 대응방안," 『중소연구』, 제44권 4호(2021), pp.
　　151-196.

최필수 · 김재관 · 문익준 · 신종호, "미중 전략경쟁시대 중국의 변화와 경기도의 대응방안", 경기도청 연구용역 결과보고서 (2021. 8. 31.).

AidData. Banking on the Belt and Road: Insights from a new global dataset of 13, *427 Chinese development projects*, 2021. 9.

Anonymous. "THE LONGER TELEGRAM: TOWARD A NEW AMERICAN CHINA STRATEGY," *Atlantic Council: The Scowcroft Center for Strategy and Security*, 2021.

BCG. How Restrictions to Trade with China Could End US Leadership in Semiconductors. 2020.3.

Biden, Joe. "Why America Must Lead Again: Rescuing U.S. Foreign Policy After Trump," *Foreign Affairs*, March/April 2020, pp. 67-68.

Bishop, Christopher W. "China, the coronavirus, and the liberal international order," *Open Global Rights*, 24 April 2020.

Brands, Hal & John Lewis Gaddis. "The New Cold War," *Foreign Affairs*, Nov/Dec. 2021.

Campbell, Kurt M. & Jake Sullivan. "Competition Without Catastrophe: How America Can Both Challenge and Coexist With China," *Foreign Affairs*, September/October, 2019.

Doshi, Rush. *The Long Game: China's Grand Strategy to Displace American Order* (Oxford University Press, 2021)

Fu, Ying. "China and the Future of International Order," *Chatham House*, July 6,2016.

Gaddis, Lewis. "The New Cold War," *Foreign Affairs*, Nov/Dec. 2021.

Goodman, Matthew P. & William Reinsch. "Filling in the Indo-Pacific

Economic Framework," *CSIS*, January 2022.

Haass, Richard N. "The Age of Nonpolarity," *Council on Foreign Relations*, April 16, 2008.

Hass, Ryan. "Learning the right lesson from Ukraine for Taiwan," *The Brookings Institution*, February 22. 2022.

Hamre, John J., Joseph S. Nye & Victor D. Cha. "CSIS Commission on the Korean Peninsula: Recommendations for the U.S.-Korea Alliance," March, 2021.

Ikenberry, John G. *A World Safe for Democracy: Liberal Internationalism and the Crises of Global Order* (Imprint: Yale University Press, 2020).

Ikenberry, John G. *After Victory: Institutions, Strategic Restraint, and the Rebuilding of Order After Major Wars* (Princeton, NJ: Princeton University Press, 2001).

Ikenberry, G. John. "The Real Liberal Bet," *Foreign Affairs*, March/April 2022. pp.172-175.

Mearsheimer, John J. "Bound to Fail: The Rise and Fall of the Liberal International Order," *International Security*, Vol. 43, No. 4(2019), pp. 7-50

Mearsheimer, John J. *The Great Delusion: Liberal Dreams and International Realities* (New Haven, Yale University Press. 2018).

Nathan, Andrew J. "What Exactly is America's China Policy," *Foreign Policy*, Spring 2022.

Norrlof, Carla. "Covid-19 and the liberal international order: Exposing instabilities and weaknesses in an open international system," *Finnish Institute of International Affairs*, 17 April 2020.

OECD. Measuring distortions in international markets: The

semiconductor value chain. 2019.12.

Risse, M. *On Justice: Philosophy, History, Foundation* (Cambridge University Press, 2020).

The U.S. Department of Defense. "Indo-Pacific Strategy Report: Preparedness, Partnerships, and Promoting a Networked Region," June 1, 2019.

The U.S. Department of State. "2020 Country Reports on Human Rights Practices," March 30, 2021.

The White House. "National Security Strategy of the United States of America," December 18, 2017.

The White House. "United States Strategic Approach to the People's Republic of China," May 20, 2020.

The White House. "Remarks by President Biden on America's Place in the World," February 4, 2021.

The White House. "Interim National Security Strategic Guidance," March 3, 2021.

The White House. "Joint Statement on the U.S.-Ukraine Strategic Partnership," September 01, 2021.

The White House. "Background Press Call by Senior Administration Officials on President Biden's Virtual Meeting with President Xi of the People's Republic of China," November 16, 2021.

The White House. "Press Briefing by Press Secretary Jen Psaki," December 6, 2021.

The White House. "Indo-Pacific Strategy of the United States," February 2022.

The White House. "FACT SHEET: In Asia, President Biden and a Dozen Indo-Pacific Partners Launch the Indo-Pacific Economic

Framework for Prosperity," MAY 23, 2022.

Yoon, Suk-yeol. "South Korea Needs to Step Up - The Country's Next President on His Foreign Policy Vision," *Foreign Affairs*, February 8, 2022.

Zenglein, & Holzmann. "Evolving Made in China 2025 – China's industrial policy in the quest for global tech leadership," *Merics Papers on China*, 2019.

国家制造强国建设战略咨询委员会. 『中国制造2025重点领域技术路线图』, 2015年 10月.

胡锦涛. "高举中国特色社会主义伟大旗帜 为夺取全面建设小康社会新胜利而奋斗:　在中国共产党第十七次全国代表大会上的报告," 『人民日报』, 2007年 10月 15日.

江泽民. "高举邓小平理论伟大旗帜, 把建设有中国特色社会主义事业全面推向二十一世纪: 在中国共产党第十五次全国代表大会上的报告," 『人民日报』, 1997年 9月 12日.

乐玉成. "人民日报人民要论：牢牢把握中美关系发展的正确方向,"『人民日报』, 2020.9.7.

『뉴시스』. 2021.5.20., 2021.9.29., 2022.3.15.

『동아일보』. 2021.2.11.

『서울경제』. 2021.11.15.

『연합뉴스』. 2020.12.7., 2021.4.23., 2021.10.19., 2022.2.21.

『조선일보』. 2020.7.15.

『중앙일보』. 2021.3.19., 2022.4.22.

『한겨레신문』. 2021.6.16.

『한국일보』. 2020.12.8., 2020.12.12., 2021.2.4.

미중 전략경쟁시대 한국의 대외전략 51문답

ⓒ 김재관·문익준·박상남·신종호·최필수

2022년 05월 25일 초판 1쇄 인쇄
2022년 05월 30일 초판 1쇄 발행

지은이 | 김재관·문익준·박상남·신종호·최필수
발행인 | 이건웅
펴낸곳 | 차이나하우스

등　록 | 제 303-2006-00026호
주　소 | 서울시 종로구 자하문로 301
전　화 | 02-3217-0431
팩　스 | 0505-352-0431
이메일 | cmg_ltd@naver.com
ISBN | 979-11-85882-24-6 (93340)

값 15,800원